两希文明哲学经典译丛

包利民 章雪富 主编

驳朱利安

[古罗马] 奥古斯丁 著

石敏敏 译

Philosophical Classics of Hellenistic-Roman Times

中国社会科学出版社

图书在版编目(CIP)数据

驳朱利安／(古罗马)奥古斯丁著；石敏敏译．—北京：中国社会科学出版社，2017.8（2024.10重印）

（两希文明哲学经典译丛／包利民 章雪富主编）

ISBN 978-7-5161-7969-7

Ⅰ.①驳… Ⅱ.①奥… ②石… Ⅲ.①基督教—神学—研究 Ⅳ.①B972

中国版本图书馆CIP数据核字（2016）第074975号

出 版 人	赵剑英
特约编辑	李登贵
责任编辑	凌金良　陈　彪
责任校对	董晓月
责任印制	张雪娇

出　　版	中国社会科学出版社
社　　址	北京鼓楼西大街甲158号
邮　　编	100720
网　　址	http://www.csspw.cn
发 行 部	010-84083685
门 市 部	010-84029450
经　　销	新华书店及其他书店

印刷装订	环球东方（北京）印务有限公司
版　　次	2017年8月第1版
印　　次	2024年10月第2次印刷

开　　本	650×960　1/16
印　　张	21.5
插　　页	2
字　　数	299千字
定　　价	65.00元

凡购买中国社会科学出版社图书，如有质量问题请与本社营销中心联系调换
电话：010-84083683

版权所有　侵权必究

2016年再版序

我们对哲学的认识无论如何都与希腊存在着关联。如果说人类的学问某种程度上都始于哲学的探讨，那么也可以说，在某种程度上我们都是希腊的学徒。这当然不是说希腊文明比其他文明更具优越性和优先性，而只是说人类长时间以来都得益于哲学这种运思方式和求知之道，希腊人则为基于纯粹理性的求知方式奠定了基本典范，并且这种基于好奇的知识探索已经成为不同时代人们的主要存在方式。

希腊哲学的光荣主要是与苏格拉底、柏拉图和亚里士多德联系在一起。这套译丛则试图走得更远，让希腊哲学的光荣与更多的哲学家——伊壁鸠鲁、西塞罗、塞涅卡、爱比克泰德、斐洛、尼撒的格列高利、普卢克洛、波爱修、奥古斯丁等名字联系在一起。在编年史上，他们中的许多人已经是罗马人，有些人在信仰上已经是基督徒，但他们依然在某种程度上，或者说他们著作的主要部分仍然是在续写希腊哲学的光荣。他们把思辨的艰深诠释为生活的实践，把思想的力量转化为信仰的勇气，把城邦理念演绎为世界公民。他们扩展了希腊思想的可能，诠释着人类文明与希腊文明的关系。

这套丛书被冠以"两希文明哲学经典译丛"之名，还旨在显示希腊文明与希伯来文明的冲突相生。希腊化时期的希腊和罗马时代的希腊已经不再是城邦时代的希腊，文明的多元格局为哲学的运思和思想的道路提供了更广阔的视域，希腊化罗马时代的思想家致力于更具个体性、时间性、历史性和实践性的哲学探索，更倾心于在一个世俗的世界塑造一种盼望的降临，在一个国家的时代奠定一种世界公民的身份。在这个时代并且在后续的世代，哲学不再只是一个民族的事业，更是人类知识探索的始终志业；哲学家们在为古代哲学安魂的时候开启了现代世界的图景，在历史的延续中瞻望终末的来临，在两希文明的张力中看见人类更深更远的未来。

十年之后修订再版这套丛书，寄托更深！

是为序！

包利民　章雪富

2016 年 5 月

2004 年译丛总序

西方文明有一个别致的称呼，叫作"两希文明"。顾名思义，西方文明有两个根源，由两种具有相当张力的不同"亚文化"联合组成，一个是希腊—罗马文化，另一个是希伯来—基督教文化。国人在地球缩小、各大文明相遇的今天，日益生出了认识西方文明本质的浓厚兴趣。这种兴趣不再停在表层，不再满意于泛泛而论，而是渴望深入其根子，亲临其泉源，回溯其原典。

我们译介的哲学经典是关于更为狭义意义上的"两希文明时代"——即这两大文明在历史上首次并列存在、相遇、互相叩问、相互交融的时代。这是一个跨度相当大的历史时代，大约涵括从公元前3世纪到公元5世纪八百年的时间。对于"两希"的每一方，这都是一个极为具有特色的时期，它们都第一次大规模地走出自己的原生地，影响别的文化。首先，这个时期史称"希腊化"时期；在亚历山大大帝东征的余威之下，希腊文化超出了自己的城邦地域，大规模地东渐教化。世界各地的好学青年纷纷负笈雅典，朝拜这一世界文化之都。另一方面，在这番辉煌之下，却又掩盖着别样的痛楚；古典的社会架构和思想的范式都在经历着剧变；城邦共和体系面临瓦解，曾经安于公民德性生活范式的人感到脚下不稳，感到精神无所归依。于是，"非主流"型的、非政治的、"纯粹的"哲学家纷纷兴起，企图为个体的心灵宁静寻找新的依据。希腊哲学的各条主要路线都在此时总结和集大成：普罗提诺汇总了柏拉图和亚里士多德路线，伊壁鸠鲁/卢克来修汇总了自然哲学路线，怀疑论汇总了整个希腊哲学中否定性的一面。同时，这些学派还开出了与古典哲学范式相当不同的但是同样具有重要特色的新的哲学。有人称之为"伦理学取向"和"宗教取向"的哲学，我们称之为"哲学治疗"的哲学。这些标签都提示了：这是一个在剧变之下，人特别关心人自己的幸福、宁静、命运、个性、自由等的时代。一个时代应该有一个时代的哲学。那个时代的哲学会不会让处于类似时代中的今人感到更多的共鸣呢？

另一方面，东方的另一个"希"——希伯来文化——也在悄然兴起，逐渐向西方推进。犹太人在亚历山大里亚等城市定居经商，带去独特的文化。后来从犹太文化中分离出来的基督教文化更是日益向希腊—罗马文化的地域慢慢西移，以至于学者们争论这个时代究竟是希腊文化的东渐还是东方宗教文化的西渐？希伯来—基督教文化与希腊文化是特质极为不同的两种文化，当它们最终遭遇之后，会出现极为有趣的相互试探、相互排斥、相互吸引，以致逐渐部分相融的种种景观。可想而知，这样的时期在历史上比较罕见。一旦出现，则场面壮观激烈，火花四溅，学人精神为之一振，纷纷激扬文字，评点对方，捍卫自己，两种文化传统突然出现鲜明的自我意识。从这样的时期的文本入手探究西方文明的特征，是否是一条难得的路径？

还有，从西方经典哲学的译介看，对于希腊—罗马和希伯来—基督教经典的译介，国内已经有不少学者做了可观的工作；但是，对于"两希文明交汇时期"经典的翻译，尚缺乏系统工程。这一时期在希腊哲学的三大阶段——前苏格拉底哲学、古典哲学、晚期哲学——中属于第三大阶段。第一阶段与第二阶段分别都已经有了较为系统的译介，但是第三阶段的译介还很不系统。浙江大学外国哲学研究所的两希哲学的研究与译介传统是严群先生和陈村富先生所开创的，他们长期以来一直追求沉潜严谨、专精深入的学风。我们这次的译丛集中选取了希腊哲学第三阶段的所有著名哲学流派的著作：伊壁鸠鲁派、怀疑派、斯多亚派、新柏拉图主义、新共和主义（西塞罗、普鲁塔克）等，希望为学界提供一个尽量完整的图景。同时，由于这个时期哲学的共同关心聚焦在"幸福"和"心灵宁静"的追求上，我们的翻译也将侧重介绍伦理性—治疗性的哲学思想；我们相信哲人们对人生苦难和治疗的各种深刻反思会引起超出学术界的更为广泛的思考和关注。另一方面，这一时期在希伯来—基督教传统中属于"早期教父"阶段。犹太人与基督徒是怎么看待神与人、幸福与命运的？他们又是怎么看待希腊人的？耶路撒冷和雅典有什么干系？两种文明孰高孰低？两种哲学难道只有冲突，没有内在对话和融合的可能？后来的种种演变是否当时就已经露现了一些端倪？这些都是相当有意思的学术问题和相当急迫的现实问题（对于当时的社会和人）。为此，我们选取了奥古斯丁、斐洛和尼撒的格列高利等人的著作，这些大哲是"跨时代人才"，他们不仅"学贯两希"，而且"身处两希"，体验到的张力真切而强烈；他们的思考必然有后来者所无法重复的特色和原创性，值得关注。

这些，就是我们译介"两希文明"哲学经典的宗旨。

另外，还需要说明两点：一是本丛书中各书的注释，凡特别注明"中译者注"的，为该书中译者所加，其余乃是对原文注释的翻译；二是本译丛也属于浙江大学跨文化研究中心系列研究计划之一。我们希望以后能推出更多的翻译，以弥补这一时期思想经典译介之不足。

包利民　章雪富
2004 年 8 月

目　录

2016年再版序 | 1
2004年译丛总序 | 1
导言 | 1

第一卷
- 第一章 | 1
- 第二章 | 2
- 第三章 | 4
- 第四章 | 8
- 第五章 | 12
- 第六章 | 27
- 第七章 | 34
- 第八章 | 39

第二卷
- 第一章 | 43
- 第二章 | 45
- 第三章 | 46
- 第四章 | 51
- 第五章 | 53
- 第六章 | 59
- 第七章 | 61
- 第八章 | 65
- 第九章 | 73
- 第十章 | 76

第三卷
- 第一章 | 83
- 第二章 | 88
- 第三章 | 89
- 第四章 | 91
- 第五章 | 92
- 第六章 | 93
- 第七章 | 94
- 第八章 | 97

第九章	97	第十八章	110
第十章	98	第十九章	112
第十一章	99	第二十章	113
第十二章	102	第二十一章	114
第十三章	103	第二十二章	122
第十四章	104	第二十三章	123
第十五章	106	第二十四章	124
第十六章	106	第二十五章	127
第十七章	107	第二十六章	128

第四卷

第一章	134	第九章	171
第二章	136	第十章	172
第三章	142	第十一章	173
第四章	160	第十二章	174
第五章	161	第十三章	177
第六章	161	第十四章	179
第七章	162	第十五章	186
第八章	164	第十六章	189

第五卷

第一章	194	第八章	222
第二章	196	第九章	224
第三章	199	第十章	228
第四章	206	第十一章	230
第五章	211	第十二章	231
第六章	215	第十三章	233
第七章	216	第十四章	234

| 第十五章 | 236　　　　　| 第十六章 | 240

第六卷

| 第一章 | 247　　　　　| 第十四章 | 279
| 第二章 | 248　　　　　| 第十五章 | 284
| 第三章 | 251　　　　　| 第十六章 | 287
| 第四章 | 253　　　　　| 第十七章 | 290
| 第五章 | 257　　　　　| 第十八章 | 292
| 第六章 | 261　　　　　| 第十九章 | 296
| 第七章 | 262　　　　　| 第二十章 | 301
| 第八章 | 266　　　　　| 第二十一章 | 304
| 第九章 | 268　　　　　| 第二十二章 | 305
| 第十章 | 271　　　　　| 第二十三章 | 306
| 第十一章 | 274　　　　| 第二十四章 | 310
| 第十二章 | 276　　　　| 第二十五章 | 316
| 第十三章 | 278　　　　| 第二十六章 | 318

译名对照表 | 320
译后记 | 323

导　言

一　背　景

《驳朱利安》写成于421年，是奥古斯丁反佩拉纠系列著作中的晚期作品。417年佩拉纠等被教会判为异端，并在418年由迦太基会议确认大公教会对于原罪与恩典的看法，可说这是奥古斯丁神学的胜利。朱利安是当时不愿意签署接纳这一结论的十八位意大利主教的领袖，可想而知朱利安对奥古斯丁的不满，他开始驳斥奥氏在其《婚姻与色欲》（420）中提出的原罪观，这便构成奥古斯丁写《驳朱利安》的动机——澄清自己立场，并反驳朱利安的控诉。显然朱利安并未因此屈服而继续反击，遂有奥古斯丁写的《驳朱利安未完篇》，直到430年奥古斯丁离世，本篇尚未完成。①

从雄辩学角度读这本著作，我们不难发现奥氏的确是位一流的辩士，不但能够把对方的控诉化解，甚至能够将之转为对自己有利的论据。不过我想读者从更深层面也能感受到，奥古斯丁并非一般的雄辩家，他在意的不是赢得辩论本身，乃是希望真理得到张扬，因此他关心读者如何理解或可能误解某个观点，而尽量以浅白的举例把不易懂的问

---

① 参 Introduction, *Saint Augustine against Julian*, trans. Matthew A. Schumacher (New York: Fathers of the Church, Inc., 1957), pp. xi–xiii。

题加以说明，同时又不会回避对方引经据典的权威性攻击，在响应中可以看见他对于同样经典内容的掌握，甚至要胜过对方一畴。从内文中有时还可以看见奥古斯丁对朱利安本人所表达的关切，作为教会牧者总希望对方接受自己出于真理的劝勉，免其失去永恒的福分。不过奥氏也不隐藏他对朱利安的控诉而发出的忿怒，甚至会讽刺或嘲笑对方。第一卷的开场白就呈现出上述这样一种既要把对方驳倒，又希望拉他一把的心情（I. i. 1 – 3）。①

《驳朱利安》跟其他反佩拉纠著作的不同之处，在于牵涉奥古斯丁早期的另一重要争辩论题——摩尼教。朱利安有意指出奥古斯丁自相矛盾，早期在反摩尼教的争辩中极力提出人类意志的自由，而在晚期却反过来认为人类没有真正的自由意志。到底为什么朱利安认为奥古斯丁陷入早年所对抗的摩尼教的圈套？奥古斯丁又为什么不能同意朱利安的说法？奥氏思想在这些年间有没有改变过，或者做过调整？② 最终朱利安是否正如奥古斯丁所说的完全无理？这些都是这本著作将会引发出来的问号，然而不一定都能在其中找到答案，因为这会指涉更广的奥古斯丁研究范围，甚至最后是系统神学的论题。③ 这里我们虽然不能解答所有问题，但希望能给读者一个明白两人争辩所涉及不同立场背景的起码交代。

二　什么是摩尼教？

到底摩尼教在当时是怎样的一个宗教？摩尼教于公元第 3 世纪

---

① 可以比较马丁路德对伊拉斯母的态度，Martin Luther, *The Bondage of the Will*, trans. J. I. Packer & O. R. Johnston (Cambridge: James Clarke & Co., Ltd., 1957), pp. 62 – 65；中译见李锦纶《永活上帝生命主——献中国的教会神学》（台北：中福，2004），第 16—17 页。

② 此问题不在本文处理，奥氏思想从早期到成熟期的演变可参石敏敏 Kam – lun Edwin Lee, Augustine Manichaeism, and the Good, *Patristic Studies* 2, ed. Gerald Bray (New York/Bern: Peter Lang, 1999)。

③ 对于原罪本义的系统神学反省，参李锦纶《道成肉身救赎源——献给中国的教会神学》（台北：中福，2006），第 54—56 页。

源自波斯，因创始人摩尼而得名，从宗教意义而言可说是"宗教变色龙"，因为摩尼教在不同社会环境可以变成适应于当地的形态，在中国敦煌也有出土的文献，已知在广州佛山有摩尼教寺遗址，2009年在福建霞浦也有新发现。① 中国及日本学者指出，在东方地区传播的摩尼教版本中，摩尼被传为佛祖②，中国唐朝的摩尼教典籍中更认定这"摩尼佛祖"为老子到了西方之后的化身，摩尼教日后在中国成为民间流传的明教（光明之教）。③ 另一方面，在地中海地区的摩尼教化身为类似基督教的模样，诱骗不少对于信仰模糊不清的基督徒，不过在本质上，摩尼教的内容却跟基督教有极大的差异。

摩尼教最基本的教义是一种宇宙二元论（I. v. 16），认为宇宙的一切善恶有各自独立的根基，互不相属，而且在永恒中不断争斗，这样很轻易地便解释了宇宙中善与恶并存的实然状况。摩尼教二元论的宇宙观一方面尝试解释大宇宙中我们一般所认定的好与恶之事物，尤其是认为光明颜色（例如白色）的东西蕴涵善的元素，而黑暗颜色（例如黑色）的东西则蕴涵邪恶的元素，所以宇宙最终的救赎是能够让物件中光明的元素被释放回归善的本原，例如，在蔬菜中的光明颜色的元素便能通过摩尼教僧人把蔬菜吞吃后的消化过程达成。摩尼教的二元论同时也希望解释内在于人的这个小宇宙中善恶斗争的问题，认为人生下来在肉身之内便是掺杂了善与恶两种元素，因此才会产生人类内心世界无休止地在善与恶之间的拉扯。这一点显然跟基督教信仰有一种表面的类似，保罗

---

① 《福建霞浦发现摩尼教遗迹及文物》，中国收藏网，2009年10月18日消息：http://www.shoucang888.com/html/shoucangzixun/kaoguwenhua/2009/1018/4855.html。

② Radha Banerjee, "Manichaean Input to Chinese Culture and Art," *in Across the Himalayan Gap: An Indian Quest for Understanding China*, ed. Tan Chung (New Delhi: Gyan Publishing House, 1998), ch. 25; 网络版: http://www.ignca.nic.in/ks_41029.htm。

③ Samuel L. C. Lieu, "Manichaeism in China," *in Encyclopedia Iranica*; 网络版: The Circle of Ancient Iranian Studies, http://www.cais-soas.com/CAIS/Religions/iranian/Manichaeism/manichaeism_china.htm。

在新约《罗马书》七章 18 节谈论的内心挣扎——"我也知道在我里头，就是我肉体之中，没有良善。因为，立志为善由得我，只是行出来由不得我。"——更是摩尼教常引用的例子。

固然，摩尼教的宇宙二元论与基督教的三位一体上帝的信仰大异其趣，但是在面对道德议题时似乎两方面都得响应同样的人类内心善恶争斗的议题，不过摩尼教所认为的是，这恶是内置的恶，人作为人毫无选择，因为这是个宇宙性的问题，从大宇宙到个人的小宇宙都无法逃脱。如果就基督教的观点，这恶是实在的，也是每一个人都不能脱离的，但却不是一个宇宙根基的问题，乃是在上帝创造本来是美善的宇宙中，罪恶扭曲了这美善的结果，起码从宇宙论的角度而言，恶并非本体性的（ontological），乃是偶然性的（incidental）；换言之，是本来没有而以后发生的事情所导致的结果，就是亚当犯罪堕落引起全人类的堕落。这里牵涉一个关键的因果问题：在亚当之后出生的人到底是怎样成为应当承受永远灭亡的"罪人"的？这就是朱利安跟奥古斯丁争论的焦点。

三　朱利安的论点

朱利安从一个相对简单的想法出发，认为罪的产生的"唯一原因"是人意志的错误抉择，如果没有意志投入便不可能有罪的产生。在此，婴孩就是一个最佳案例，一个呱呱堕地的婴儿，我们怎能说他应该承担永远灭亡的咒诅呢（V. x. 43）？朱利安特别针对奥古斯丁提出的原罪论，因为在奥氏看来，婴儿一出生就有原罪，虽然并非婴儿自己本身所犯下的罪恶，却继承了始祖亚当所犯的罪，因此无人能够逃脱，而在没有上帝救赎恩典的情况下必然永远灭亡。奥古斯丁承认问题不是婴儿本身的抉择导致的恶果，但是那恶果仍然必得承受，不是某个人的事情，乃是全人类的实然状况。所以凡是生为人的都无法幸免，除非得到上帝拯救的恩典（VI. iii. 6–7）。

朱利安不能接受奥古斯丁的解释，因为既然婴儿本身没有直接参与犯罪行为，那么原罪如何可能从亚当一代接一代传递下来就必须有个合理交代，否则婴儿成为"罪人"是不能成立的事情。按照朱利安对于奥古斯丁原罪论的理解，奥氏所解释的原罪的传递是跟性欲（concupiscentia）有关的，就是当行房之际，男女双方在高潮中都不能以理性方式自制，这种非理性行为反映着非理性的罪牵涉其中，而原罪的实际便从父亲传递到下一代。朱利安认为如此解释难以服人，因为如果原罪就这样从亚当传递下来给每一个后裔，那么是否就等同于摩尼教所说的，人一出生便别无选择地有了恶元素混杂其中，万劫不复？起码从人作为人的生存角度看，是不是一种宿命论？这实际上跟摩尼教的宇宙二元论又有什么两样（IV. viii. 46）？

而且朱利安发现更进一步的问题是，虽然奥古斯丁说上帝有拯救人的恩典，但是谁能得到？在与原罪论有密切关联的恩典论中，奥氏说明不是每一个人都能得救，只有上帝预定的才能得救，因为这是出于上帝"奥秘"的恩典，所以人无法知晓。这样看来，人既然没有得救的把握，而人也不可能预先决定不要出生，那么那些一出生便面向永远灭亡的人莫非更是在不能改变的命运中存在（V. x. 43）？这样与摩尼教版本的宿命论又有什么不同？朱利安不是不了解摩尼教思想而随便把帽子扣在奥古斯丁头上，正是因为朱利安对于摩尼教观点不能接受，而又发现奥古斯丁原罪论在人生存在的实际上似乎落入同样的逻辑，才以摩尼教为喻，向奥氏发出尖锐的提问。

四　奥古斯丁的回应

在奥古斯丁《驳朱利安》的响应中，并未看见立场上有任何妥协，他重新陈述既有观点，认为原罪问题虽影响每个人，而人凭着自己能力无法脱困，却又是一个大家都必须面对和接受的实然状况。因此，即便是初生婴孩也是堕落的人类的一分子，所以仍然承受着这个诅咒（Ⅰ. vi. 24）。奥古斯丁也在生活观察中找到能证明婴孩并非无罪的证据，因为婴孩夭折或因各种原因受苦都是我们看得见的事实，而在上帝公义的前提下，除非婴孩有应当受刑罚的罪咎，否则上帝不会让这些不幸临到他们身上（Ⅲ. iv. 10；Ⅴ. i. 4；Ⅵ. x. 31）。在此，奥古斯丁从道德逻辑角度作出判断：上帝既然按公义原则审判一切，那么便为婴儿经历苦难找到了合理的解释。另外，奥氏又以大公教会施行婴孩洗礼一事作为论据，认为，假如他们无罪，为何大公教会为他们施洗（Ⅲ. v. 11）？而且诉诸《旧约》，为出生八天的婴孩施行割礼也有同样意义（Ⅲ. xviii. 35；Ⅴ. xi. 45）。

从奥古斯丁的《忏悔录》得知①，他认为婴儿不是真正纯洁的，因为他们虽然不能用一般语言表达，但是肢体行动却足以证明他们以自我为中心的事实，这便是罪的本相，他们只是还缺乏行大恶的能力，其他一切犯罪条件均已具备（Ⅱ. iv. 8）。而这种从小就内在于人的罪显然不是出生后才产生的，而是与生俱来的存在状况，最合理的解释就是：这是通过父母亲传递下来的（Ⅰ. iii. 10）②，而在这个过程中一个最明显的关键是男女交合中非理性的性欲问题（Ⅱ. vii. 20），因此奥古斯丁认为即便在夫妻关系中，除非是为了生育儿女的目的而交合，纯粹的性爱是引致犯罪的。朱利安从上帝创造的都是美好的角度看性欲，则以为这原是人的天然本性，也许跟动物界没有什么差异，不过奥古斯丁则看见，性欲是罪恶的核心议题，虽然在动物界中也有，但动物没有寻求智慧的理性要求，所以才可说是自然的（Ⅳ. xiv. 74），而人类则不然，性欲呈现的强烈非理性状态是在罪恶中"失序"的明证（Ⅳ. xiv. 71）。奥氏对

---

① 见《忏悔录》第一卷，第六、第七章。
② 作为一个反面论证，奥古斯丁认为基督无原罪的必要条件是从童女感孕而生，并非从一般人类父亲受孕的结果（Ⅰ. iv. 11）。

于欲望的问题有极其深刻的了解（VI. xviii. 53 – xxiii. 73），认为牵连到人内心深处所隐藏的实际，换言之，反映着人的本相。不过这个人性的深层实况虽是与生俱来，但不能说是一种邪恶本质，因为恶并无本质，乃是从原本是美善的自然存有状况中的变异，是完美的亏损。在这一点上，奥古斯丁无法接受朱利安把他的原罪观等同为摩尼教的善恶二元论的看法。

至于婴孩因原罪的缘故，在没有上帝救赎的情况下而永远灭亡是否合理这个问题，奥古斯丁仍以上帝公义作为回答。对于罪人的审判是上帝的公义，也是罪人应该合理得到的份儿，所以既然婴孩也是有原罪的人，故此不能说上帝的审判为不合理。相反的，上帝的恩典让本来不配得到的人获得永恒生命，然而在创世之前预定或拣选哪些人得救却是属于上帝的自由，是人不能参透的奥秘（IV. viii. 42 – 45；V. iv. 14）。奥古斯丁承认这不是很容易明白的道理，但他的论证显然是基于一个观察，就是并非所有人都相信上帝而得救赎的事实，所以从数量推理，一定不是所有人都得到救赎的恩典，或言之，上帝只是拣选全人类其中的一部分而已。

五　朱利安是否合理？

我们看见奥古斯丁与朱利安对于摩尼教在这个争辩中有不同层次的认定，前者以本体层次谈论摩尼教的宇宙二元论，因为自己并不接受恶为本质，故此不能同意朱利安给予的标签（I. viii. 36 – 37；III. ix. 19）。后者则从人的存在层次看问题，既然原罪与生俱来，而且自己无法决定永恒的命运，那么从人的自身存在的角度实在跟内涵于摩尼教的宿命论没有什么分别。另外，奥古斯丁给出的婴儿有原罪的论证是一种法律性的解释，因为婴儿经历痛苦和死亡，以上帝为完全公义的审判者为前提，必定有其法律性的因由，而唯一可能的解释就是原罪。朱利安则认为初生婴孩何罪之有，竟然需要承受永恒灭亡的命运？这是说不过去的。而且奥古斯丁无法解释清楚罪的传递问题，就是他人（始祖）的罪如何成为我本人的罪？这样看来，奥古斯丁推崇上帝恩典至上，会否反而造成上帝奥秘的预定（起码从人类认知而言）被理解为一种任意选择（arbitrariness）？从理论上，奥古斯丁可以说上帝审判初生的婴孩为罪人是公义的，但是从人存在的实然命运而言，没有被上帝预定拯救的人是完全没有任何出路和选择的，在此对人们只言上帝公义便显得没有太大意义了。对于还没有接受洗礼而夭折的婴孩的命运，奥古斯丁说他们虽然不能进入永恒的天国，但是他们在地狱所受的刑罚也应该是最轻微的（V. xi. 44）。我们无法推测奥氏作出这样的判断时对于人存在的命运问题有何思想，但这可能是他在其原罪论的合理框架内所能作出的最为适切的交代。

也许可能化解以上双方张力的出路是对于《罗马书》第五章12节的重新解读，朱利安曾经提出，奥古斯丁对于该节他常引以支持原罪论的经文有错误的理解，奥氏以为"在他（亚当）里面，众人都犯了罪"这一句，朱利安认为应该解释为"因为众人都犯了罪"，他可能理解这是原文（希腊文）圣经的原意（VI. xxiv. 75）。虽然奥古斯丁认为朱利安胡乱解释，但是朱利安的解释确实属实，奥古斯丁采用的古拉丁文翻译本（耶柔米的武加大译本面世前的通行译本）的确有误译的问题。①这样的重新解读在原罪论的讨论上有十分重要的意义，因为这便可以一方面承认与生俱来人性扭曲的事实，另一方面又不必把罪咎加诸初生婴孩身上。而每个人成为罪人是因为当个别开始运用意志时，将会有人性扭曲使然的抉择而犯罪，这人性的扭曲是因亚当堕落带给全人类的状况，保罗在该节经文称之为"死亡"，既是从亚当开始所有人犯罪的结

---

① 参中文和合本圣经按照希腊原文采用"因为"一词。

果，同时也是人类存在的变异状态。虽然以上的论点不一定是朱利安所提出的，但当奥古斯丁判定朱利安只是为佩拉纠主义辩护时，却错过了对原罪问题进一步反思的机会（参 II. iv. 8）！

李锦纶
（香港）基督教与中国研究中心
2003 年 11 月

第 一 卷

第一章

1. 朱利安（Julian），你在你的四卷书里怒气冲天地攻击我，用污言秽语侮辱我，我若说我对这一切嗤之以鼻，那是撒谎。想一想我良心的见证，我就知道我应当为自己庆幸，或者为你以及受你蒙骗的人悲哀，既然如此，我怎么可能轻视那些话呢？事实上，谁会轻视自己喜乐或者悲哀的时机呢？我们绝不会轻视那些部分使我们高兴、部分使我们忧伤的事物。使我喜乐的是主的应许，他说："人若因我……捏造各样坏话毁谤你们，你们就有福了。应当欢喜快乐，因为你们在天上的赏赐是大的。"① 而使我忧愁的是使徒的那种感受，他写道："有谁软弱我不软弱呢？有谁跌倒我不焦急呢？"② 即使是你，也可以为你自以为是真理的教义说这样的话。所以，如果你愿意，我们不妨撇开这些共同的情感，尽管两方面（无论是真理还是谬误）都可以表达这样的情感，但并非两方面都能真诚地说出这样的话。

2. 首先，我要问你，你为何夸口说，你的四卷本已经——至少表面上——驳斥了我的作品，但事实上，你在驳斥时甚至没有触及我一卷

---

① 《马太福音》5：11、12。
② 《哥林多后书》11：29。

书四分之一的内容；其次，你完全无视逻辑，骤然转移我的论点，似乎没有想到无论是看我的作品，还是读你的书，读者都会发现这些跳跃。最后，就是那不到四分之一内容（如我所说的）所包含的几个要点——你显然认为这几个要点论证力度较弱，所以你用四卷巨著喋喋不休地唠叨，企图打倒并碾碎它们，就如同驾着横冲直撞的战车——就是这些要点，只要考虑到你不敢抨击的其他大量论点，就会发现它们仍然完好无损。想要证明这一点，简直就是多此一举。因为我们更应告知那些希望把这一点搞明白的人，他们应该毫不犹豫地去读你我各自所写的书。问题本身极其清楚，一目了然，那些要求我们对这个问题提出证明的人，只能说理解力实在有些迟钝了。

3. 既然我发现你抛弃了真理，转向辱骂，那我就要这样安排我的论证，首先表明大公教会里有多少伟大的学者，你动辄以摩尼教徒之名，以令人不堪忍受之词辱骂他们，在攻击我的时候将他们一同攻击，把你亵渎圣灵的剑刺向他们。其次我要表明，你本人怎样支持摩尼教徒那可憎而渎神的错误，就是在他们自己的信徒中间，也休想找到像你这样坚定的捍卫者。第三，我要尽可能简洁地驳斥你的所有阴险伎俩和精心论证，不是用我自己的话，而是用那些生活在我们之前并捍卫大公教会免遭恶人攻击的人的话。最后，如果你不改过自新，你必然连大公教会里的那些学者也要攻击，还要声称就是他们在这个问题上也不拥有真理，所以我——愿神帮助我——将保卫他们的也就是我们的信仰免遭你的攻击。而这里我们甚至可以清楚地看到，不仅你自己的话——我说过我会在稍后证明——而且佩拉纠主义（Pelagianism）的教义本身，就是你们这伙人共有的教义，都大力支持摩尼教。

第二章

4. 稍稍考虑一下我计划的第一部分，想想我将怎样实施它。关于我的作品——你夸口说已经在你的四卷本里作了反击——的目标，我们之间争论的问题是：我说婚姻应当受到赞美，即使所有男人天生都要犯我们初代祖先的罪，也不能因此降罪或指责它。凡是否认这一点的人就是在试图推翻基督教信仰的根基本身。于是，我写了一本书讨论婚姻和淫欲，如你所看到的，区分了婚姻中的好和坏，原罪就是通过婚姻中的坏传染的。但你说婚姻无疑是可责备的，除非由婚姻所生的孩子完全不受罪的束缚。你由此夸口说，你已经用四卷书驳倒了我的一卷书。你想要使人脱离既定的大公教信念，引导他们转向你的新颖谬论，就在这几卷书里常常含沙射影地谈到摩尼教这个瘟神，使读者心里渐渐滋生对它的恐惧和厌恶，似乎如果有人说在身体上按着亚当的方式出生的婴孩在第一次出生时传染了古老的死，因此需要第二次出生，使他们通过赦免原罪并凭借重生的洗礼先得洁净，再收为上帝的儿子，移居到他独生子的国度，那他就是赞同摩尼教徒关于"本性之恶"的观点。朱维尼安（Jovinian）[①]也指控这是摩尼教观点，他否认马利亚的圣洁童贞——尽管她怀胎时这童贞就已经存在，生育时也未曾丧失——似乎当我们说基督出生时他母亲的童贞完好无损，就像摩尼教徒那样相信基督是个幻影。[②]但是正如大公教徒在救主的帮助下，对朱维尼安提出的哪怕是最富创造性的观点，也嗤之以鼻，相信圣洁的马利亚没有因生育而遭败坏，并且主也不是一个幻影，相信她生育之后仍然是位童女，尽管基督的肉身是从她而来——照样，愿他们也讥笑你的诽谤是徒劳无益的空谈，他们没有像摩尼教徒那样炮制出一种本性之恶的原理，而是根据古

[①] 朱维尼安提出不借事工、完全因信得救的教义，否认童女生育，认为婚姻与童贞具有同等的意义。

[②] 许多摩尼教徒自称为基督徒，但是因为他们关于特定的基督教教义的错误教导而被认为是异端。奥古斯丁的话非常恰当地表述了他们关于婚姻的错误教导："如果你们认为男人娶妻不是为了忠诚的婚姻生活，而是为了犯奸淫罪，那么请问，男人休妻又有什么可惹怒你们的呢？事实上，之所以称之为'婚姻'正是因为：女人应当嫁人，不为别的原因，就是为了能成为母亲，而这是你们所憎恶的。你们以为如果这样，那上帝的一部分——已经在与你们黑暗之族的争斗中被制服——也受制于肉身的镣铐。"（*Contra Faustum Manichaeum* 19.26）

3

老而真实的大公教信仰,毫不怀疑地相信,基督既然抹去了始祖欠债留下的痕迹(handwriting),他就是婴孩的释放者。

第三章

5. 你动不动就指控我们是摩尼教,但是如果你足够警觉,就该想一想,你用这样一种可恶的指控侮辱的人是谁,他们是哪一类人,是大公教信仰多么伟大的捍卫者。诚然,我不能保证把关于这个问题的所有观点都收集起来,也不能保证把我要提到的那些人的所有观点都罗列出来,那会使篇幅冗长不堪,而且我想也没有必要;我只能引用极其有限的几种观点。然而,如果我们的对手对上帝有一点点敬畏,或者在那些能够克服固执这种大恶的人面前有一点点羞愧,这些观点就可能使他们脸红,或者使他们改邪归正。伊里那乌(Irenaeus)是里昂(Lyons)主教,生活在使徒时代后不久,他说:"人要得救,脱离所受远古时的蛇的伤害,没有其他办法,唯有相信主,就是那按着罪身的形状被从地里抬升到见证之树上,将万物引向自己,把生命赐给死人的主。"① 他还说:"正如人类因一位童女而必然要死,同样,也因一位童女得释放,一位童女的顺服最终平衡了一位童女的悖逆。第一被造者(the first-formed,亚当)的罪因第一出生者(the First-born,基督)所受的鞭打而抹去②,蛇的诡诈被鸽子的单纯的征服,因此我们得以解除那使我们致死的锁链。"③ 关于这位属上帝的古人,他所思考的古老的蛇伤,罪身的形状——借着它把罪身里的蛇伤治好,我们一直以来都被捆于其中

---

① 伊里那乌《驳异端》(Adversus haereses)4.5。
② "第一被造者",也就是亚当,以及"第一出生者",即基督,是某些早期教父常用的术语,尤其是那些讲希腊语的教父,他们用这两个术语来强调重建基督里的万物或者将它们归于一个头这一思想的重要性(Eph. 1.0, anakephalaiosasthai),意思是说,人类在上帝的儿子里有了一个新的头,他为了人类能在第一人堕落之后得救,生而为完人。
③ 伊里那乌《驳异端》5.19。

的第一被造者的罪，关于这一切，你能理解吗？

6. 蒙福的殉道者西普里安（Cyprian）主教更加开诚布公地谈论了这一信念。他说："如果有什么事可能阻止人获得恩典，那受阻的更可能是那些成年人和老年人，他们很可能因重罪而受阻，得不到恩典。但是，即使犯有严重罪行的人和那些先前犯了很多抵挡上帝之罪的人，只要后来归信了主，就可得赦免。没有任何人会被禁止接受洗礼和恩典，更何况婴孩，更不应该被禁止，他们刚刚出生，不曾犯任何罪，只是因为在肉身上按着亚当的样式出生，因而由于第一次出生而沾染了古老的死，岂能禁止他们得恩典呢？他们应更加容易得到罪的赦免，因为他们被宽恕的不是自己的罪，而是另一人的罪。"①

7. 奥吞的莱提西乌（Reticius of Autun）任职期间是教会里大有权威的主教，我们可以从他的神职活动看出这一点，他在罗马时曾在使徒教区主教梅尔奇阿德（Melchiades）负责的法庭上与其他人一同担当法官，审判多那图（Donatus），就是多那图主义教派的创始人；还宣布免除迦太基教会主教凯西利阿努（Caecilianus）的职务。莱提西乌在谈到洗礼时②，曾说："谁不知道这是教会里最大的赦免，我们抛弃古罪的整个重负，抹掉先前因无知而做的恶事，也擦去旧人与生俱来的罪行。"请你注意这里的表述："古罪的整个重负"、"先前的恶事"、"旧人与生俱来的罪行"——你却胆敢提出一种有害的新奇观点来驳斥这些。

8. 奥林庇乌（Olympius）是一位西班牙主教，在教会和基督里都大有荣耀，他在一次神职布道时说："如果信仰在地上始终不曾败坏，一直跟随原先形成并铭刻的踪迹，也就是它的源头，那么它就永远不会因第一被造者致死的悖逆而把过错散布在种子里，导致那种罪成为人与

---

① 西普里安，*Epistola* 64，*ad Fidum*。
② 这篇作品已佚。

生俱来的东西。"① 你认为你还有什么话可用来驳斥我，顺便驳斥他，或者毋宁说驳斥他们？因为在众人里面只有一个大公教信仰，他们都一心相信，一口认信，罪因一人入了世界，在他里面众人都犯了罪②，所以他们以自己古老的大公教推翻了你自以为是的创新观点③。

9. 再听听那些有可能更深地触动你、烦扰你并且——但愿如此——很可能使你改邪归正的话。谁不知道高卢主教希拉利（Hilary）被誉为反对异端，保卫大公教会的最忠诚斗士而受人尊敬？请注意当他谈到基督的肉身时所说的话。"因此，当他受差遣成为罪身的形状④时，他虽然有肉身，却没有罪。但是由于所有肉身都源于罪——也就是说，源于亚当祖传的罪——所以他受差遣成为罪身的形状，不是说罪存在于他里面，只是说他成为罪身的形状。"当他注释《诗篇》118篇，读到"愿我的性命存活，得以赞美你"⑤时，又说："他认为他不是活在此世，因为他曾说过：'我是在罪孽里生的，在我母亲怀胎的时候就有了罪。'⑥ 他知道他生而有罪，服在罪的律法之下。"你明白听到的这些话吗？你是否问问自己该说什么？如果你还有一点羞耻感，怎敢在原罪这个问题上指责一位如此出类拔萃、如此声誉卓著的大公教主教呢？

10. 请再听听另一位上帝杰出管家的话，我敬他为父，因为他在基督耶稣里用福音生了我⑦，我从这位基督的仆人那里领受了重生（regeneration）的水洗。我说的是圣安波罗斯（Ambrose），他为大公教信仰，无论在做工还是演讲中，经历了恩典、不屈、劳苦、危险，所有这

---

① 这篇作品已佚。
② 参《罗马书》5：12。
③ 对《罗马书》5：12的这种解读有简洁的概述，见 F. Prat《圣保罗的神学》（*The Theology of St. Paul*, Westminster, Md. 1950）I 213, 215, 脚注。
④ 《罗马书》8：3。
⑤ 《诗篇》118：175（见和合本119篇——中译者注，以下凡注释里圣经章节后括号里的说明，除了特别注明外，皆为中译者注，不再一一注明）。
⑥ 《诗篇》50：7（见和合本《诗篇》51：6）。
⑦ 参《哥林多前书》4：15。

些，我本人都经历过，整个罗马世界都与我一起毫不犹豫地称颂它们。这样的人在解释《路加福音》时，说："'约旦河也倒流'① 预示将来救人洗礼的奥秘，刚出生就受洗的婴孩借此革去败坏。"② 在同一作品中他还说："与男人的结合不可能揭示童女肚腹的秘密，而圣灵把纯洁无瑕的种子植入未受污染的母腹。因为凡是从女人所生的，唯有主耶稣是至圣的。他的出生新颖独特、纯洁无污，不曾沾染一点属世的败坏，因为他属天的威严驱走了这种败坏。"③ 在同一部作品里他还说："在亚当里我们都死了，因为罪从一人入了世，死又是从罪来的，于是死就临到众人；在他里面众人都犯了罪，因此他的罪就是众人的死。"④ 在注释同一篇福音书的另一段话里说："因此要当心，免得像亚当那样被天上的诫命剥掉保护，失去信仰的外衣，从而遭受致命的创伤，若不是那位撒马利马亚人降下来，治好这恐怖的伤口，他可能会在这创伤里杀死整个人类。"⑤ 在同一篇作品的另一处他说："亚当曾活着，在他里面我们也曾活着。亚当死了，在他里面众人都死了。"⑥ 他还在书中谈到先知大卫："我们出生前就因传染有了污点，在看见光之前我们就遭受了出身的伤害，我们在罪里出生。"安波罗斯解释说："他没有说，那是我们父母的罪，还是我们自己的罪。他母亲在罪里生育每个人。这里他也没说母亲只是在自己的罪里生育，还是被生者里面已经有某些罪。但是想一想是否可以理解为两者都是。怀胎并非毫无罪过，因为父母都不是全然无罪的，若说怀胎一日的胎儿也并非无罪，更何况在母腹里待了多日的人。因此我们在自己父母的罪里怀胎，在他们的恶里出生。而

---

① 《诗篇》113：3（见和合本114篇）。
② 安波罗斯，*Expositio evangelii secundum Lucam* 1. 36.
③ 同上书，2. 56.
④ 同上书，4. 67. 注《路加福音》4：58（和合本没有此章节）。
⑤ 同上书，7. 73 注《路加福音》10：30。
⑥ 同上书，7. 234 注《路加福音》15：24。

且出生本身也有它自身传染的罪，本性自身并非只是传染一次。"① 他在解释《托比传》（*Book of Tobias*）时说："这放高利贷的，除了魔鬼，还会有谁？夏娃从他借了罪，使整个人类负了债，也就是说，以后世世代代的子孙都要偿付利息。"又在该书里说："魔鬼骗了夏娃，以便引诱她的丈夫，将他的产业置于债务之下。"② 他还在注释《诗篇》48 篇时说："我们自己的罪是一回事，我们脚后跟的罪是另一回事，因为亚当的脚后跟被蛇的牙齿咬伤了，他因这脚后跟的伤为人类后代留下了一个负债的遗产，所以我们都因那伤而跛了足。"③

第四章

11. 现在去吧，去对原罪提出反对理由吧。你不同意他们的观点，假装不知道他们说了什么；这么多伟大的导师，不仅自己过高贵的生活，还与时代的各种谬论作战，在你还未降生时就已过完荣耀的一生离世——尽管有这么多伟大的老师，你在攻击我时似乎没有看见他们，似乎你不知道他们在我的名下遭受诽谤，你侮辱他们却没有受到惩罚。我承认我宁愿相信你不知道自己在做的恶事，宁愿认为这是由于你的不慎，而不是由于无耻，胆敢对这些原本应当忠实跟随的上帝之城里的闪耀之光恶意追击；我是说，如果我不曾在那卷书——你以为或者希望别人以为已经驳斥了的那卷书——里非常清楚地讨论了圣安波罗斯④，我倒宁愿相信你犯这样大的罪是出于无知。或者你不曾读过那里的话，也就是上述这位主教谈到基督由童女出生时所说的："因此作为一个人，他在一切事上受试探，成为人的形状忍受一切事，但是作为圣灵所生

---

① *Apologia prophetae David*. 11.
② 安波罗斯 *De Tobia* 9, 23。
③ 安波罗斯 *Enarrationes in XI psalmos Davidicos*, in Ps. 48. 6。
④ *De nuptiis et concupiscentia* 1. 40.

的，他没有任何罪。人都是说谎的①，没有人无罪，唯有上帝才无罪。因此，从男人和女人出生的，也就是通过身体结合出生的，没有一个可能显得毫无罪过。而毫无罪过的，也就没有这种形式的怀胎生育。"②如果你没有读过可敬的安波罗斯的这些话，你如何可能驳斥记载了这些话的那本书？如果你读过它们，那你又为何对我发怒，以抨击我的名义首先批判他？你为何恨不得撕碎我的名字，并且把安波罗斯——虽然没有提到他的名字——变成一个摩尼教徒？

12. 你肯定知道我与谁一起忍受你的侮辱，你也知道我与谁同心协力，但你不作任何明智的考虑，企图通过诽谤污蔑来抨击并推翻他们。你明白，指控这些人犯有如此可怕的罪对你来说是怎样的危害，而被指控与这样的人共同犯罪——不论犯有什么罪——对我来说却是多么荣耀。如果你有眼睛能看清楚，就请注意这一点，最终保持沉默。以这么多大公教的舌头使佩拉纠的舌头缄默，在这么多可敬的嘴巴面前闭上你无耻的嘴巴。如果你像波勒摩（Polemo）③那样，曾闯入色诺克拉底（Xenocrates）的学校，在晚宴狂欢中沉醉，那你为何不像他那样出于对这么多圣人的尊敬而克制自己呢？可以肯定，我们这里的尊敬应当大得多，因为这里所学到的智慧要更大。这么多可敬主教的面容当然比单单一个色诺克拉底的面容更令人尊敬得多，因为他们的老师基督比色诺克拉底的老师柏拉图更伟大。事实上，我不会忘记你已故的父亲梅摩尔（Memor），他与我因共同的文学追求结成了深厚的友谊，所以你对我来说也非常亲近，但是当我看到你在你的书里不是沉醉于晚宴的狂欢，而是因疯

---

① 《诗篇》115：2（参和合本《诗篇》116：11）。

② 安波罗斯，*Expositio Isaiae prophetae*。

③ 雅典哲学家，后来成为柏拉图学园的领袖。他三十来岁时，还是个放荡不羁的年轻人，一次正逢学校在讨论节制，他闯了进去，于是如这里所记载的，就转向了哲学学习。

狂的争论骚动不安时，我就让你变得安静、健全——不是领你进入某位哲学家的殿堂，而是进入平安而可敬的圣先辈的会众。但愿你进入这样的会众能有所收获。看着他们，就好像他们打量着你，温和而友好地对你说：朱利安孩子啊，我们是摩尼教徒吗？我问你，你该怎样回答？你会用怎样的眼睛看着他们？你能想到怎样的论证？你作为一个足智多谋的争辩者，又会向我们突然提出亚里士多德的哪些范畴？——你总想显得对它们了如指掌，可以信手拈来。你胆敢在他们面前扔出你论点中玻璃似的刀刃或者铅制的匕首？哪种武器不会抛弃你，使你无以防卫？或者你会说你在这项指控中没有提到他们任何人的名字？那么当他们对你说：你的恶舌若是撕碎我们的名字倒还能忍受，但撕碎我们的信仰令人无法忍受，因为我们的名正是靠他的功德写在天上的——当你听到他们这么说，你会说什么呢？或许你会对他们说：我没有用这样的指控侵犯你们的信仰。但是凭什么样的自信你敢说这样的话？你不是说承认凡是出生的都因出身从亚当传染了罪，就是接受摩尼教的观念吗？而这正是他们承认并相信的，是他们一出生就在基督的教会里习得的，也是他们身居要位时在基督教会里教导的；他们借着圣灵给众人施洗，使他们赦免了这么多的罪，也给这么多婴孩施洗，使他们赦免仅有的原罪。我再次劝告你，再次恳请你，请看看数量众多的大公教会的捍卫者和学者，想想你究竟对谁造成了如此严重又如此恶劣的伤害。

13. 或者你是否认为他们都是可鄙视的，因为他们全都属于西方教会，我并没有提到一位东方主教？但是，东方主教是说希腊语的，而我们是说拉丁语的，我们该怎么办？我想，那部分世界对你来说应该足够了，主愿意在那里把荣耀的殉道冠冕戴在他第一位使徒头上。如果你当初愿意听从那个教会的领袖，蒙福的英诺斯特（Innocent），你就不会在充满危险的青年时期陷入佩拉纠的陷阱。试想，那位圣人对非洲公会议会作出什么样的回答？不就是使徒教区和罗马教会以及其他教会自古以来一直坚定不移地主张的观点吗？然而，你却指控他的继任者［佐西姆（Zosimus）］推诿搪塞，因为他不愿意反对使徒教义和前任的论断。① 但现在我对此不想说什么，免得我赞美了曾指责过你的人，激怒你的心，因为我希望医治你，而不是惹怒你。圣英诺斯特对这个问题不知道其他观点，只知道我向你介绍过的那些人的观点——如果这样做有什么益处的话——那请你想一想，你该如何答复他呢？他也属于他们的阵营，虽然时间更晚一点，但地位更高一点。他与他们一样坚持真正的、基督教的教义，认为借着基督的恩典使可怜的婴儿从传自亚当的原罪中释放出来。他说，基督借着他洗礼的水清洁了众人先前的罪，也就是第一人的罪——他自愿沉入深渊②——最终清楚地规定，婴儿③若不吃人子的肉，就绝不可能有生命④。请你回答他，或者毋宁说回答主本身，因为他使用了那位主教作见证，说明如果那些刚出生的孩子没有传染原罪的话，那上帝的像为何会受到这种重罚，也就是丧失生命。但是不论你说什么或者答复什么，即便你胆敢说蒙福的英诺斯特是摩尼教徒，你也不敢指称基督为摩尼教徒。

14. 因而，你没有任何理由诉求于东方主教，因为他们本人也是基督徒，无论是东方还是西方，在世界的这两个部分这种信仰都是相同的，它就是基督信仰；当然西方的土地生了你，西方的教会重生了你。当你来到它的成员中间却没有在它里面发现，所以想要带给它的，那是什么东西？或者毋宁说，你力图从它带走，你本人也曾在它里面领受的东西，是什么？你否认原罪，但是原罪导致其他婴儿毁灭，而你因为受了洗，不论几岁受洗，你的原罪已被赦免，或者至少（与其他罪）一

---

① 参导言，英诺斯特和佐西姆讨论佩拉纠的话。
② *Epist.* 181.7, inter Augustinianas.
③ *Epist.* 182.5, inter Augustinianas.
④ 参《约翰福音》6：54。

同被赦免了。如果就如我们所听说的,你真的在婴儿时就受了洗,那么即便是你,虽然个人清白无罪,但因为你在肉身上是从亚当而来,所以你的第一次出生传染了祖先的死,你是在罪里怀的胎,然后驱赶邪灵,吹走魔鬼①,于是你从黑暗权势中得救,得以进入基督的国度。我的孩子啊,你不幸从亚当出生,但有幸在基督里重生,你为何试图夺走你母亲借之生育了你的圣礼?她以这种方式生育了你——尽管你不希望她这样生育你——那她就是摩尼教徒吗?你指责她的生育方式,是否为了关闭她那生育了你的仁慈肚腹,使她不再生育其他人?你把她丈夫的名字与她分开,这样,就婴儿的重生来说,他只是基督,而对成人来说,他是基督耶稣,因为如你所知道的,耶稣的意思就是救主②,而你恰恰不希望他成为婴儿的救主,因为你教导说,婴孩没有需要他来拯救的罪过。

第五章

15. 当然,你不会没有来自东方的著名主教,有这样一位声名卓著、闻名遐迩的主教,他的话非常受人欢迎,已经译成拉丁文,到处流传,他就是圣格列高利。那就让他也与这些教父同坐,与他们一起忍受你这种愚蠢而可恶的指控,但他也提出一种治疗论,驳斥你那有害的新观点。那就听听他所说的话:"上帝的像必将洁净这肉身洪流的污点,必用上帝话语的翅膀抬升肉身与它联合。虽然如果不需要这种洁净,而是保守在最初的尊贵里——我们现在洁净之后要去再次追赶那种尊贵——那是最好的,如果没有因为这罪的苦涩而从生命之树上跌落,那是最好的,然而,作为第二条道路,堕落后得到医治和纠正比留在罪里

---

① 这个简洁的专门术语意指向受洗者身上吹气,表示驱赶魔鬼,本译本通用。
② 对这个名字含义的这种用法有《马太福音》1:21 作证;参《新约注释》(*Commentary on the New Testament*, Paterson, N. J. 1943) 对这一经文的解释。

要好。"他还说："就如我们都在亚当里死了，同样我们都在基督里得生。那么就让我们与基督同生，与基督同钉十字架，与他在死里同葬，从而也能与他一同复活。我们必须忍受这种有益且必不可少的变化，这样，正如我们曾从幸福状态跌入悲惨状态，同样，我们要从悲惨状态恢复美好状态。因为罪多的地方，恩典更多，好叫那些因尝了禁果而被定罪的人，借着基督的十字架、凭着更丰富的恩典得以称义。"他又说："要敬畏使你们脱离属地出生之捆绑的那次出生。要尊敬伯利恒，它虽然弱小，但回归乐园之门已经通过它向你们开启。"① 同样，他在另一处谈到洗礼时说："也让基督的话使你们相信这一点，他说，人若不是'从水和圣灵生的'②，就不能进入天国。借着他，第一次出生的污点得以清除，我们的第一次出生是在罪里怀胎的，我们的母亲在罪里把我们生出来。"你难道要说他也有摩尼教味道，或者传播败坏之说？你听听众人怎样一心、一口、一信地说着同样的事，这就是大公教信仰，它是众人一致见证，没有异议地确立的。

16. 或者在你看来，在众多东方主教中只提到格列高利是不是太不够权威了？他是个举足轻重的人物，所以，如果这不是基督信仰里众所周知的论点，他就不可能说；如果他们不认为他的这些话与众所周知的真理法则完全一致，也不会视他为如此杰出而可敬的人。当然如果你愿意，除了他之外我们还可以加上巴西尔；事实上，不论你愿意与否，我们必须加上巴西尔，尤其因为你在你的第四卷里决定谈论从他驳摩尼教徒的书里摘来的一个段落，尽管那个段落与借一人进入世界并传给众人的原罪问题没有任何关联。他在那个段落里讨论的是这样的真理：不应该认为恶像摩尼教徒所主张的那样，是一种实体（subtance），有自身的质料。因此他说："它不是一种实体，而是完全出于意志的一种行为

---

① 拿先斯的格列高利，*Oratio in natalem Christi*。
② 《约翰福音》3：5。

方式"——不是那些因第一次出生传染了祖先之死的人的——而是"那些通过自己的意志采纳了某种不健康的生活方式的人的";也就是说,那些已经长大并且能使用理性和自由意志的人。他说:"这种行为方式因为是非本质的,所以可以很轻易地与那些遭受者的意志分离。"他补充说:"如果这恶早已产生,不可能再从意志中剔除,也就是说,尽管它原是作为一种附属之物添加的,但如果它添加之后就再也不可能与意志相分离,那么可以恰当地说,事实上确实没有实体性的恶,只是那实体本身现在不可能没有恶作为一种附属性根植在它里面。既然它是作为一种偶性添加的",他说:"而这种添加的源泉不是实体,而是意志,那么可以轻易地将恶与实体分离,所以即使是服从意志的实体,也可能是完全清洁的,从没有任何恶留存,哪怕是一点痕迹。"圣巴西尔这番话说得完全正确,甚至可以说对那种借着亚当进入世界、传给众人的恶也作出了很好的解释,因为这种恶也是附加给人性的。它不是创造之初就有的,这种添加的源泉也不是实体,而是意志,不论是受蛇引诱的女人的意志,还是认同已经被引诱犯罪的妻子的那个丈夫的意志。但他所说的"可以轻易地将恶与意志或者实体分离"——并不是对人的意志来说,而是对上帝的怜悯来说可以轻易做到。这足以驳斥摩尼教徒,他们认为他们所说的恶的本性这种东西不可能转变为善。因此,圣巴西尔没有说人的意志或者人的实体或本性可以轻易地使恶与它自身分离,而是说"可以轻易地将恶与它分离",他的话经过精心斟酌,完全可以驳倒他要反对的摩尼教徒,同时不会激发人的傲慢与神圣恩典作对。事实上,上帝是大能的,用福音书的话来说,在人是不能的,在上帝凡事都能①,他将凭借自己丰富的恩典毁灭临到我们头上的恶,不论是传自第一人的,还是出于我们自己意志的,"即使是服从意志的实体",如你所引用的巴西尔的话:"也可能是完全清洁的,从没有任何

---

① 《马太福音》19:26。

恶留存，哪怕是一点痕迹。"但愿如此，这无疑是信徒的盼望。但是它何时成全，那是大公教信仰的一个问题。因为到那时，就可以对最后的仇敌死说这样的话："（死啊，）你得胜的权势在哪里？（死啊，）你的毒钩在哪里？"①

17. 因此，关于你所回顾的巴西尔所说的话："如果贞洁是一种美德，而身体是真正实体性的恶，那就不可能找到一个贞洁的身体，因为可耻的身体不可能变成有德性的身体。但是当它成圣之后，它就成为有德性的身体，美德分与身体，身体分与美德，身体因美德也成为上帝的殿。因此如果每个身体都是通奸的身体，就不可能在身体中找到贞洁，那么我们确实可以认为实体性的恶是身体的本性。但是既然身体的功德已经有了如此大的进展，它已经获得如此多的荣耀，已经领受这样一件端庄（modesty）的外衣，甚至可以成为它造主的家，成为上帝儿子的新房，从而父和子下来屈尊选择身体作为他们的居所，那么摩尼教的观点怎么可能不显得令人憎恶又荒谬可笑呢？"还能说出比这更真实、更符合大公教准则的话吗？它正是对摩尼教徒的驳斥，因为摩尼教徒主张并断定，身体的源头是"黑暗之族"，按他们的描述，那是与良善上帝同为永恒的一个邪恶本性，他们还认为身体本身就是不可改变的恶。我得说，他正是在驳斥这些人，而不是那些拥有真正而真实的基督信仰的人；身体诚然是可朽的，逼迫灵魂②，但它最初被造、放在乐园里时并不是这样的，也不会永远是这样，相反，它将变为不朽坏和不死的，即便是现在，它已经开始成为上帝的一个殿，装备了妻子的或寡妇的甚至童女的端庄；因为虽然情欲和圣灵相争，但圣灵也和情欲相争，所以它不会让身体的肢体服从罪作不义的器具。③

18. 不过，请听听与本主题真正相关的话；圣巴西尔关于第一人的

---

① 《哥林多前书》15：55。
② 《所罗门智训》9：15。
③ 《加拉太书》5：17；《罗马书》6：13。

罪——也是与我们相关的罪——所说的明确无误的话。虽然我发现它有翻译，但为了更忠实原文，我宁愿逐字逐句地从希腊文翻译过来。他在一篇论禁食的布道书①中说："婪食是据律法立在乐园里的。因为亚当得到的第一诫命是：'分别善恶树上的果子，你不可吃。'②'你不可吃'的意思就是禁食，就是律法的开端。如果夏娃没有吃那树上的果子，那我们并不需要这种禁食。因为康健的人用不着医生，有病的人才用得着。③我们因罪都患了病；我们通过苦修赎罪得医治。但不禁食的苦修是徒劳的。受诅咒的地必给你长出荆棘和蒺藜。你岂不是注定要忧愁，而不是欢乐？"稍后在同一布道里他说："因为我们没有禁食，所以我们从乐园跌落了。因此我们要禁食，以便回到乐园。"如果你曾读过圣巴西尔这些以及其他类似的话，或者你愿意读后真诚地想一想，你就不会在自己书里写下——出于什么目的我不知道——摘自他作品的那些与我们所讨论的话题完全无关的话，以掩盖无知的心灵。你听到如果人在幸福的乐园里没有违背禁食的律法，我们就不需要这种禁食，但你否认其他人生来就服在那些人的罪之下。你听到他又补充说："康健的人用不着医生"，但你否认我们已经因那些人的罪丧失了被造时拥有的康健。你听到对犯了罪的第一人宣告的审判："地必给你长出荆棘和蒺藜"，也适用于我们，但是你虽然认为他们服于同样的审判，却否认他们有同样的罪。你听到我们从乐园堕落，也必回到乐园的话，但你否认当时唯一住在乐园里的两人——我们也曾因他们住在乐园里——的罪，也属于我们的罪。

19. 何必再多说呢？看看从东方教会传来的这些声音对你是否足够；这两人如此杰出，拥有如此不凡的圣洁，并且如人们所说的，他们

---

① 巴西尔，*Sermo* 1。
② 《创世记》2：17。
③ 《马太福音》9：12。

还是同胞兄弟。① 假设你说这些话还不够，那我们还有十四位东方主教——优罗基乌（Eulogius）、约翰（John）、亚摩尼阿努（Ammonianus）、波菲利（Porphyry）、优托尼乌（Eutonius）、波菲利（另一位）、费都（Fidus）、佐尼努（Zoninus）、佐波恩努（Zoboennus）、尼菲底乌（Nymphidius）、克罗马提乌（Chromatius）、朱维努（Jovinus）、厄娄塞里乌（Eleutherius）、克勒马提乌（Clematius）——我们发现在某个地方这些人是一起的，所以可以引入这个会众中，这些人就是坐在审判席上审判佩拉纠，认为他是一个大公教徒的人，他们毫无异议，一致宣告他是大公教徒。但是如果他不曾在他们面前听到对那些人定罪，就是那些认为亚当的罪只伤害他一人，不伤害人类，认为新生婴儿处于亚当未犯罪之前的状态，认为婴儿即使不受洗也拥有永生的人——那么他绝不可能未被定罪就从那里走出去。你通过我不知道的什么复杂的伎俩，使用我不知道的手段和陷阱，使简单的事情变得不那么明了，清晰的真理不能发出光芒，你这样做对你有什么好处呢？谁不明白那些法官是按照大公教信仰来接受这些事的——这种信仰在任何地方都通过驱邪和吹气把婴儿从黑暗的权势中解救出来——而不是如你所解释或者毋宁说如你所炮制的那样理解这些事？然而你可能会说："亚当的罪伤害人类不是通过繁殖，而是通过模仿，而新生婴儿不可能处于亚当犯罪之前的状态，因为亚当能领受诫命，而这些孩子还不能领受。"佩拉纠认为用这些含糊不清的话就使那个审判成了泡影，而你点头全力赞同这种恶行，为他戏弄了这么多主教而放声大笑。但是对"婴儿即使没有受过洗也有永生"这句话，你能用什么聪明的方法掺进其他意思，或者用什么无花果树叶把它遮盖？佩拉纠没有他法，只能在大公教法官面前指责那些说这话的人，他心里所想的，在人面前却要加以指责，担心被人定

---

① 奥古斯丁的信息有误，巴西尔的弟弟是尼撒的格列高利，而不是这些引语的作者拿先斯的格列高利。

罪。如果你认为这话不对，那你就完全认同我们的观点。但是因为你不认同我们，所以你必定认为这话是对的。于是，东方的法官就要谴责你，定你的罪。佩拉纠害怕被他们定罪，所以谴责那些认为这话正确的人，但是他肯定要与那些他所谴责的人一同遭受谴责，一同被定罪，因为他嘴里否认这话，心里想的却正是这样的话。因为他口头强烈谴责的观点却在他的作品中表现出来。当然我现在谈论的不是他，你才是我现在讨论的对象。那么你能说什么呢？看哪，这里有一大群东方的审判者，我们读过保存下来的教会对他们的记录。我们读过佩拉纠受到指控，"他说婴儿即使不受洗也有永生"。我们读到佩拉纠谴责那些说这话的人，否则他自己就不能逃脱那些审判者。那么现在你要说什么呢？婴儿即使没有受洗就离世是否还有永生？或者不会有永生？如果你说他们会有，那么你的佩拉纠说的话就会谴责你，所有那些你担心受其谴责的人就会谴责你。但是如果你说他们不会有永生，那我就要问，既然人的繁殖没有传染罪，那上帝清白的像为何会受到惩罚，被剥夺生命？如果事实上传染了罪，那你为何把那些主张这种观点的人称为摩尼教徒？要知道，佩拉纠如果不是假装承认这种观点，就完全可能受到那些人的谴责和定罪。

20. 此时，你面前不仅有西方主教，也有东方主教。我们原本似乎缺乏东方主教，现在已经找到很多。他们一致相信：罪因一人入了世界，死又因罪而来，由此死就临到了众人；在他里面众人都犯了罪，因为凡是被认为是出生而来的人都服在第一人所犯的罪下。如果你把这样认为的人称为摩尼教徒，那就看着这些人，在他们面前脸红吧，不要伤害他们，或者毋宁说不要伤害你自己，免得统治他们并住在他们里面的那位不放过你——恐怕会这样的。但如果你不把他们称为摩尼教徒，你就找不出理由称我为摩尼教徒。因为你这样称呼我，不过就是因为我相信他们所相信的，我主张他们所主张的，我教导他们所教导的，我传讲他们所传讲的，就是关于第一人的罪，所有人因属肉的出生而受制于那罪，除了属灵的出生，谁也不能解除那罪。同意他们，你就不会抨击我；与他们一致，你就不会纠缠我。最后，如果你不愿意通过他们成为我的朋友，我只请求你不要通过我成为他们的敌人。但是你如果仍然固守着自己的错误，怎么能不成为他们的敌人呢？放弃这种错误，从而与他们联合，那岂不是要好得多？难道佩拉纠和凯勒斯提乌（Celestius）对你有那么大的支配力，你竟然敢抛弃这么多伟大的学者、大公教信仰的捍卫者，古代的和当代的，从日出到日落，有的安息了，有的仍与我们同在——不仅抛弃他们，甚至称他们为摩尼教徒？我不知道这话是怎样从你嘴里说出来的——必是你那有悖常理的谬误迫使你说出这样的话来。奇怪的是，在一个人的脸上，额头与舌头之间竟会有这么大的距离，以至于在这种情况下，额头制服不了舌头？

21. 但我知道你在嘟哝什么。现在就说吧，说出来，我们都来听听。你在第四卷——也就是我们正在讨论的作品——的结尾处说："君士坦丁堡的约翰（John of Constantinople）说，婴儿身上没有原罪。他在一篇论述受洗者的布道里说：'至尊的上帝，唯有他成就了神奇的事，创造了一切，改变了一切。看哪，他们不久前还是阶下囚，此时却享有自由的安详；他们原本是陌生人和流浪者，现在成了教会的公民；他们原本陷于罪的混乱之中，如今处在公义的状态。他们不仅是自由的，而且是圣洁的；不仅是圣洁的，而且是公义的；不仅公义的，还是上帝的孩子；不仅是孩子，还是嗣子；不仅是嗣子，还是基督的弟兄；不仅是基督的弟兄，还是与他同为嗣子的；不仅与他同为嗣子，还是肢体；不仅是肢体，还是殿；不仅是殿，还是圣灵的器具。你们看洗礼有多少益处。有些人认为天上的恩典只在于赦免罪，但我们已经列出了十种荣耀。因此我们甚至要给婴儿施洗，尽管他们没有沾染罪，但洗礼可以赐给他们圣洁、公义、嗣子的名分、产业，使他们成为基督的弟兄，从而可能成为上帝的肢体。'"[1]

---

[1] 约翰屈梭多模，*Homilia ad neophytes*。

22. 那么你是否敢拿圣洁主教约翰的这些话驳斥他那些伟大同事说的那么多话，将他从他们最和谐的团体中分离，使他成为他们的对手？我们绝不会相信也不会说这么伟大的人会做这样可恶的事。我说，我们绝不会认为君士坦丁堡的约翰在婴儿受洗和借基督脱离从祖先留下的痕迹这些问题上会与这么多伟大的主教同行唱反调，尤其是罗马的英诺斯特、迦太基的西普里安、卡帕多西亚的巴西尔、拿先斯的格列高利、高卢的希拉利、米兰的安波罗斯。还有其他一些问题，即使最博学、最杰出的捍卫大公教法则的学者也不时彼此分歧，但没有破坏信仰的纽带，有的在这个问题上说得更好、更恰当，有的在那个问题上讲得更完全、更正确。而我们正在谈论的这个问题则与信仰的根基本身相关。在基督信仰里有话写道："死既是因一人而来，死人复活也是因一人而来。在亚当里众人都死了；照样，在基督里众人也都要复活。"① 凡是想要推翻这些话的，就是企图废除我们在基督里所相信的一切。基督也是婴儿的完全救主，若没有从他而来的救赎，他们肯定要灭亡，因为没有他的肉和血，他们不能有永生。这也是约翰所想、所信、所学和所教的。但是你按照自己的教义歪曲他的话。他说婴儿没有罪——他指的是他们自己的罪。正因为如此，我们才说他们是清白的，所依据的是使徒所说的，即那些还没有生下来的，善恶还没有做出来；而不是依据他所说的："因一人的悖逆，众人成为罪人。"② 甚至我们的西普里安也可能与约翰一样谈论婴儿，他曾写道："新生婴儿没有犯任何罪，所以他得赦免的不是自己的罪，而是另一人的罪。"③ 因此，约翰将他们与成人相比，成人在洗礼里赦免的是他们个人的罪，他说婴儿没有罪——不是如你所引用的"不沾染罪"，你希望人们把它理解为婴儿不沾染第一人的罪。但是我愿意将之归咎于译者，而不是你本人，尽管在有些有同样译

---

① 《哥林多前书》15：21、22。
② 参《罗马书》9：11，5：16（参和合本《罗马书》5：19）。
③ 西普里安，*Epistola*, 64, *ad Fidum*。

文的手稿中我们读到的"罪"是复数，而不是单数。因此，我怀疑你这派中有人不愿意用单数，免得人们把使徒所说的："审判是由一人而定罪，恩赐乃是由许多过犯而称义"① 理解为一罪。这里，他希望我们不是把"一人"理解为别的，就是指过犯；而你不希望人们相信婴儿沾染这样的过犯，所以你选择说："不沾染罪"，这样我们心里很可能就想到第一人的罪，而不是指他们自己的罪，如约翰所说的，他的话我们理解是指婴儿个人的罪，或者译成"他们不沾染（自己的）罪"，其他手稿的同一段里也是这样说的。但是我们不必讨论猜测，这里我们可以认为是抄写者的失误或者是翻译中的一个讹误。我要引用约翰所写的希腊原文："Dia touto kai ta paedia baptizomen, kaitoi hamartemata ouk echonta"，这句话译成拉丁文②（再译成英文）就是"因此我们也给婴儿施洗，虽然他们没有罪"。你当然看到他没有说："婴孩不沾染罪"（单数或者复数的罪），而是"没有罪"，指他们自己的罪，这一点毫无困难；但你会说：他本人为何不加上"他们自己的"？我想，原因只有一个，他是在大公教会里谈话，不相信有人会理解成另外的意思，因为不曾有人提出过这样的问题，你也还没有提出争论，所以他说得比较随意。

23. 你是否希望听听他对这个问题完全公开的说法是什么？听好了，我也把他加入圣徒的行列，听好了，我把他列为我的见证人或者你的审判者，你原本还以为他是你的保护神呢。听，你可能也会把他称为摩尼教徒。来吧，圣约翰，来吧，与你的弟兄们坐下来，没有什么论据和诱惑曾把你与他们分开。我们也需要你的观点，并且特别需要，因为这个年轻人认为就是从你的作品中找到了能推翻你这么多伟大主教同仁的观点的方法。但是如果他真的发现有这样的事物，清楚地表明你想的

---

① 参《罗马书》5：19（参和合本《罗马书》5：16）。
② Ideo et infants baptizamus, quamvis peccata non habentes.

就是他想的，那我们绝不会只选择你——请原谅我说这样的话——而舍弃这么多在这个问题上如此重要的人，关于这个问题，基督信仰和大公教会的观点从不曾有过改变。当然，你绝不会有另外的观点，从而在这一点上显得特别引人注目。当这个年轻人试图败坏我的名声时，要说一些事使他困惑，使他羞愧，而当我向他解释了你在这个问题上的观点后，他也会试图败坏你的名誉，请你原谅我。他说，相信婴儿需要基督作为解救者的帮助，使他们脱离地狱——他们因第一人的罪要受永罚——这是摩尼教的观念。当他得知你也这样认为时，他可能会因此悔改他的佩拉纠错误，也可能因此指控你是摩尼教徒。但是为了能使他真正得益处，我们不必在意他的错误指责。

24. 现在听着，朱利安，约翰所说的与其他大公教学者是一致的。他在写给奥林庇亚（Olympia）的布道中说："当亚当犯了那个大罪，使整个人类一同被定罪之后，他遭受了惩罚，陷入不幸。"论到拉撒路的复活时又说："基督哭泣，因为人已经悖逆到这种地步，他被赶出永恒，热衷于死人的世界。基督哭泣，因为魔鬼使那些原本可以不朽的成为必死的。"① 还有比这说得更清楚的吗？你要怎样辩驳呢？如果亚当因他的大罪使整个人类一同被定了罪，一个婴儿怎么可能生出来而没有被定罪的？除了基督，还能借着谁使他从这种定罪中解脱出来？即使在拉撒路的例子中，他都说人热衷于死人的世界，被赶出了永恒，还有哪个必死的人没有被这种过失和不幸触及？第一人因此从永生中跌落；如果他不曾犯罪，就可能已经获得永生了。既然魔鬼使原本可能不朽的众人成了必死的，那婴儿若是不服从第一人的罪，他们怎么会死？若不是通过使众人获得永生的那位，婴儿能从死的权势中得救吗？

25. 这位约翰在一篇布道书里谈到这样一个问题，虽然主的话说得

---

① 约翰屈梭多模，*Homilia de Lazaro resuscitato*。

很清楚，他使野兽服从于人，使人掌管它们①，但它们为何还要伤害人或者咬死人呢？他是这样解决这个问题的，他说，罪还未进入（世界）之前，所有野兽都顺服人，而现在它们要伤害人，这是对第一罪的惩罚。该文很长，我不能在本书中详述，但可以引用它的一部分。他说："我们害怕并恐惧野兽；我不否认这一点。我们已经丧失了主子的身份，这一点我也承认。但这并不表明上帝的律法是错的，因为最初事物不是这样安排的，相反，野兽害怕自己的主人，顺服于他们。由于我们失去了信任，我们也就失去了尊荣。有什么证据呢？上帝把野兽带到亚当面前，看他会叫它们什么，而亚当没有显出退缩害怕的样子。"稍后他说："这就是一个记号，表明最初人是不怕兽的；第二个证据甚至要比这个更清晰，即女人与蛇谈话。如果野兽一直是人所害怕的，那么当女人看见蛇的时候，她不可能待在那里不动；她不可能接受它的建议，也不可能如此深信不疑地与它谈话，而会立刻被吓住，一看见蛇就逃走了。但她与蛇说话，并不害怕，因为当时还不存在惧怕。只是由于罪入了世界，尊荣的特性就消失了。"稍后他又说："事实上，只要他相信上帝，他就使野兽害怕，但因为他悖逆上帝，所以现在即使是与他同为仆人的最低等者，他也害怕。如果不是这样，那么请向我表明，人犯罪之前，兽使他害怕。你不可能表明这一点。若说在这一切之后，人有了害怕，那也是因为人在上帝的眷顾之下。因为如果在原本给出的诫命被人废除、破坏之后，上帝原先给予他的尊荣仍然保持不动，那么他就不可能很轻易地复活。"② 可以肯定，很显然，约翰在这篇讨论中已经表明，借一人进入世界的罪成了众人共同的罪，由于对兽的怕是众人共有的，所以甚至是婴儿，兽也绝不可能放过，当然，根据圣约翰的这篇论文，婴儿若没有受那古老罪的捆绑，兽绝不可能伤害他们或者使他们害怕。

---

① 参《创世记》1：28。
② 约翰屈梭多模，*Homilia* 9, in Genesin。

26. 那么朱利安，也称他为摩尼教徒吧（你为何犹豫，不这样说呢），因为这类好人（指婴儿），你为他们的清白辩护，他却冤枉他们，并主张定罪是代代相传的。① 不仅如此，你要克制自己，如果你真有什么合理的东西，就提出纠正；最后，要明白约翰为何说婴儿没有罪，不是说他们不被第一父母的罪捆绑，而是说他们没有犯个人的罪。在同一篇布道里，如果你读过全文，我不知道你为什么没有读到这段话；如果你不可能没有读到，那我很奇怪你为何没有提出纠正——如果约翰的权威对你有一定重要性。如果你读了整篇布道，对我所提到的段落很熟悉，但仍然认为你得坚持自己的观点，那么你为什么要在自己的作品里引用它呢？或者是不是这样，你引导我们去读整篇文章，让我们找出能发现并驳倒你的蒙骗伎俩的方法？还有比他说得更清楚的吗？他说："基督曾经来过，发现我们被亚当留下的祖传痕迹捆绑。他显示了债的开端；由于我们的罪，利息增加了。"② 你是否听到这个人，精通大公信仰和教义的人，把祖传痕迹留下的债——它作为遗产依附于我们——与由于我们自己的罪而增加利息的那些债相区分？你是否听到婴儿在洗礼中脱离的是什么，他们还没有欠下自己的债，但不可能免除祖传的痕迹？他的希腊文原话是这样的："Erchetai hapax ho Christos, heuren hemon cheirographon patron, ho ti egraphen ho Adam. Ekeinos ten archen eisegagen tou chreious, hemeis ton daneismon heuxesamen tais metagenesterais hamartiais." 逐字逐句翻译过来如下："基督曾经来过；他发现了我们祖传的痕迹，那是亚当留下的。亚当是债的开端；我们因后来的罪增加债的利息。"③ 他不满足于只说"祖传的痕迹"，而不加上"我们的"，

---

① 这里，如别处一样，对 propago mortis, propago condemnationis 以及其他同类术语作直译处理，以便保留对佩拉纠反对原罪论的某个术语的暗示——指他们认为的罪不可能通过自然繁殖的方式传递，必然是通过犯罪人的意志自愿传递的。

② 约翰屈梭多模，*Homilia ad neophytos*。

③ 拉丁文译为：Venit semel Christus, invenit nostrum chirographum paternum, quod scripsit Adam. Ille initium induxit debiti, nos fenus auximus posterioribus peccatis。

由此我们可以知道，在我们通过自己后来的罪使债的利息增加之前，那留有祖传痕迹的债已经附属于我们，难道不是这样吗？

27. 也请读读这位圣人怎样解释使徒的同一段话，也就是经上所写的："罪从一人入了世界。"因为他大公信仰的真理在那里显得比光还要清晰。由于内容太长，不可能把这篇作品里的解释全都引用，所以我只提几点。他说："显然，这罪不是指违法导致的罪，而是因亚当悖逆产生的罪，这罪玷污了众人。"稍后又说："'从亚当到摩西，死就做了王，连那些不曾犯罪的，也在他的权下。'它怎样作王？'按亚当犯罪的样子，他乃是那以后要来之人的预象。'① 因此亚当也是基督的一个预象。为何他是预象呢？他们问。因为正如亚当成为那些从他而来的人的死因，即使他们不曾吃过树上的果子——那死是通过食物产生的——同样，基督对那些从他而来的人，即使他们不曾行义，也成为他们公义的提供者，他借十字架把公义给予我们众人。"在同一篇布道的另一部分他说："所以当某个犹太人问你，'这世界如何借一人，即基督的美德②得救？'时，你可以对他说：'就如世界因一人，即亚当的悖逆而被定罪一样'——尽管恩典与罪不能相提并论，死与生也不能等量齐观，上帝与魔鬼更不能同等。"稍后又说："但过犯不同于恩赐，他是恩赐。若因一人的过犯，众人都死了，更何况上帝的恩典，与那因耶稣基督一人恩典中的赏赐，岂不更加倍地临到众人吗？"他的意思是说，如果罪有权势，一人的罪有权势，那恩典和上帝的恩典，不只是父，还有子，他们的恩典应当更有权势。这样说要合理得多，因为可以肯定，一个人要为另一个人受到定罪，这似乎不那么说得过去，但是一个人因另一人而得救看起来要合适并合理得多。但是，如果前者都发生了，那么后者

---

① 参《罗马书》5：14。
② 奥古斯丁在比较宽泛的拉丁意义上使用"virtus"，即普遍的好和能力，可以既指美德，也指力量。有些段落谈到力量借助于人自己的美德使软弱变完全，以及诸如此类的话，读到这些段落时再回想起这一点对理解有帮助。

更应是事实。另外，谈到"'审判是由一人而定罪，恩赐乃是由许多过犯而称义'，这就如同说，"他说，"罪能带来死和永罚，但恩典不仅摧毁了那一罪，还毁灭后来发生的罪。"稍后，论到同一问题，他说："因而，他表明许多善被引进来，不仅那罪被消灭了，而且其他所有罪都被消灭了，说：'恩赐乃是由许多过犯而称义。'"再稍后一点，他说："首先他说，如果一人的罪使众人毁灭，那么一人的恩典更使众人得救。然后他表明不仅这罪因恩典毁灭，而且所有其他罪也因恩典被消灭；恩典不仅毁灭了罪，而且给予了公义。并不是亚当伤害我们多少，基督就帮助我们多少，他的恩益要多得多，丰富得多。"然后，在同一作品中，他谈到洗礼，引用了使徒的话："'岂不知我们这受洗归入基督耶稣的人，是受洗归入他的死吗？所以我们借着洗礼归入死，和他一同埋葬。'① '我们受洗归入他的死'，这是什么意思？意思是说，我们也要像他一样死，因为洗礼就是一个十字架。因此，十字架与坟墓对于基督意味着什么，洗礼对于我们就意味着什么。但两者的方式不一样，因为他是在肉身上死了、埋葬，而我们是在罪里死了、埋葬。因此，他没有说'在死里与他合一'，而是说'以死的样式'。虽然两者都是死，但不是一回事。一者是基督肉身的死，另一者是我们罪的死。因此，正如前者是真的，照样，后者也是真的。"

28. 圣约翰离大公教义有多近，离你的教义就有多远，对此你还能有什么怀疑吗？他在论证中解释了使徒的话，那对我们所讨论的问题来说是必不可少的话，也就是："罪因一人入了世界"，你认为这是指模仿，而不是指生理上的生育，但是从他的论证以及整个上下文来看，有你这种思想的痕迹吗？他岂不是说，因那一罪所有事物都被玷污了，从而将它与其他后来犯的罪相区分，而你说这些后来产生的罪是通过模仿，而不是繁殖而来，他说不仅那些罪，就是这一罪也因基督的恩典与

---

① 参《罗马书》6：3、4节。——中译者注

那些罪一起毁灭了？他岂没有清晰地解释使徒的话："我们这些受洗归入基督耶稣的人，就是受洗归入他的死"，他说受洗归入基督的，就向罪死了，如基督向肉身死了，因为受洗归入基督的死不是别的，就是向罪死？如果婴儿没有沾染原罪，那他向什么罪死呢？或者婴儿不是受洗归入基督的死，尽管使徒不是说"某些人"，而是说"我们（众人）受洗归入基督的，受洗归入他的死"？或者当他们接受基督教的洗礼时，你想要说他们不是受洗归入基督？不然，约翰主教就用他的界定使你闭嘴，他说，对那些受洗归入基督的人来说，洗礼的意义就是十字架和坟墓之于基督的意义，这样我们就可以明白，他们已经向罪死了，正如基督在肉身上死了一样。请想一想，你原本指望把你的教义归于这个人，似乎他说过婴儿没有沾染第一人的罪，然而没想到这个人的基督信仰有这么大，他对这一大公教义的辩护这么有力！当他说"婴儿没有罪"时，他指的只是他们自己的罪，许多证据都已经清楚地表明了这一点。

第六章

29. 你引用君士坦丁堡的约翰的话作证据，似乎他与你观点一致，但这对你有什么好处呢？你是不是以十分诡诈的手段抓住他的一个词，可以说是他不经意中说的某个词，然后引出他的一大堆话——你可能被这些话折服了？你太不谨慎，太不小心，竟然没有注意到，就是在这篇布道里，你几乎找不到一个地方是因为你没有正确理解它而被误导，从而误导别人的，君士坦丁堡的圣约翰非常清楚地说，所有人，除了自己的债务之外，都是祖传痕迹（paternal handwriting）的债务人。然而，你引了他的话——你以为他的话对你的观点有几分支持——之后，接着说："非常清楚，这是合理而正确的教义，首先理性证实它，其次圣经的权威支持它，并且圣人的学识也始终支持它——然而，他们把权威归于真理本身，不是凭借他们自己的一致，而是从他们与它的关系获得证据和荣耀——既然如此,就不要让恶人的阴谋扰乱任何明智者。"你的这些话有什么用呢?只能表明你在这个问题上完全不了解大公教学者的观点和陈述;如果你曾尽力了解它们,那出于什么诡计你要蒙骗无知者?撇开理性和圣经的权威不说,圣人们的学识难道一直支持那种观点,使你否认婴儿生来服于第一人之罪的那种观点?我所引用的圣洁而博学之人的大量证据没有表明这一点,相反,我想,如果你不是存心骗人,并且很早以前并不知道这一点,那么现在可以看到,你在这个观点上受骗有多深。我不妨从好的方面相信你,如果你现在是第一次得知这一点,如果你现在是第一次知道这么多圣洁而博学的人在第一人的罪这个问题上所学所教的就是我们所学所教的,即婴儿在身体出生时就受制于这个罪,并且除非通过属灵的重生,否则不能脱离这个罪,那么改变你的这种观点,忘掉你的这种谬论和几乎疯狂的言论——你用这样的言论侮辱了这么多伟大的教父,称他们为摩尼教徒。如果你这样做是出于无知,那你为何不抛弃你可恶的愚蠢呢?如果你这样做是出于有意,那你为何不收起你渎神的放肆?

30. 各方面的证据都宣告你是错的。圣徒们的大量证据比日光更清楚。仔细看看我向你介绍的是怎样一群人。这是米兰的安波罗斯,你的老师佩拉纠对他赞赏有加,曾说:"在他的书里罗马人的信仰非常清晰地显现出来,在拉丁作家中,他就是一朵华美盛开的花,所以甚至他的仇敌也不敢指责他的信仰和他对圣经的极其纯净的注释。"这是君士坦丁堡的约翰,你把他看作博学而圣洁的人中出类拔萃的一位,在我正在反驳的这篇作品中引用了他的话。这是巴西尔,他的话其实与正在讨论的问题没有任何关系,但你以为给了你支持。还有其他人,他们的普遍认同应当能打动你。这不是如你用邪恶之笔所写的,是恶人的阴谋;他们在大公教会里因追求正当教义而闻名;他们用属灵的武器束腰,满腔热心地战胜异端分子。当他们忠心耿耿地完成了在此世的劳作,就躺在平安的臂弯里安息了。你说:"有一人出来"(指我),"希望人们明白战争的关键在于他。"听啊,不只我一个人,众多圣洁而博学的人都为我并且与我一起驳斥你,这也是为了我们众人的得救,包括你自己的,如果你是明智的。

31. 我们并不是如你所诽谤的,只是提出大众对你的抱怨——尽管大众本身议论你是因为这个问题不可能避开公众的知识范围。穷的、富的、高位的、低位的、博学的、浅薄的、男的、女的,都知道洗礼中对各个年龄阶段赦免的是什么。因此,全世界的母亲每日都与自己的孩子一起奔跑,不仅奔向基督,也就是受膏者,而且奔向基督耶稣,也就是救主。但是请留意我向你介绍的人,这些圣徒组成的会众不是普通的大众,他们不仅是教会的子孙,也是教会的列祖。他们就是经上所预言的那群人:"你的子孙要接续你的列祖,你要立他们在全地作王。"① 从她而来的子孙生来就要学习这些事;而他们成了她的列祖,以便行教导之职。

32. 你为何夸口说,你很高兴这个真理——你认为是谬误,或者希望认为它是谬误——在这么多人中也不可能找到支持者?这么一大群分布在全地的人在这个十分确定又古老的信仰根基里观点一致,没有分歧,难道这一点不过是微不足道的证据?但是,如果你在那些撰写了具有文学价值的作品,教义卓著的人中寻找支持者,那么这里有一群难忘的、可敬的人,观点统一的支持者。圣伊里那乌说,古老的蛇伤由基督的信和十字架治愈;我们原本都受制于原罪,就如同被锁链捆住。圣西普里安说,婴儿若不受洗就要毁灭,但是洗礼赦免的不是他自己的罪,而是另一人的罪。圣莱提西乌说,我们所脱去的旧人不仅有旧的罪,而且有与生俱来的罪。圣奥林庇乌说,第一被造者的过失散播在种子里,因此罪是人生而具有的。圣希拉利说,所有肉身都源于罪,唯有那以罪身的形状来的主是例外,他没有罪。《诗篇》作者说:"我是在罪孽里

---

① 《诗篇》44:17。(参和合本《诗篇》45:16)

生的。"①他说自己出生的源头有罪,并服于罪的律法之下。圣安波罗斯说,那些受洗的婴儿在其自然生命开始之时就革去了罪恶。他说,凡是从妇人生的,唯有我们圣洁的主耶稣,在他纯洁无污的出生中没有沾染任何属地的败坏。他说,在亚当里我们都死了,因为罪因一人入了世界,他的罪就是众人的死。他说,亚当因自己的伤玷污了整个人类,除非那个撒玛利亚人下来,医治人类可怕的伤口。他说,亚当原是活的,在他里面众人都是活的,但亚当死了,于是在他里面众人都死了。他说,我们出生之前就因传染有了污点,没有哪个怀胎出生的人是没有罪的,因为我们父母在罪里怀胎,在他们的悖逆里生育。生育本身就有传染,本性自身不只是有一次传染。他说,魔鬼是高利贷者,夏娃因他受骗,迫使整个人类世世代代要为这债付利息。他说,夏娃被魔鬼蒙骗,然后蒙骗她丈夫,使他的产业成为债务。他说,亚当被蛇咬了,受了伤,而那伤使我们众人都成了跛子。他说,男女因身体上的结合,没有哪个没有罪。但那没有罪的,也就是主基督,也没有这种怀胎而来的罪。英诺斯特告诉你,整个原罪是因那自愿跌倒、被投入深渊的人而来,但借着重生的水洗,都洗涤干净。他说,婴儿若不吃主的肉,喝主的血,就不可能有生命。圣格列高利说,如果当初没有品尝罪的苦味,没有失去生命之树,那该多好,但是堕落之后,我们必须修正我们的生命。他说,我们已经从美好状态跌入悲惨状态,希望我们能从悲惨状态回到幸福状态,这样,那些因尝了禁树之果而被定罪的人因基督十字架更大的恩典而得以称义。他说,使我们从我们属地的出生之捆绑中解脱出来的重生是可敬的。他说,借着水里的重生和圣灵,第一次出生的污点,也就是使我们在罪里出生的污点,就被清洗干净。圣巴西尔说,我们传染了罪之疾病,因为夏娃不愿意禁吃禁果。他说,最后,我们失去了乐园,因为我们没有禁食;他还教导我们为了返回乐园要禁食。这么

---

① 《诗篇》50:7。(参和合本《诗篇》51:5)

多圣主教——优罗基乌、约翰、亚摩尼阿努、波菲利、优托尼乌、波菲利（另一位）、费都、佐尼努、佐波恩努、尼菲底乌、克罗马提乌、朱维努、厄娄塞里乌、克勒马提乌，他们异口同声地对你说这样的话。对于佩拉纠，若不是因为他谴责那些认为婴儿即使不受洗也有永生的人，我们也不会宣告他无罪。现在，请回答，如果上帝自己的像没有任何罪，公义的上帝是否可能剥夺他的永生。

33. 最后，圣约翰主教——就是你充满敬意提到的，你称赞他是圣洁的，博学的，你说他从他与真理的联系中获得了证据和荣耀——就是他也说，亚当犯了那样大的罪，使整个人类都一同被定罪。他说，基督在拉撒路的葬礼上哭泣，因为人被迫离开永恒，钟爱死人的世界，因为魔鬼使那些原本可能已经不朽的人成为必死的。他说，在人犯罪之前，兽无论如何都惧怕人，但罪进来之后，我们开始怕兽，就此他希望我们明白，第一人的罪属于所有人；谁不知道由此可以推出，若不是婴儿的出生与罪的锁链相连，就没有兽会伤害他们？他在那篇你原想用来蒙骗粗心者的布道里说，基督发现我们被祖传的痕迹，就是亚当遗留的痕迹捆绑，被我们自己后来的罪捆绑。他解释使徒的话，这整个问题所依赖的那段话，也就是"罪因一人入了世界"①，以及这段话的上下文。他在洋洋洒洒的讨论中并没有说你所说的话，即这罪传给众人不是通过种的繁殖，而是通过模仿；相反，他与主教同仁们的教义没有二致，由此表明真理完全不是你所说的那样。他说，众人都沾染了第一人的罪，为防止有人认为这不是通过生理上的生育发生的②，而是通过道德上的模仿产生的，他说亚当被称为那要来之人的预象，因为正如他是那些从他而来的人通过食物产生的死的原因，尽管他们没有吃树上的果子，同样，基督为那些从他而来的人提供公义，尽管他们不曾做过什么义事，

---

① 参《罗马书》5：12。
② 奥古斯丁的"generatio"极少是指更为通常意义上的作为生产过程之结果的"生育"，在本书的几乎每个例子中，"生育"都指英语里不常用的生产或生育的行为和过程。

他借着十字架把义给予众人。他说,犹太人否认世界因一人,即基督的美德得救,我们可以用第一人的罪驳斥他,因为亚当悖逆之后,世界因他一人而被定罪。他说,一个人要因另一个人被定罪,这看起来似乎没有什么道理,然而那样的事因亚当而发生了;因此他指出,我们发现一人因另一人而得救要适当得多,合理得多,这样的事在基督里面成全。谁没有看到,如果第一人的罪不是通过繁殖,而是通过模仿传给众人,那么没有谁要因另一人的罪被定罪,每个人只为自己的罪负责,不是通过生育从另一人传递给他的罪,而是他本人出于自己的意志通过模仿而犯的罪。他说,恩典不仅毁灭了第一人的那个罪,还毁灭后来产生的罪。这里,他对后来的罪——我们可以说是通过模仿产生的罪——与通过繁殖遗传的罪做了明确的区分,表明两者都被恩典毁灭,所以,根据使徒的意图,我们看到重生带来的益处多于生育带来的伤害。由此他解释了经上所写的:"只是过犯不是恩赐。审判是因一人而定罪,恩赐乃是由许多过犯而称义。"① 你的模仿论是对佩拉纠谬论的创新,使徒保罗的作品和约翰主教的解释对你作出了反驳。他还谈到洗礼本身,解释使徒所说的"我们这受洗归入基督耶稣的人,是受洗归入他的死"②,受洗归入基督的死不是指别的,就是在罪里死了,正如他在肉身上死了。因此,情形必然是,或者婴儿不受洗归入基督,如果他们受了洗,就受洗归入他的死;因此他们也向罪死了,因为他们没有个人的罪,他们被清洗的是所传染的另一人的罪,也就是原罪,那罪已经成为众人共同的罪。

34. 有那么一大群圣洁而博学的人捍卫我们的事业,你还认为"不可能在这么多的人中找到支持者"吗?或者你还要把大公教牧师这么完全统一的观点称为"恶人的阴谋"吗?你也不会再认为圣哲罗姆该受你讥笑,因为他虽然只是个牧师,却精通希腊语和拉丁语,甚至希伯

---

① 参《罗马书》5:16。
② 《罗马书》6:3。

来语的修辞,从西方教会到了东方教会,年事已高还一直住在圣地,读神圣作品,把他之前关于教会教义所写的作品,包括东方世界的和西方世界的,全都读了,或者几乎全都读了,在这个问题上所主张和表达的观点,也完全没有异议。当他解释先知约那时,他非常清楚地说,即使是婴儿也服于亚当所犯的罪。① 你出于幼稚的自信和人的软弱,轻率地陷入错误,你就这样沉溺于自己的错误,不仅胆敢与这些主张大公教统一性和真理性的牧师不一致——这些人来自世界的各个地方,在如此和谐的信仰上,在如此重要的问题上彼此一致,而这个问题正是基督宗教的总结和实质所在——而且甚至胆敢称他们为摩尼教徒!如果你不这样做,那你这样对我就是不公正的,因为你看到在同一问题上,我的论述虽然令你对我恼怒不已,但却是跟随他们的脚踪。如果你独独对我堆积这些辱骂,没有其他原因,只是因为我对第一人的罪想他们所想的,主张他们所主张的,传讲他们所传讲的,那么谁看不出来你明里是在侮辱我,暗里却是在对他们作出同样的论断?如果你想一想——不说其他人——约翰主教关于我们祖先亚当所留下的痕迹所说的话,这些话我相信你在那篇你摘了你想要的段落的布道中看到了,或者想一想主教安波罗斯的话:凡出自男女结合的人,没有谁是无罪的,你在我的书里读到这话,但你不敢在你自己的书里提及——想想这些话,就算你的脸在这些人面前无耻,你的心也将在上帝面前羞愧。

35. 我鉴于对你的爱,借着上帝的仁慈,无论你怎样侮辱我,都不会从我心里除去这爱,出于这样的爱,我的孩子朱利安,我宁愿你有更好、更强壮的青年时代,用更有力的敬虔克服那种傲慢(不就是人的傲慢吗),你因这种傲慢,希望自己的观点获胜,不论观点是什么,仅仅因为它是你的。正如波勒摩那样,渐渐地从他头脑里除去奢侈的花环,把它扔在一边,将他的双手藏在衣服下面,改变自己的脸色和表

---

① 哲罗姆,*In Jonam* 3。

情，变得谦逊、端庄，最后将自己降为学生，完全交给他原本想要嘲笑的人，你也应该这样——因为这么多可敬的人正在对你说话，尤其是主教安波罗斯，就是你那可恶的老师和骗子，也赞美他的大公教信仰完整无缺，还有主教巴西尔和约翰，你也用可信的证据把他们置于圣洁而博学者之列——抛弃佩拉纠主义者的赞美，就像丢掉醉酒者的花环，他们把你抬升为他们的伟大辩护者。折断你那骂人的笔，用悔改的手握笔，谨慎、温和地表达，而不只是将它藏在——可以说——谦逊的外衣下面；恢复你的心，就如已经回归的人那样，不要像第一次来的人那样抛弃它，也不要把它交给柏拉图主义的色诺克拉底，而要交给这些基督教主教，或者毋宁说通过他们交给主基督，使它充满真理。如果我的这个建议你不乐意接受，那就随你的便。如果你悔改，那是我最希望的，我会充满巨大的喜乐；如果我所反对的，你固执坚守，那我将从你的侮辱中为自己增加属天的奖赏，也为你感到深切的痛心和怜悯。

第七章

36. 我已经表明有多少伟大而可敬的人捍卫和教导大公教信仰，你却错误地称他们为摩尼教徒，稍稍听一听你的无知和鲁莽怎样协助真正的摩尼教徒。我曾允诺要在第二部分的论述里证明这一点。摩尼教徒教导说（你已经充分表明你知道这一点），有两种本性，一种善，一种恶，它们源于两个不同且完全敌对但同为永恒的原则——该遭天谴的虚妄而邪恶的谬论。与他们相反，大公教信仰教导，唯有上帝的本性没有开端，是至高、不变、至善的本性，也就是不可言说的三一体的本性。它主张，借着这种至高、不变的善，一切造物得以确立，所有本性都是善的，尽管它们的善与造主不能等同，因为它们是从无被造的，因而是可变的；于是没有任何一种本性既不是造主本身，也不是由他所造；因此，不论本性有多大，或它是哪种本性，就它是一种本性而言，它是善的。①

37. 他们问我们，那么恶从哪里来。我们回答，从善来，但不是从至高、不变的善来，而是源于低级而可变的善。其实我们明白，这些恶不是本性，而是本性的过失②，同时我们也明白，它们若不是从本性来并在本性之中，就不可能存在；恶不是某物，而是对善的一种背弃。背弃什么呢，无疑是背弃某种本性。因为即使是一种恶意，也肯定是某种本性或者另一种本性的意志。无疑，天使和人都是某类本性。只要是一种意志，它不可能不是某本性的意志。这些意志具有极大的价值，从而构成那些意志所属的本性的品质。如果有人问，一个有恶意的天使或人属于哪一类，我们可以回答说，之所以定性为"恶的"，是因为恶意，而不是因为良善本性。本性是实体本身，既可能是善的，也可能是恶的。它能够通过对至善——它是借着至善而造的——的分有而成为善的。但它不是通过分有恶而得到恶，而是由于缺乏善才成为恶的，也就是说，它不是与某种恶的本性混合，而是背弃至高、不变的善这种本性，因为它不是由那种本性造成，而是由虚无造成。否则，如果它不是可变的，那甚至不可能有某种恶意。我们知道，如果一个本性是属上帝的，那它不可能有变化，也不是上帝从无创造的。因此，上帝是一切本性的造主，就是各种善的造主，本性自愿背弃善并没有表明它们是由谁造的，只是表明它们是从哪里产生的。这不是某物，因为它是绝对的虚

---

① 在奥古斯丁看来，朱利安认为，"本性的罪"以及对"本性的"这个词的类似使用表露了摩尼教的迹象，所以提到它的主要意思——奥古斯丁在对 natura 和 naturale 的各种用法中根据主要意思表明了同一实体的各个不同方面——是有益的，尽管文本本身通常也是很明显的。"自然"有时用来指一般的或者某个特定的事物成为它所是的东西并保存它、使它完全的内在原则。它也可以用来指一种特定的是，拥有属于自己的存在。另外，它也可以指特定本性中的个体存在，这里的"本性"要在第二种意义上理解。

② 奥古斯丁根据拉丁语惯用法，用 vitium 既指较为一般性的过失观，也指特定的罪恶观。这个术语在这里通常译为"过失，过错"，较好地描述他有意提到的自己的教义，即恶本身是一种缺陷、过失。

无；它不可能有造主，因为它就是虚无。

38. 因此，摩尼教徒反对大公教信仰，也就是对真理和真正敬虔的信仰，因为他们认为善和恶是截然对立的，即使当一个本性背弃善时，他们也不会说本性变成了恶，这种背弃本身就是它的恶，而是说，那恶本身就是一个本性，更为荒唐的是，说它是一个永恒没有开端的本性，称之为体和灵，即一个使灵运作的体和一个从体开始运作的灵——所以，如果你否认诸恶源于诸善，并按这样的思路解释使徒的话："好树不能结坏果子"，那简直无法估量你在多大程度上为信仰的这类仇敌提供了帮助。我们的老师上帝用树不是指他所说的果子产生的本性，而是指意志，不论善恶，果子则是指作为，如果意志是善的，作为不可能是恶的，或者相反，如果意志是恶的，作为不可能是善的。这就是他所说的"好树不能结坏果子，坏树不能结好果子"①的意思，就好比他说：恶意不能行好事，好意也不能作恶事。如果我们寻求树本身的源头，也就是意志本身的源头，那不就是本性吗？就是上帝造为善的本性。因此，恶源于善；不是恶行源于善意，而是恶意源于善的本性。摩尼教徒多么希望听到这样的话：恶不可能源于善，因为我们不可能否认有恶，于是，如果它们不可能源于善的本性，那我们就只能承认它们必然源于恶；由此，诸恶不是从别的开端来的，它们有自己的源头，即一个没有开始、始终存在的恶的本性；所以本性有两种，一种是善的，一种是恶的。因为或者没有恶，或者它们必然源于善的本性或者恶的本性，两者必居其一。如果我们说没有恶，那我们向上帝说："救我们脱离凶恶"②的话就是徒劳的。如果我们说恶只能源于恶，那摩尼教的瘟疫就取得了胜利，就会毁灭一切；与一种恶的本性混合，就亵渎了上帝自身的本

---

① 《马太福音》7：18。
② 《马太福音》6：13。

性，似乎他的本性是一种易变的本性①。因此，我们只能承认恶源于善，因为如果我们否认这一点，就得承认它们源于恶，那我们就会与摩尼教徒完全一致。

39. 因此，你说："既然根据福音书的话，凭着果子可以认出树来，那你认为我们应当听从他——虽然宣称婚姻所产生的唯有恶，却说婚姻是一种善的人吗？"你希望我们认为婚姻是好树，这样，你就不会让由婚姻出生的人作为坏果子受制于原罪的传染，但是你没有看到，如果婚姻是好树，你就必须认为通奸是坏树。由此说来，如果从婚姻生的人是婚姻的果子，并且必然毫无过错——这样才能说好树结好果子——那么从通奸生的人不可能生而无过错，否则坏树就结好果子了，而主借着神圣权威说：好树不能结坏果子，坏树也不能结好果子。怎样解决这个难题呢？因为你说一个人不可能生来就有过错，即使是通奸而生，那你必须否认通奸是坏树，否则，那按你的说法由通奸而生但没有过失的人看起来似乎是从坏树结的好果子，这就违背了主的界定。因此，不能把婚姻称为好树，承认你这样说是错误的。但你会说因通奸结合而生的人不是从通奸而来。那么从哪里而来？你会说从人的本性而来，即使在通奸者那里，生育也是上帝的作为，不是他们自己的作为。那你为何不以同样的方式解释说，通过婚姻结合而生的人也不是从婚姻而来，而是从人的本性而来，即使在已婚者那里，生育也是上帝的作为，不是他们自己的作为，因此那些从婚姻出生的人从本性的过失中沾染了恶，这无损于婚姻的好，正如那些从通奸出生的人从本性结构中得到了善，也不减少通奸的恶？但你对好树的理解不是基督希望我们理解的意思，即指人的好意，而认为它是指上帝的作为本身，也就是说指人的婚姻或者他们的本性。因为上帝的这些作为是善的，你说恶不可能从它们而来，因为好

---

① 摩尼教理论得出的一个推论，这种理论认为，灵魂具有上帝的本性，但它被迫与一个实体性的恶原则结合，由此驱使它犯罪，尽管他们说灵魂本身拥有圣善的本性。

树不能结坏果子。由此,摩尼教徒为他们的教条总结出驳倒你的论证。你说这些话对他们大有益处,他们不指望别的,只要听到恶不可能源于善就足够了。因为只要接受了这一点,他们就得出自己的结论,对你说:既然恶不可能源于善,那它从哪里来?不就是从恶而来吗?因为诸恶不可能没有一个创造者,突然自身涌现出来。而你说,恶不可能源于善,否则好树就结出坏果子,就与福音书的话不吻合。于是他们说,那么只能推出这样的结论:有一个永恒的恶的本性,它能产生诸恶,因为你承认它们不可能源于善。

40. 你所表达的观点恰恰帮助了摩尼教瘟疫,不是因为你喜欢摩尼教徒,而是因为你不知道自己在谈论什么,那你现在是否愿意改变你的观点呢?如果如你所认为的——因为你把好树理解为上帝的良善作为(好作品),也就是人的婚姻,或者他们的本性——恶不可能源于上帝的好作品,也就是人,那么基督怎么可能说:"你们或者以为树好,果子也好;树坏,果子也坏?"① 因为他这话是对人,他亲自创造的人说的。你还说恶不可能源于这好作品,因为如果我们说恶源于好,你就认为我们与主所说的"好树不能结坏果子"相矛盾,但是你知道天使和人的良善本性不是恶的父母所生,乃是上帝至高的善从无父无母中创造出来的,不仅坏果子,就是坏树本身,就是结出坏果子的树,也从那些良善本性生发出来。主耶稣胜过摩尼教徒,因为一个人,也就是一个本性,即可以种好树,也可以种坏树。他也胜过你,因为坏树可以源于良善本性。由此证明你为摩尼教徒所说的话,也就是"诸恶不可能出于诸善",是错误的,这话导致他们得出结论说,诸恶不可能源于别的东西,只能源于恶的本性,这就是他们提出的邪恶谬论。

41. 你在讨论中不止一个段落提到福音书的好树,还在其他地方频繁引用,你的刚愎自用正好支持了摩尼教徒。比如,在一个段落里你又

---

① 《马太福音》12:33。

一次说："罪不可能通过本性传染，因为魔鬼的作品不得经过上帝的作品。"对此我回答：如果魔鬼的作品不得经过上帝的作品，那它为何停留在上帝的作品里？谁能否认停留在那里比经过那里更糟糕？或许你会问魔鬼的作品怎么会停留在上帝的作品里呢？不看别的，只要想想魔鬼自身。天使的本性当然是上帝的作品，但嫉妒是魔鬼自身的作品，而这作品从魔鬼发出停留在天使的本性之中。因此，你所说的"魔鬼的作品不得经过上帝的作品"是错的，因为你看到，它不仅经过甚至就停留在上帝的作品中。你难道没有看到摩尼教徒对你是何等地感激涕零吗？你还没有清醒过来吗？因为摩尼教徒试图表明，恶不可能源于上帝的善工，这样，如他所希望的，我们就会相信恶不是源于其他地方，就是源于恶。这里你对他起了奇异的帮助作用。你说："恶不能经过上帝的作品"，于是他非常轻易地得出结论说，连恶经过也不允许的事物，就更不可能产生恶了。

第八章

42. 你还说了其他类似甚至更严重的话，再次支持摩尼教徒，请听一听。你说："原罪消失了，因为恶的根不可能位于你说是上帝恩赐的事物里。"看看我可以怎样用简单的事实驳斥这一点。人的感官不是上帝的恩赐吗？然而，那仇敌不就是把恶的根种在那里吗？他通过蛇的欺骗引诱人犯了罪。① 试想，如果人的感官当时没有得到恶的根，人就不会接受恶的建议。我该怎样叙述贪婪这众恶之根呢？它在哪里，不就在人的灵魂里吗？而灵魂是什么，不就是上帝的恩赐吗？那么你怎么能说："恶的根不可能来自于上帝的恩赐？"除非你对自己所说的话未经任何思考。再听听摩尼教徒会对你说什么，你的这些轻率言论是对他们

---

① 参《创世记》3：1—6。

强有力的支持。如果成为理性造物是上帝的恩赐，而你说恶的根不可能位于上帝的恩赐里，那是不是更可以说恶的根不可能源于上帝的恩赐？由此摩尼教徒在你的帮助下可以得出：恶根源于那种恶的本性，按他们的幻想，这种本性不是上帝所造，而是与上帝同为永恒的。因为如果你说恶根源于上帝所造的良善本性的自由意志（这是大公教真理所教导的），他们就会用你自己说的话——你说："恶的根不可能位于上帝的恩赐"——轻易地驳倒你，因为自由意志无疑也是上帝的恩赐。你已经给了摩尼教徒一个驳倒你的论据。因为如果恶不能在善里，如你对我所说的，那恶更不可能源于善，如他对你所说的。由此他们就可以得出结论说，恶不可能源于其他地方，只能源于恶，于是他们就会认为自己是得胜者，事实上，如果不把他们和你一同驳倒，他们确实会成为得胜者。而大公教信仰的真理以你的话胜了摩尼教徒，只因为它也胜了你。诚然，如果当你说"恶的根不可能在上帝的恩赐里"时它没有胜你，那当摩尼教徒说恶的根不可能源于上帝的恩赐时，它就更不可能胜他们。但事实上，它完全可以胜过你们两者，因为它说，恶的根不可能出于或者在于别的地方，只能出于并在于理性本性，而理性本性不是别的，就是上帝的恩赐。由于理性本性是至高、不变的善从无创造的，所以它即使是可变的，也完全可能是一个善；而它背离创造它的至善，就是恶的根，这根源于它，或者在它里面，因为恶不是别的，就是善的缺乏。

43. 再往下看，你说："事物之间合理有序，不允许恶从善产生，或者不义从义产生"，你这是在使用摩尼教徒的措辞。因为这正是他们的主张，恶只能产生于恶，他们的整个邪恶派别就是建立在这个根基之上；他们最先提出恶不可能产生于善。如果我们按你的理由接受他们的这一观点，那我们就没有其他方法能驳倒他们的邪恶理论；而"不义源于义"相当于恶源于善。由此，为了抵制你和他们，大公教信仰说，恶只能产生于善，不义只能产生于义，恶和不义是从天使和人产生的，而天使和人原是最初的善和义。因此,我们要驳倒摩尼教徒,就必须听到你承认恶只源于善,并且这些恶不是实体,而是被造实体的过失,这过失使它们背离善,因为它们是从无被造的,是可变的。这就是把摩尼教瘟疫这种毒液排除出去的合理的大公教教义。

44. 因此,我的老师安波罗斯,甚至在你邪恶的老师口中也受到赞美的人,在他所写的《论以撒和灵魂》(Isaac and the Soul)里说:"恶是什么?不就是善的缺乏吗?"他又说:"因此,诸恶源于诸善。恶就是缺乏善的事物,此外没有别的恶;然而,由于恶,善鹤立鸡群。因此,善的缺乏就是恶的根。"① 你看,蒙福的安波罗斯怎样用大公教信仰的正确推论驳倒了摩尼教徒。你看,尽管他没有在同一讨论中列出他们的名字,但他用简单的话阐述的真理驳倒了他们。看哪,一个属上帝的人,作为一个大公教信徒以大公教方式捍卫原罪,因为这原罪问题,你出于邪恶而疯狂的灵,侮辱他是摩尼教徒,事实上,是你为摩尼教徒提供支持,而他则完全相反,为反对摩尼教、捍卫大公教的斗士提供了无可抗拒的援助。因为他反对摩尼教徒,宣称:"恶源于善",而你反对他,支持摩尼教徒,说:"那使恶果子产生并经过的事物必然是恶的";"魔鬼的作品不得经过上帝的作品","事物之间合理有序,不允许恶从善产生,不义从义产生"。你为摩尼教徒喊出这些话,与上帝的主教所宣称的大公教真理的声音相抵触,所以,如果你的话被摩尼教徒听到,他们只要提到"既然事物之间合理有序,不允许恶产生于善,那么恶不可能出自善,如安波罗斯所说,而是如我们所说,来自于恶的本性",就得胜了。看哪,你由于误解我们主说"好树不能结坏果子"这话时所指的意思,从而陷入了怎样的混乱,因为主的话不是指本性或婚姻,那是上帝构造的,而是指人的善意,没有哪种恶事是通过善意行出来的。

---

① 安波罗斯,*De Isaac et anima* 7. 60。

45. 但是你或者有人可能会说:"为什么说坏果子不是从人所造的树,即从善意中结出来的,而坏树,就是结坏果子的树,却可以从上帝所造的本性长出来?"——似乎人能造出比上帝所造的更好的东西,上帝所造的能长出坏树,人所造的不能结坏果子——为防止有人犯这样的错误,请仔细听安波罗斯所说的话:"恶是什么?不就是善的缺乏吗?恶就是缺乏善的事物,此外没有恶,因为善的缺乏就是恶的根。"因此你要明白,坏树是一种恶意,因为它背弃了至高的善,被造的善丧失了创造的至善,所以是恶的,因此它里面的恶根不是别的,就是善的缺乏。但好树是善意,因为借着他人被转向至高、不变的善,充满善,所以能结好果子。由此可知,上帝是一切善的创造者,既创造善的本性,也创造善的意志,唯有上帝在人里面做工,人才可能产生善意,因为意志是主所预备的。①

46. 现在,按照我安排的顺序,我应当——愿上帝悦纳——做我许诺第三步要做的事,即通过生活在我们之前的大公教主教的教义——我所能找到的关注我们正在谈论的这个问题的那些主教——挫败你那易碎的诡诈和脆弱的论证,你就是凭着这些东西自以为聪明绝顶、才华横溢。为实现这个目标,我先结束本卷的冗长叙述,另写一卷。

---

① 参《箴言》(七十子希腊译本)。

第二卷

第一章

1. 现在，朱利安，我必须做我安排在本文第三部分要做的事，在主的帮助下，通过那些对圣经有过非常精彩讨论的主教的教义来击碎你的阴谋。我并不是要表明他们遵循大公教信仰相信原罪，因为我已经在本文的第一部分这样做了，从而表明了有多少伟人、多少圣洁而著名的教会学者，被你冠以摩尼教徒的罪名，而当你想要拿无知的观点诽谤我时，就指控那些捍卫大公教信仰反对异端分子的人犯有可恶的异端之罪。但是现在我们必须用圣徒们的话来驳斥你的论证，你在论证中提出不能相信人的第一次出生是被原罪捆绑的。相比于你那些不敬的奇谈怪论，信基督的人对这些人的言论评价更高，所以选择跟随他们，而不是跟随你，这是理所当然的。

2. 显然，这就是你那可怕论证的话题，你就是用它来恐吓软弱者和——绝不是你的权宜之计——那些精通神圣文献的人。你说我们"主张原罪，认为魔鬼是出生之人的造主，谴责婚姻，否认在洗礼中一切罪都得了赦免，宣告上帝犯有不义之罪，使人对完全丧失希望"。你声称，如果我们相信婴儿生来受捆于第一人的罪，那就可以推出所有这些结论，因此就顺服于魔鬼，除非他们在基督里重生。你说："魔鬼使最初被造的人性受了伤，如果他们是从这伤受造的，那就是魔鬼造了他们；如果我们相信人生来就有某种可恶的东西，那婚姻就是有罪的；如果在受过洗的父母身上还留有某种恶，使他们的孩子出生时带有恶，那洗礼就没有赦免一切罪。如果上帝宽恕受洗者自己的罪，却对一个婴儿定罪，因为婴儿虽然是他所造，毕竟全无知识或意志，却从那些罪已得赦免的父母那里传染了另一人的罪——如果是这样，那上帝岂不是不义的？我们还必须相信，美德——人们认为它与邪恶相反——不可能得完全，因为与生俱来的恶习和过错虽然可以不再算为过错，但要消灭它们是难以置信的；人唯有保持被造时的样子，不成为别的样子，他才不会犯罪。"

3. 如果你能勤勉地考查这些事，而不是多疑而放肆地反对那些建立在古老的大公教信仰之真理上的事，你就会得到基督恩典的滋养，就会发现那些一直向聪明通达的人隐藏，而向婴儿显示出来的事。① 主的甜美是何等大，他并不吝啬，而是为那些敬畏他的人积存，为那些信靠他而不是信靠自己的人成全。② 因而我们说的就是信仰所主张的，论到它，经上有话写着："你若不信，就不明白。"③ 人的造主不是魔鬼，而是真正、真实的良善上帝，他以难以言语的方式从不洁者造出洁净的，尽管没有人生来是洁净的；因此，在他得到圣灵的洁净之前，他被迫顺服于不洁的灵。不论哪个本性的不洁，不论有多大，都不是婚姻的罪，因为婚姻应有的善完全不同于本性的诸多缺点。也没有哪种罪没有借着成全在基督里的重生去除，但某种软弱还在，所以重生的人，如果取得进步，就在自身内与这种软弱作斗争。上帝也不是不义的，因为他给予

---

① 《马太福音》11：25。
② 《诗篇》30：20。（参和合本《诗篇》31：19，但和合本的英文与这里出入较大，故中译者根据本英译本的英文直译）
③ 《以赛亚书》（七十子希腊译本）。

罪应得的，不论是原罪，还是个人的罪①；相反，如果没有在先的罪——原罪或个人的罪——上帝就把"重轭压在亚当子孙的头上，从他们出母腹之日起，直到他们葬入众生之母的日子为止"②，如经上所写的，在那轭下，他的像变丑了，或者有另外的人违背他的旨意把轭放在他们身上，那倒真的显示出他的不义或者软弱。借着上帝的恩典，对美德的完全不会绝望，他能改变并医治从自己源头堕落的本性。

第二章

4. 所以我要开始兑现我的承诺。你在讨论这个问题时提出了五个论证，把反对大公教信仰的各种观点串联在一起，但我不会用圣徒的证据对你的论证一一驳斥；我只要从大公教主教的作品里提出一个一个证据，你这些论证就可以推翻、完全失效，不论是一个、两个、多个，还是全部，根据所提出的证据来评价，所有这些都将一一推翻，归为无效。比如，圣安波罗斯曾在谈论挪亚方舟的书里说："这预示着救恩是从一位主耶稣临到万国，他若不是童女所生，不受生育之法的捆绑，当整个出生的人类都在罪里时，他也不可能成为唯一的义人。经上说：'看哪，我是在罪孽里生的，在我母亲怀胎的时候就有了罪'③，这就是被公认为在其他人之上的义人说的。而除了那不受这些锁链束缚，不被共同本性的绳索捆绑的人，我还能称谁为义的？众人都在罪下；自从亚当以来，死就在众人头上做王。但愿那唯一的义者在上帝面前到来，关于这位义者可以说——不是附带条件的'他没有因嘴犯罪'④，而是

---

① 为了表达清楚并且遵循传统，在本书中，拉丁词"originale"虽然译为"原初的"，但很少意指通常英语用法中的"第一"或"开始"，最好理解为"经由出身"或者"由于源"。"出身、起源"本身常常意指"发源"，表示从某个源头产生的行为。
② 《便西拉智训》40：1。
③ 《诗篇》50：7。（参和合本《诗篇》51：5）
④ 《约伯记》1：22。

45

'他没有犯罪'①。"如果你有胆,就对安波罗斯说,他使魔鬼成了从两性结合出生的人的造主,因为他只将基督——因为他由童女所生——排除在生育的捆绑之外;所有其他从亚当生的都在罪的奴役之下,而播种了这种罪的当然就是魔鬼;向他指控可恶的婚姻,因为他说唯有童女的儿子生而无罪;起诉他否认美德可得完全,因为他说过错在人怀胎最初就产生了。把你认为你在第一卷书里恰当而机敏地反对我的话对他说:"有人说他们犯了罪,但他们根本没犯罪,因为他们不论由谁创造,都必然按照被造的样式活,并没有悖逆他们的本性。"把这些话都对安波罗斯说,或者用你如此傲慢地、侮辱性地、无耻而放肆地谈论我的话来谈论安波罗斯。(他说洗礼中并未完全赦免所有的罪,即便如此也不能说他的话损害了洗礼这种圣礼;他说上帝赦免了父母的罪,却让孩子沾染别人的罪,这也不可能使上帝成为不义,因为当他说这话时,他不是在说受洗父母的孩子)再进一步说,如果圣安波罗斯不像那些人,认为魔鬼是人或可恶婚姻的造主,或者认为人性不可能获得美德,而是与另外一些人为伍,承认并相信至高和至善的上帝是整个人——包括整个灵魂和整个身体——的造主,尊重婚姻,认为它有自己应有的善,对人的完全称义也不绝望,那么你那三个论证就被这个伟人的权威推翻了,再也不能用来反对我们,我们关于原罪所说的就是他所说的,而他既没有把人的被造归于魔鬼,也没有谴责婚姻,对人的本性完全称义也不绝望。

第三章

5. 关于你的另外两个涉及洗礼的论证,我们稍后要看看安波罗斯是怎么想的,他那泰斗般的权威会怎样制服你。他在驳诺瓦替安派

---

① 《彼得一书》2:22。

(Novatians)的书里说①："所有人生来都服在罪下，我们就在过犯(faults)里出生，就如你读到大卫的话说：'看哪，我是在罪孽里生的，在我母亲怀胎的时候就有了罪。'所以保罗的肉身就是取死的身体，如他自己所说；'谁能救我脱离这取死的身体呢？'② 但基督的肉身治死了罪，虽然他出生时并没有经历这罪，但他死时把它钉上了十字架，所以在我们的肉身里，原先因罪不洁的地方，完全可能借着恩典称义。"这番话使你的所有论证顷刻之间彻底瓦解。因为既然所有人生来就服在罪下，我们的出身就在过犯里，那你为何指责我说过魔鬼是人的造主这样的话？既然大卫——因为人的出身就是在过犯里——说："看哪，我是在罪孽里生的，在我母亲怀胎的时候就有了罪"，而这话谴责的不是婚姻的结合，而是原罪，那你为何说我谴责婚姻？这话你绝不敢对安波罗斯说。如果因为所有人生来就在罪下，我们的出身就在过犯里，所以保罗的肉身就是取死的身体，如他本人所说："谁救我脱离这取死的身体呢？"那你最终是否明白，使徒说这番话③其实也是希望自我表明？因此，当他里面的人喜悦于上帝的律法时，他看到他肢体里另有一律与他心里的律相争，因而他把自己的肉身称为取死的身体。因而他的肉身里没有善居住，因为他行出来的不是他所希望的善，而是他所憎恨的恶。看哪，你的整个案子就此被推翻、毁灭、碾碎，就像尘土被风从地面吹散④，从那些你试图欺骗的人心里吹走，只要他们愿意把好争的欲望放置一边，来思考这些事。请问，使徒保罗难道不是受了洗吗？他岂没有被赦免一切罪，不论原罪还是个人的罪，不论因无知犯的，还是有意犯的？那么他为何说这些话呢？这只能说明一点，就是我在书中所说的话完全正确，尽管你夸口说已经把它驳倒了。诚然，在取死身体的肢体里

---

① 安波罗斯，*De poenitentia* 1. 3. 13。
② 参《罗马书》7：15—24。
③ 参《罗马书》7：15—24。
④ 参《诗篇》1：4。

的罪之律借着属灵的重生被赦免了，然而它仍然留在必死的肉身里；它确实不再算为罪，因为使信徒重生的圣礼已经免除了它的罪，但它还是存在的，因为它会生出欲望，信徒必须与这些欲望争战。这就是彻底推翻你的异端邪说的证据。你明白这一点，也大为惊恐，所以你试图躲避使徒的这些话，黔驴技穷地声称，这里的人我们绝不能理解为使徒本人，而是指仍在律法之下而不在恩典之下的犹太人，犹太人惯有的那些恶习在与他作对——似乎习惯的力量本身在洗礼中被搁置一边，受洗者本人并没有向它发动争战。然而，习惯的力量越是强大，越是猛烈，他们就越是奋力要在上帝面前蒙悦纳，上帝的恩典也帮助他们，免得他们在这场争战中被击败。如果你不那么刚愎自用，能仔细想一想，就会在习惯本身的力量中发现，淫欲（concupiscence，或译为情欲）作为罪已被赦免，但在行为中仍然留存。因为当一个人被自己的淫欲激动，受到困扰时，即使他并没有认同它，我们也不能说他身上什么也没发生。但是使徒称他的肉身为取死的身体并不是因为习惯的力量，而是如安波罗斯正确理解的，因为我们生而服在罪下，我们的出身就在过犯里。他不可能怀疑这过犯作为罪已经在他的洗礼中赦免了，但他仍要抗击它的干扰，他首先担心自己会被它击败，然后他宁愿没有这样一个仇敌，而不是愿意长期与之争战，即使能够战无不胜，因为他说："我真是苦啊！谁能救我脱离这取死的身体呢？感谢上帝！靠着我们主耶稣基督就能脱离了。"他知道我们靠着上帝的恩典就能阻止淫欲行出来，因为他借着属灵的重生为我们除去了它的原罪。我们在自身里面展开的这场战争，那些拼死抵制淫欲的人在自身里经历着——他们不会否认这一点——而那些厚颜无耻地赞美淫欲的人是没有这种体验的。

6. 最后，就是最荣耀的西普里安也在论主祷文的书信里说："我们祈祷上帝的旨意行在天上和地上，两者都涉及我们的安全和救赎是否成全。由于我们从地上拥有一个身体，又从天上拥有一个灵，所以我们自己既是地，又是天，于是我们祈求上帝的旨意行在两者上，即在肉上，也在灵上。因为肉与灵之间有争战，它们彼此不一，每天都在发生冲突，所以我们不能按我们的意愿行事；灵寻求的是属天的、神圣的事，而肉渴望的是属地的、世俗的事。所以我们祈求借着上帝的帮助和协助，愿这两者之间和谐共处，这样当上帝的旨意行在两者上，既在灵上，也在肉上，已经借着他得重生的魂就能得救。使徒保罗公然而明确地宣称了这一点，他说：'情欲和圣灵相争，圣灵和情欲相争，这两个是彼此相敌，使你们不能做所愿意做的。'① "看，这位高贵的学者怎样教导受洗的人（因为每个基督徒都知道主祷文与受洗者相关），使他们明白人的安全和他本性的救赎在于这，不是说情欲与圣灵可以分开，似乎它们的本性彼此相敌，如愚蠢的摩尼教徒认为的，而是说它们可以除去不和的毛病，成为彼此和谐的。因此，必须使它脱离这死的身体。凡不是死的身体的，就可能成为生命的身体，死在它里面死了；这是不和状态的终结，而不是本性的消失。因此经上还写着："死啊，你得胜的权势在哪里？"② 这不是此生所能完成的，这一点该殉道者在他论必死性的书信里作了证明，他说，出于这个原因，使徒保罗"宁愿脱身而去，与基督同在，不再受制于任何罪和肉体的任何过犯"。你没有看到他在解释主祷文里的这段话时多么警惕，谨防像你这样，提出自己的理论时只诉诸自己的力量，因为他教导说："这更应当诉求于主，而不是信靠自己的力量，除了神圣恩典，没有哪种属人的美德能确立情欲与圣灵之间的和谐。"这与使徒所说的话完全一致："谁能救我脱离这取死的身体呢？感谢上帝！靠着我们的主耶稣基督就能脱离了。"

7. 圣格列高利也证实这一点，他说："当灵魂处在辛劳和困苦中，当它受到肉体恶意的围攻时，它就逃到上帝那里，知道该从哪里寻求帮助。"有人或许会猜想，格列高利主教这段话里说的恶意攻击灵魂的肉

---

① 《加拉太书》5：17。
② 《哥林多前书》15：55。

体是否源于疯狂的摩尼教徒所说的恶之本性,那就请他看看圣格列高利怎样与自己的弟兄们和学者同人说法一致,怎样教导灵与肉相争不是出于别的原因,就是因为当两者在此生中——每位圣徒都在此生劳苦——经过极其严重的冲突之后,就可以回到它们的造主那里。他在《护教篇》(Apology)中说:"我没有提到那些打击——使我们在自身里面受到自己的各种恶习和情欲攻击,使我们日夜遭受这卑微身体、这取死身体的炽烈欲火侵袭,有时是隐秘的,有时甚至是公开的,总之使我们处处受到可见诱物、污秽渣滓的惹动和刺激,使我们身陷其中,这污物从那粗大的脉搏里呼出令人讨厌的恶臭;我们还受制于罪的律,它在我们的肢体里,与圣灵的律相争,企图俘虏我们里面那高贵的像,以便使凡是借着那神圣的最初创造的益处流入我们心里的,都成为它的手中猎物。一个人只有以极大的努力经过漫长而严格的哲学训练过程,渐渐恢复灵魂的高贵,才可能回想起光的本性,将它反射到上帝,光的本性在他里面与这个卑下、如影子般的肉体相连;如果他得到上帝的眷顾,就必然能回想起两者,只要经过漫长而深入的沉思默想,就会习惯常常抬头仰望,把那个与他紧密相连又时常将他拖下、压倒的事物升高。"①朱利安孩子啊,请认清大公教徒的声音是完全一致的,所以不要与他们相抵触。当圣格列高利说"使我们在自身里面受到自己的各种恶习和情欲攻击,使我们日夜遭受这卑微身体、这取死身体的炽烈欲火侵袭"时,是一个受洗的人在说话,并且他是在说受洗的人。当他说:"罪的律在我们的肢体里,与圣灵的律相争"时,是一个受洗的人在说话,他在说的也是受洗的人。这是忠心的基督徒的战斗,不是不信主的犹太人的战斗。如果你正在争战,就相信它,并通过这样的争战抛弃佩拉纠谬论中的桀骜不驯和傲慢无礼。现在你是否看到,现在你是否明白,现在你是否恢复自己的理智,认识到在洗礼中全部罪都得赦免,但在受洗

---

① 拿先斯的格列高利, *Apologeticus primus de sua fuga*。

的人里面，可以说，还存留着由内部过犯引发的内战？因为只要邪欲没有引诱灵去行不法之事，没有怀胎并生出罪，它们就不是应称之为罪的那些过犯；但它们都不是在我们的外面。这些过犯我们必须努力征服，只要我们在这场争战中不辞劳苦，拼搏进取，就必能征服它们；它们是属于我们的，是情欲，是过犯，它们必须受到制约、克服、医治，但就算它们得到了医治，仍是危险的。虽然随着我们进展到更好的事物，它们会变得越来越少，但只要我们还活在此世，它们就不会停止存在。只有当神样的灵魂离世之后，它们才会灭亡；在复活的身体里，它们就不会再回来了。

第四章

8. 让我们回到圣安波罗斯。他说："甚至保罗的肉身也是取死的身体，如他自己所说：'谁能救我脱离这取死的身体呢？'"这是安波罗斯、西普里安、格列高利共同的观点——目前且不说其他具有同样权威的学者。对这个死，最后必然要说："死啊，你得胜的权势在哪里？"但这是重生的恩典，而不是生育的恩典。安波罗斯接着说："因为基督的肉身治死了罪，虽然他出生时并没有经历这罪，但他死时把它钉上了十字架"——他出生时没有在自身里经历它，但他死时把它钉上了十字架。因此，罪的律与心里的律相争，即使是如此伟大的使徒，在他的肢体里也存在罪的律，它在洗礼中得到了宽恕，但并没有终止。基督的身体没有从这种与心里的律相争的肉体之律中汲取什么，因为童女不是从这种律怀胎的。没有哪个人在第一次出生时没有从这种与心灵之律相争的肉体之律接受这种律本身，因为没有哪个妇人不是从这个律怀胎的。因此可敬的希拉利毫不犹豫地说，一切肉体都是从罪而来的。那么他是否不承认它从上帝而来的？正如我们说肉体从肉体而来，也说它从人而来——我们是否由此否认它从上帝而来？它也从上帝而来，因为是上帝创造了它，说它从人而来是因为人生育了它，同时它也是从败坏它的罪而来。但是上帝生了与他自身同为永恒的子，就是起初就有的道，借着这道创造了一切原本没有的事物，也使他成为毫无罪过的人，使他从童女出生，而不是从男子的精液出生，上帝使被生的人在他里面获得重生，并且医治受损害的人，使之一下子脱离了罪，也使他一点一点地脱离软弱。得了重生的人，如果有理性可用，能奋力克服自己的软弱，如同进行一场争战，那么上帝看着他，帮助他，当我们里面趋向义的那一部分向我们里面离开义的这一部分征战时，力量就在软弱中显得完全，于是，如果得胜前进，整个人就向上升腾，如果失败背离，就向下堕落。但是婴儿还没有理性可用，既没有自愿在善里，也没有自愿在恶里，因为他没有将自己的念头转向任何一方；在他，不论是天生的理性之善，还是罪的原初之恶，都处在沉睡之中，没有醒来。当他长大，理性醒来之后，诫命临到，罪复活，随着他长大成人，这罪向他争战，于是婴儿时期隐匿不动的东西显现了。或者它得胜，这样他就被定罪，或者它被征服，那他就得医治。然而，即使婴儿在这种恶还没有在他里面开始显现之前就离世了，它也不可能不产生任何一点危害，因为这种恶是罪——不是使恶本身成为罪，而是使恶所在的人成为有罪的——因为它是通过生育传染的，所以唯有通过重生才能消除。这就是婴儿要受洗的原因，不只是使他们享有基督的美好之国，还使他们脱离邪恶的死亡之国。而这唯有借着基督才能成全，因为"他的肉身治死了罪，虽然他出生时并没有经历这罪，但他死时把它钉上了十字架，所以在我们的肉身里，原先因罪不洁的地方，完全可能借着恩典称义"。

9. 根据圣安波罗斯的这些话可知，魔鬼并没有出于善意创造人，而是出于恶意败坏人；淫欲之恶没有取消婚姻之善；在洗礼的圣礼中也没有留下哪种恶不得赦免；上帝也不是不义的，他通过义的律定那因罪之律而成为有罪之人的罪，即使他从那律出生，那律再也不能使他的父母有罪，因为他们已经重生。如果这些事都是真的，那我们凭什么对那能力（美德）绝望呢？它在软弱上显得完全①，因为通过基督的肉身——它治死了罪，虽然他在出生时并没有经历这罪，但他死时把它钉上了十字架上——借恩典而来的称义也成全在我们的肉身上，尽管它原本因罪而是不洁的。因此，你专门想用来吓唬人的那五个论证必然不能困扰别人，也不会困扰你自己，只要你相信安波罗斯、西普里安、格列高利以及其他圣洁而著名的大公教学者，不要说这些人，甚至只要你相信自己，承认住在人肢体里与心里的律相争的罪之律，就是诱使肉体去争战圣灵的那个律，甚至在受洗的圣徒身上也必然存在的律，迫使他奋起抗争的律——如果不是抗争恶，那还能抗争什么呢？——承认这样的律不是实体，而是实体的过失，借着上帝的恩典使我们重生就是不再将这样的过失归咎于我们，借着上帝的恩典帮助我们就会使它受到遏制，借着上帝的恩典奖赏我们就会使它得到医治。

第五章

10. 或许你会说，受洗者争战的其实是他们自己因前生的恶习而产生的罪，而不是他们与生俱来的那个罪。如果你这样说，你无疑已经看到并承认人里面有某种恶的东西没有在洗礼中消除，洗礼只除去了从它传染而来的罪。然而，除非证明它是从第一人的罪而来，是我们生而有之的，否则这种说法对解决这个问题几乎没有什么帮助，所以不妨听听圣安波罗斯在另一处更为清晰的说法，他在《路加福音注释》里虽然从各个不同的角度讨论②，但与信仰的统一原则，与福音书里的那段经文③——主说一家里五个人将要纷争，三个人和两个人相争，两个人和三个人相争——无有二致，他说："我们可以看到，肉和灵与享乐的嗅

---

① 《哥林多后书》12：9。
② 安波罗斯，*Expositio Evangelii secundum Lucam* 7，pp. 141 – 143。
③ 《路加福音》12：52。

觉、触觉和味觉相区分，它们在同一个家里将自己与对立的恶习相分离，顺服于上帝的律，除去罪的律；但由于第一人的悖逆，它们的纷争转向本性，于是它们在对美德的热情上程度各不相同；然而借着我们主和救主的十字架，他使所有仇敌和诫命的律法归于无效，它们就彼此和睦，因为基督，也就是我们的平安，从天上降下，使两者合而为一。"再者，在同一篇作品里，他谈到属灵的、不朽坏的粮，说："理性是心灵的粮，高贵而甜美的营养，它不压抑身体，不会把有害的东西转化到本性里，而是把荣耀的东西纳入本性，比如将情欲打滚的地方变为上帝的殿，使邪恶的客栈开始成为美德的圣坛。要发生这些变化，唯有当肉体回归自己的本性，认识它力量的孕育者，把无耻的顽梗弃之一边，与调节性灵魂的意志相联合——其实它原本就是这样的，那时，它领受了居住在乐园的秘密，还没有传染致命的蛇毒，还不知道那邪恶的欲望，还没有因贪得无厌而漠视存在于灵魂感官里的关于神圣诫命的记忆。但这一切之后，我们得知，罪从身体和灵魂溢出，如同从它的父母生出；身体的本性受到试探，灵魂遭受身体的混乱之疾。如果灵魂已经克制身体的欲望，它就会在一开始的时候就毁灭罪的起源；但是灵魂现在元气大伤，担负非它自身的重担，生出罪，就好比说身体是个男人，因它的行为，灵魂怀了恶胎。"

11. 这里可以肯定，安波罗斯这位老师，受到你老师高度赞美的人，完全公开而充分地宣告了原罪是什么，它从哪里来，最初的混乱，也就是与灵魂不和的肉体的悖逆从哪里来——这种不和唯有借着上帝的恩典，通过我们的主耶稣基督才能医治。你看到情欲为何与圣灵相争，看到我们肢体里与心灵之律相争的律从哪里来。你看到灵魂与肉体的冲突转向本性，通过这些不和，不幸湮没了我们，唯有靠上帝的怜悯才能终止这种状态。现在你不该反对我，因为如果你还反对我，就会看到你同时反对的是谁。诚然，你说我费尽口舌只为了把人弄糊涂，让人不明白，但是在有些段落里，你更多的是按照你自己的观念转译我的意思，侮辱智力稍稍迟钝的人，他们不明白你只是不愿意保持沉默，而不是真的能用你的第四卷驳倒我的作品。看看安波罗斯怎样提出一连串清楚而明晰的有力证明；没有哪个地方读者会感到，没有哪句话读者可能听不懂。他非常清楚地说，使徒曾说过："谁能救我脱离这取死的身体呢？"因为我们生来都服在罪下，我们的出身就在罪孽里。他非常清楚地说，主基督完全没有罪，因为他由童女出生，不受生育之锁链和共同的本性捆绑，他治死了罪，这罪他在出生时没有经验过。他非常清楚地说，肉体与灵魂因第一人的悖逆而产生不和，这不和转向本性。他非常清楚地说，肉体，这情欲打滚的地方，恶习的客栈，当它回归本性，认出它力量的孕育者，并且抛弃无耻的顽梗，与调节性灵魂的意志结合——它原本就是这样的，当时它领受了居住在乐园里的秘密，还没有传染致命的蛇毒——此时，它就转变为上帝的殿，美德的坛。你问：我为何要把这些作品堆积起来反对你呢？请看看他，你敢反对他吗？你的异端邪说还没有提出来之前，他就已经对抗它的毒气，就已经预备了这些解毒剂，把毒驱除出去。如果这些还不够，那我们可以再听。

12. 他在《论以撒和灵魂》里说："因此一个好的驾驭者能控制和制止劣马，驱策好马往前跑。好马有四个：谨慎、节制、坚忍、公义。劣马则是忿怒、情欲、恐惧、不义。"① 他有没有说好的驾驭者只有好马而没有劣马？没有，他说："他驱策好马往前跑，控制并制止劣马。"这些马是什么？可以肯定，如果我们称呼或者认为它们是实体，那我们就赞成或者拥护疯狂的摩尼教徒。我们明白，我们绝不会这样做，根据大公教教义，他说的这些马意指我们的过犯，它们源于罪的律，抗拒心里的律。这些过犯不可能与我们分离而存在于另外的地方；如果它们在我们里面被清除了，它们就无处可在。那它们为何没有在洗礼中灭亡呢？难道你不承认它们的罪责（guilt）虽然消失了，但它们的软弱还留

---

① 安波罗斯，*De Isaac et anima* 8. 65。

存？这罪责不是使它们自己成为有罪的（guitly）①，而是它们借着这罪责使我们在恶行中——它们原本就引诱我们去行这些恶——成为有罪的。它们的软弱留存，但不是说它们就像某些变得软弱的动物那样；它们是我们自己的软弱本身。我们绝不可认为，劣马是指在洗礼中被除灭的不义，因为不义是我们所犯的罪（sins）的不义，这些罪都得了赦免，现在已经不再存在，它们有形成，有消失，但它们的罪责（guilt）仍然留存。他所说的"不义"是指罪的律——这罪的罪责已经在神圣的洗礼盆中赦免了——因为情欲争战圣灵是不义的，但我们更新之后就有公义，因为圣灵争战情欲是公义的，这样我们就可以借着圣灵而行，不让肉体的情欲得逞。我们发现我们的这种公义就被称为好马。

13. 也听听他在谈论乐园的书②里说的话，他说："保罗之所以说：'（听见）隐秘的言语，是人不可说的'③，原因可能在于，他仍然受制于身体，也就是说，他看见这身体的情欲，看见他肉体的律与他心里的律相争。"在同一篇作品里他又说："当他说蛇更狡猾④时，你要明白他指的是什么，就是指我们的对手魔鬼撒旦，但他拥有这个世界的智慧。不过，快乐和愉悦也可称为'智慧的'，因为我们还读到'肉体的智慧'，比如经上写的：'这肉体的智慧与上帝为敌。'⑤ 凡渴望快乐的，总是在寻求各种娱乐之事上显得很聪明。或者你可以明白，不论哪种愉悦都与神圣诫命相对，都与我们的理性为敌。由此圣保罗说：'我觉得肢体中另有个律和我心中的律交战，把我掳去，叫我附从那肢体中犯罪的律。'⑥"这位老师在此谈论的是哪一类快乐，已很清楚，因为为了使

---

① 这段话涉及朱利安的一个观点，是他在质料中真实发现的一个问题引出的，关于这段话的含义，见第六卷第十七章。
② 安波罗斯，*De paradiso* 11. 53。
③ 《哥林多后书》12：4。
④ 《创世记》3：1。
⑤ 《罗马书》8：7。（参和合本译文"原来体贴肉体的，就是与上帝为仇"。)
⑥ 《罗马书》7：23。

我们明白，他提到使徒的证明，使徒说："我觉得肢体中另有个律和我心中的律交战，把我掳去，叫我附从那肢体中犯罪的律。"这就是你毅然为之辩护的那种快乐，但是即使你本人，对它的过度也持批评态度。它从哪里来，它究竟是怎样的，你都明确地承认，但你仍然用如此华丽的辞藻为它辩护，赞美它的适度形式，似乎它早已为自己预备了这种措施，却没有灵出来抵挡它的进攻。但是有人勇敢地站出来大声呼叫："我觉得肢体中另有个律和我心中的律交战"，这就是征战它的人。如果征战它的这种力量松懈了，那它将会陷入怎样的污浊？什么样的悬崖它不会挨近甚至冲上去？甚至现在，看哪，它所进攻的并非如你认为的是某个犹太人，而是——根据圣安波罗斯——使徒保罗说是他自己："我觉得肢体中另有个律和我心中的律交战，叫我附从那……罪的律。"另外，在同一作品的另一段话里，该位老师说："保罗受到攻击，他看到他肉体的律与他心中的律交战，使他附从罪的律；他没有指望自己的良知，而是相信借着基督的恩典他必能脱离死的身体。你仍然认为没有人能有意地犯罪吗？保罗说：'故此，我所愿意的善，我反不做；我所不愿意的恶，我倒去做。'① 既然知识可以增加罪的嫉妒和敌意，你仍然认为它对人有益吗？"在同一作品里，这位主教面向我们所有人说话，勤勉地为我们共同的事业辩护，说："因为肉体的律与心里的律相争，所以我们必须以我们全部的能力不辞辛劳地鞭策身体，使它回到受束缚状态，从而种植属灵的事物。"②

14. 在他写的另一本书《论重生的圣礼》或者《论哲学》里，他说："死使我们脱离罪，使我们向上帝洗心革面，这死是有福的。'因为已死的人是脱离了罪。'③ 除了终结自己的自然生命，有谁能脱离罪吗？绝不可能，因为一个罪人死了仍然留在罪里，但在洗礼里赦

---

① 《罗马书》7：19。
② 安波罗斯，*De paradiso* 12. 60；15. 77。
③ 《罗马书》6：7。

免了所有罪的人就脱离了罪。"对此你有什么要说的？你没有看到这个可敬之人表达了真理，在洗礼里所有罪得了赦免，人的死就成为有福的？但请听另外的话，听听你不愿意听到的话。他说："我们已经知道奥秘的死是什么。现在让我们思考埋葬应该是什么。我们的过犯都死了，但这是不够的，除非身体的享乐衰退，整个属肉组织的捆绑解除，所有为体所用的绳索都切断了。谁也不可自诩说，他将穿戴另一样式，将接受奥秘的戒律，将自己的心灵用于奉行节制。我们愿意的，我们不做、我们所恨恶的，反倒去做。罪在我们里面做了很多事。各种享乐常常复兴，起来反对我们，尽管我们抵制它们。我们必须争战肉体。保罗争战它，最后他说：'我觉得肢体中另有个律和我心中的律交战，叫我附从那……罪的律。'你比保罗还强大吗？不要对冥顽不化的肉体抱有信心，不要信靠它，因为保罗大声疾呼：'我也知道在我里头，就是在我肉体之中，没有良善。因为立志为善由得我，只是行出来由不得我。故此，我所愿意的善，我反不做；我所不愿意的恶，我倒去做。若我去做所不愿意做的，就不是我做的，乃是住在我里头的罪做的。'①"朱利安，不论你心里冲昏你头脑的顽梗有多大，不论你怎样固执地反对我们，捍卫佩拉纠的谬误，圣安波罗斯提供的这么多真实的证据也要把你团团围住，他清晰的论述把你彻底驳倒，可以肯定，如果没有理性、反思、虔诚的思考、敬虔、仁慈，或者对真理的尊重，你不可能放弃你固执追求的目标，你到了一个你并不愿意待的地方，但羞于退回来，这恰恰表明了这种恶在人性中是多么强大的东西。我相信，当你读到这里的时候，这必然是你的真实感受。但愿基督的平安能完全征服你的心，但愿好的悔改能战胜恶的羞耻并获得奖赏！

---

① 《罗马书》7:18—20。

第六章

15. 现在请注意一下,这罪的律,就是独身禁欲者的必死本性也不得不忍受它的活动;贞节的婚姻也奋力把适度之法置于其上;因它的缘故,肉体的淫欲以及你所赞美的快乐只要被唤起,就攻击它想要攻击的目标,即使由于受到束缚它的活动没有得逞——我说请注意,每个人怎样从这个罪的律出生,从而传染了原罪,如圣安波罗斯在同一本书里,即《论重生的圣礼》或《论哲学》所解释的。他说:"有一座房子是智慧所建,有一张桌子摆满属天的圣礼,义人在上面吃圣乐的食物,喝恩典的甜怀,因为他喜爱永恒功德的丰富后代。大卫生了这些孩子,避开那些通过肉体结合生育的孩子,于是他渴望用圣泉里的水清洗,以便洗去属土的污点,借圣灵的恩典洁净肉体。他说:'我是在罪孽里生的,在我母亲怀胎的时候就有了罪。'[①] 夏娃在恶里生育,由此留给女人生育的遗产,结果每个人都在淫乐中生成,通过淫乐在母腹里怀胎,在血气里成形,淫乐就如同他的襁褓,使他在吮吸赐予生命的空气之前,先经历了罪的传染。"如果你不缺乏人人具有的判断力,你就明白他谈论的淫乐是什么,你完全是厚颜无耻地认同它,但这位著名的老师安波罗斯,受到你老师赞美的安波罗斯——我必须不断重复这一点——他说,每个人在它里面生成,通过它在母腹里怀胎,在血气里成形,他包裹在襁褓布条里,不是毛纺的,不是细麻的,也不是其他初生婴儿包裹的东西,而是,可以说,包裹在他那有罪出身的遗传破布里,使他还未呼吸这赐予生命的空气——凡出生的人都被抛入空气,就如抛入一个开阔的公共喷泉;他在母腹里只能被动呼吸,现在可以吸收源源不绝的营养——就经历罪的传染,一出生就为他出生前所传染的罪哭泣。亚当和

[①] 《诗篇》50:7。(参和合本《诗篇》51:5)

夏娃难道不应当对这种情欲引发的行为感到羞愧？正是这种情欲，明明白白地显示他们自己是有罪的，也预告他们的子孙要服在祖先的罪之下。正如他们感受到身体的那个部位产生悖逆的情欲，所以羞于赤身露体地离开，同样，愿你顺服大公教信仰，羞于赞美那可耻的东西。

16. 也请注意这位老师在《论乐园》的书里谈到无花果树叶做的裙子。他说："更为重要的是，根据这种解释，我们发现亚当在原本应当用贞洁的果子束紧的地方用树叶束紧。我们束紧腰部，据说那里有生育的某些种子。因此，亚当拙劣地用无益的树叶束腰，标明的不是将来生育的未然果子，而是某些罪。"① 我们相信亚当和夏娃犯罪之后，眼睛明亮了，就束腰裹臀②，但你费尽心机提出论证反驳我们的这种信念，然而，这里，这位圣人无疑使你的论证归于无效。你为了要与大量有力论证抗争，竟然不顾大众的常识，想用喋喋不休的话语来诱使他们陷入圈套。显而易见，人裹臀或束腰的就是腰带或腰布，希腊语里叫"perizomata"，通俗地称为"muniturae"。那位属上帝的人——我们用他的有力论述驳倒了你——并没有费力解释这一事实，似乎它模糊不清，他只是指出它所标示的事物。他说："我们束紧腰部，据说那里有生育的某些种子；因此，亚当拙劣地用无益的树叶束腰"，为什么是拙劣地？他接着说："标明的不是将来生育的未然果子，而是某些罪。"对此你还有什么可说的？看哪，那混乱是从哪里来的？看哪，为何要用树叶束腰？看哪，他们子孙里的原罪是从哪里来的？

17. 君士坦丁堡主教圣约翰本着谦逊的原则，用两句话清楚地表述了初人蒙羞的整件事，他说："他们用无花果树叶遮掩，隐藏罪的外表。"谁不明白这罪的外表是什么，他们不得不羞愧地在腰部遮掩，但是他们没有犯罪之前，尽管赤身露体却并不羞愧。我恳请你明白，不仅

---

① 安波罗斯，*De paradiso* 13. 67。
② 《创世记》3：7。

如此，也让人们明白他们与你一同明白的事，不要强迫我们以最无耻的方式谈论可耻的事情。

18. 圣约翰说得对，他告诉我们，正如殉道者西普里安告诉我们的那样①，割礼是作为洗礼的记号而立的。他说："看看，鉴于告诫，犹太人没有拖延割礼，因为凡是第八天没受割礼的，都要从他的民中剪除。"② 他说："但是你拖延一种割礼，不是人手做的，而是脱去属血气的身体，尽管你听到主亲口说：'阿门，阿门，我告诉你，人若不是从水和圣灵重生的，就不能进上帝的国。'③" 你看，一个精通教会教义的人怎样将割礼与割礼相比，告诫与告诫相比。因此，第八天未受割礼的，等同于未在基督里受洗的，从他民中被剪除的意思等同于不能进入上帝的国。然而你否认在婴儿的洗礼中为脱去属血气的身体举行了庆祝仪式，也就是非人手所做的割礼，因为你主张他们没有需要脱去的东西。你不承认他们在肉体的割礼中死了，这割礼表示罪，尤其是通过出身传染的罪。由于这种出身而来的罪，我们的身体就是罪身，使徒说借着基督的十字架就将它灭绝了④。

第七章

19. 至此，我引用生活在我们时代之前的对这些神圣戒律的讨论忠实可靠且具有影响力的主教的观点来反驳你。现在让我们回到安波罗斯主教，他毫不怀疑，人，也就是灵魂与身体组成的人，是上帝的作品，他尊重婚姻，教导在基督的洗礼中，一切罪都得赦免，承认上帝是公义的，不否认人性借着上帝的恩典能够成全美德，获得完全。你提出五个

---

① 西普里安，*Epist. 64, ad Fidum*。
② 《创世记》17：14。
③ 《约翰福音》3：5。（参和合本，略有出入。）
④ 《罗马书》6：6。

论证，认为这五件事都不可能是真的，除非人生来就传染原罪这个观点是错误的。然而，正是这一点，你企图通过五个论证取消它，他则在布道中指出是必然的，所以，任何人都可以非常清楚地看出，大公教真理习惯传讲的是什么，渎神的新奇观点想要推翻的是什么。或者你是否怀疑安波罗斯本人也知道并教导上帝是人的造主，包括灵魂和身体？因此请听他在《论哲学》里驳斥哲学家柏拉图时所说的话。柏拉图主张人的灵魂轮回转世到兽，认为上帝只是灵魂的造主，认为创造身体是低级神祇的事。安波罗斯说："我很吃惊，这样伟大的一位哲学家竟然把灵魂——他把传递不朽的能力归于它——囚禁在猫头鹰和青蛙里，把它包裹在凶猛的野兽里；因为他在《蒂迈欧篇》里说，灵魂是上帝的作品，上帝创造它，将它放在不朽的事物中，但又主张身体似乎不是上帝的作品，因为人体的本性在任何方面都与兽类的身体没有区别。但是，既然应该相信灵魂是上帝的作品，怎么不能认为包裹它的也是上帝的作品？"想一想安波罗斯反驳柏拉图主义者的观点：不仅灵魂是上帝的作品，而且身体也是——他们只承认前者，否认后者。

20. 或者你要说他指责婚姻，因为他说从此以后，凡出生的，都在淫乐里形成，经历罪的传染？那就听听安波罗斯在论到圣大卫的书里关于婚姻的观点。① 他说："婚姻是好的，结合是圣的。但是那些有妻子的，要像没有妻子一样。婚床是无污的，（夫妻双方不可彼此亏负，）哪方也不能使另一方失去它，除非暂时分房，为要专心祷告方可。"② 听听他在《论哲学》里所说的另一段话。他说："节制是好的，可以说是对敬虔的一种支持，因为它使那些在此生的悬崖边滑倒的人脚步稳健；它是一个认真的看守者，警惕一切不法之事蔓延到他们。而不节制是万恶之母，它甚至把合法的变为邪恶的。因此，使徒不仅告诫我们要

---

① 安波罗斯，*Apologia prophetae David.* 11. 56。
② 参《哥林多前书》7：29，5。

提防通奸，而且教导在婚姻本身中也要保守必要的适度，规定要不时祷告。因为在婚姻里纵欲的，不就是与他自己的妻子通奸吗？"你看他怎样论说婚姻，即使在自身里面也应有真正的合理性①。你看他说不节制甚至能将合法的变为邪恶的，他表明婚姻是合法的，他不希望不节制把合法的东西玷污。你该与我们一同明白，使徒不愿意人在什么样的欲望之疾里拥有自己的器皿，希望不要像那不认识上帝的外邦人一样②。在你看来，似乎只有对别人的情欲才是可责备的，对自己妻子的邪情是无可指责的。但是安波罗斯说婚姻中的不节制就是对自己妻子的一种奸淫，那你会对他说什么呢？你会允许婚姻中有非常放荡的淫欲，因为恐怕她③受到伤害，去寻找另外的人作自己的保护者——如此说来，难道是你更加尊重婚姻吗？我提到使徒允许夫妻行情有可原的事（尽管是情有可原的，但无疑是一种过错），但你根本不愿意触及这一点，甚至连一个字也不愿意说，你也不敢在你的反驳里提到这样的事实，也就是我完整地记录的：使徒告诫夫妻不可为了专心祷告而禁绝同房④。我想，你是出于这样的担心：如果你允许夫妻同房，就会出现丈夫和妻子祷告时也受到情欲扰乱的情形，因为你恬不知耻地为情欲辩护。这样说来，由于你想就问题本身反驳我，又不敢反抗使徒，不能将他的论述曲解成另外的意思，就像你通常所做的那样，所以你只能选择对它完全沉默不语。那么是谁更尊重婚姻呢？是你这个丑化它的尊严，使它成为一个肉体淫欲打滚之地的人吗？还是那说婚姻不仅是合法的，而且是好

---

① 关于这整个话题，注意本书译为"节制"（modesty）的这个词原文是"pudicitia"，奥古斯丁通常用这个词表示最直接意义上的贞洁（chastity）这种美德。因此它比这个英语单词含义丰富，包括严格意义上的"modesty"这种不那么普遍的美德——它与因情欲活动而显得不得体的事物的外在记号有关——也包括贞洁这种美德本身，还包括称为羞涩的气质，它是贞洁的附属含义。圣托马斯在 Summa theological, 2-2 q. 151, a. 4 里讨论了奥古斯丁的这个术语。

② 参《帖撒罗尼迦前书》4：4—5。

③ 暗示淫欲，拟人化为朱利安的被保护者。

④ 参《哥林多前书》7：6, 5。

的，它的结合是圣洁的人呢？——他一方面这样说，另一方面又想起使徒更推崇不时祷告，节制情欲之乐，所以他希望夫妻不要放纵那种疾病——原罪就是从那里传染的。因此，他按照该使徒的教导，希望那些有妻子的，好像没有妻子一样；他毫不犹豫地说，纵欲的丈夫就是他妻子的奸夫；衡量婚姻的整个好，不是用肉体的情欲，而是用纯洁的信心；不是用欲望的疾病，而是用结合的婚约，不是用邪欲的快乐，而是用传宗接代的愿望。他主张，把女人交给男人只是为了生育的目的，你认为对这个问题徒劳地争论这么长时间是必要的，似乎我们中有人否认这一陈述。安波罗斯在他《论乐园》的书里谈到这个话题，写了以下这些话①："如果女人是使男人犯罪的根源，那我们怎么会认为把她交给他是为了某种好处？然而，如果你认为上帝是关心世界的，你就会发现，上帝更愿意婚姻里有世界的起因，而不是有罪的原因而受到谴责。因为人类的繁殖不可能只从男人而来，所以上帝说，那人独居不好②。上帝宁愿有许多人要他拯救，赦免他们的罪，而不愿让亚当独居，尽管那样可能就不会犯罪。最后，因为同一位上帝（the same One）是这两种作为的创造者，所以他来到这个世界，也便救赎罪人。还有一点，该隐犯了杀弟之罪，但在他未生育孩子之前，上帝并没有让他死。因此，把女人交给男人是为了生育人类的子孙后代。"

21. 这就是安波罗斯，我的老师，也受到你老师的高度赞美，他不仅承认而且捍卫这样的观点：每个人以及人的肉体都是上帝的作品，婚姻是好的。但是他绝不是用原罪贬损洗礼的价值，我上面引用了他的话，就表明了这一点，他说："凡在洗礼中赦免了一切罪的，就脱离了罪。"他哪里没有教导上帝是义的？或者哪个大公教徒会怀疑这一点？就是不敬神的人也都承认这一点。

---

① 安波罗斯，*De paradiso* 10. 47。
② 参《创世记》2：18。

第八章

22. 还剩下第五点：安波罗斯是否认为人性能够称义，得完全，在这一点上是否坚定不动摇，因为他常常并且从多个方面表明，每个人生来就服在罪下，人的出身本身就是在过犯里。我在上面已经表明这一点，那里我想起他在同一段落里稍后一点的地方说："基督的肉身治死了罪，虽然他出生时并没有经历这罪，但他死时把它钉上了十字架，所以在我们的肉身里，原先因罪不洁的地方，完全可以借着恩典称义。"他在那里表明，人性，即使是生而在罪之下，出身就在过错里，也可以称义，但必须通过恩典，尽管这一事实是你们所憎恨的，你们是这种恩典的残暴敌人。但是如果你还听得不够，再听他在《对先知以赛亚的阐释》（*Explanation of the Prophet Isaias*）中说的话。他说："我们来看看，我们的重生（复兴）是否在此生之后，经上论到这复兴说：'到复兴的时候，人子坐在他荣耀的宝座上。'① 因为就如我们谈论水里的重生，借着它我们除去罪的污浊，得到新生，同样，这似乎是在谈论这样一种重生，借着它洁净肉体的每一个污点，我们都以洁净的灵魂重新获得永生。"没错，这个圣洁而诚实的人区分了此生的称义——那是通过重生的水洗发生的——与完全的称义，完全称义之后，我们的身体也因不朽得到新生。因此，虽然安波罗斯承认人出身在过犯里，但他对我们的完全称义并不绝望。因为就如人性能借着作为造主的上帝形成，同样，上帝作为救主也能医治它。

23. 但是你很着急，你一着急就把自己的推定给抛弃了。因为这里你倒希望人得完全，借着上帝的恩赐人是可以得完全的——但那不是白白的恩赐，而是依赖于人自己意志决断的恩赐。你认为你远远没有达到

---

① 《马太福音》19：28。

这种完全，但是你说话时嘴里有谎言，不论你说你是罪人但又希望被认为是义人，还是宣称相信完全的义但在自己身上又根本感受不到这样的义。要知道，在此生称义是按照以下这三件事赐给我们的：第一，通过重生的洗礼，所有的罪得到赦免；第二，通过与各种过犯争战——尽管它们的罪我们已经豁免；第三，我们的祷告，也就是我们说的："免我们的债"① 得到垂听，因为不论我们多么勇敢地与我们的过犯争战，我们还是人；而当我们在这可朽的身体里争战时，上帝的恩典大力帮助我们，所以有理由相信，当我们祈求宽恕时，他能垂听我们。你认为上帝对我们的这种怜悯对你来说并非必不可少，因为你属于那些人中的一员，就是诗篇上说的"那些倚仗自己的力量"② 的人。然而，我们若能听听安波罗斯在《逃离这个世界》（*Flight from This World*）里所说的话，善莫大焉，他说③："我们常常谈到逃离这个世界；我们说得很容易，但愿我们的意向也同样的认真和热切。但是更糟糕的是，总是有世俗欲望的诱惑潜入我们身上，洪水般的虚荣占据我们的心，所以你努力要避开的事物，却总是在心里想着，反复折腾。人很难避免这一点，要彻底将它除去是不可能的。这与其说是实际效果的问题，不如说是坚定目标的问题，先知已经表明这一点，他说：'求你使我的心趋向你的法度，不趋向非义之财。'④ 因为我们的心我们难以控制，我们的念头我们也无法把握，它们总是不可预料地变得混乱，扰乱我们的心和魂，把它们带到我们所不愿去的地方，使它们回忆世俗的事，向它们注入尘世的物，强迫属肉的东西临到我们头上，编织各种诱因——并且就在我们努力抬升自己思想的时候，它们引入虚枉的念头，于是我们常常被推到

---

① 《马太福音》6：12。

② 《诗篇》48：7（参和合本《诗篇》49：6 有"那些倚仗财货……的人"之句——中译者注）。

③ 安波罗斯，*De fuga saeculi* 1. 1, 2。

④ 《诗篇》119：36。

地上。"就算你没有遭受这些事——请原谅，我们无法相信——也该看出，圣安波罗斯的这番话就如一面镜子，折射出人类共同的弱点，也该明白即使我们正在取得进步，也不能避免这些弱点。但是，如果我们相信你，并说：请为我们祷告，让我们也免受这些事——那么我们会觉得你非常高尚，也非常高傲，你不仅答复我们说，你没有遭受这些事，而且告诉我们说凭人的能力可以避免遭受这些事，人没有理由为此祈求上帝的帮助①。

24. 然后再听听安波罗斯的话就有更大的益处，因为他认信上帝的恩典，也不倚仗自己的力量，当他说了这话之后，又补充说："谁能有这样的福分，心中总是想往向上的大道？事实上，没有神助，谁能做到这一点呢？任何人都绝不可能做到。最后，圣经谈到这个问题：'耶和华，从你得帮助，心中想往向上大道的，这人便为有福。'②"他还在《论重生的圣礼》（*On the Sacrament of Regeneration*）里说："除了灵魂，还有谁使用肉体做工？因此，灵魂本质上是肉体的支配者和女主人，应征服并治理肉体。因而，灵魂得到圣灵的帮助，在《诗篇》里说：'我不惧怕，肉体能把我怎么样呢？'③ 因此，保罗严责的是那属于他的，而不是他自身所是。因为属于他的是一回事，他自身所是另一回事。他严责那属于他的，所以他作为义人可以将身体上的放荡治死。"当圣安波罗斯说这话时，他岂没有与自己的过犯争战？他是没有克服自己的过

---

① 在 *De peccatorum meritis et remissione* 第二卷，圣奥古斯丁讨论了此生脱离罪得自由，回答了四个问题。(1) 人借着神圣恩典的帮助，能够在此生成为完全无罪的 (2.6.7)。(2) 但是事实上，圣经上说没有人在此生是无罪的 (2.7.8)。(3) 当人被迫不断地与情欲和无知作战时，表现出不愿意成为无罪的意向 (2.17.26)。(4) 唯有中保基督在此生是无罪的，因为唯有他生来无罪 (2.20.34)。见 *Summa theological*, 1—2 q. 109, a. 8, 9, 10 关于这一教义有更清晰的阐述。

② 《诗篇》83：6 (参和合本《诗篇》84：5："靠你有力量，心中想往锡安大道的，这人便为有福。")。

③ 《诗篇》55：5 (参和合本《诗篇》56：4："我倚靠上帝，必不惧怕，血气之辈能把我怎么样呢？")。

犯吗？他岂不是像基督的好战士，在自身里与各种欲望大军作战？他岂不是在严责自己的身体？他岂不是制服并推翻了魔鬼的作品，在上帝的这个作品与那个作品，也就是灵魂与肉体之间寻求义的平安？因此不要倚仗自己的力量，而要如他所说："得到圣灵的帮助和支持"，他说："我不惧怕，肉体能把我怎么样呢？"看，他怎样表明人性能够称义；看，能力怎样在人的软弱上显得完全。①

25. 我们不妨也来听听至福的殉道者西普里安对这个问题的说法，他在《论必死性的书信》（Epistle on Mortality）里说："我们必须与贪婪、过度、忿怒、野心作斗争；我们必须不断与身体的各种邪恶，与世俗的引诱作烦人的斗争。人的心灵受到魔鬼侵袭力量全方位的围攻，几乎不可能只遇到单个的攻击，简直难以抵挡。如果贪婪被克服了，情欲就出现；如果情欲制服了，野心就进来了；如果野心受到叱责，忿怒就点燃，傲慢膨胀了，醉酒就产生了，嫉妒破坏和睦，猜忌毁灭友谊。你被要求诅咒，但那是神圣律法禁止的；你被强迫发誓，那也是不允许的。灵魂每天承受这么多的烦扰，心灵受到这么多危险的压迫；然而你乐于长久站在这里，在魔鬼的兵器中间，其实你应当借着死的帮助想往并立志更加快速地奔向基督。"然而，我们绝不会因为圣西普里安与贪婪斗争，就认为他是个守财奴，不会因为他与自负斗争，就认为他是傲慢者，因为他与忿怒斗争，就认为他是易怒，因为他与野心斗争，就认为他是野心勃勃的，因为他与肉体的罪斗争，就认为他是属肉的，因为他与世俗的引诱斗争，就认为他是这个尘世的俗人；因为他与情欲斗争，就认为他是好色的，因为与傲慢斗争，就认为他是傲慢的，因与放纵斗争，就认为他是个酒鬼，因为他与嫉妒斗争，就认为他是好妒的。事实上，恰恰因为他坚决抵制这些东西——它们部分源于我们的出身，部分源于习惯的邪恶冲动——并且不答应成为它们企图强迫他成为的事

---

① 参《哥林多后书》12：9。

物，所以他没有沾染这些东西。然而，在如此危险而艰辛的斗争中，他并没有避开各种敌对兵器的打击，如他在《论捐助的书信》(*Epistle on Almsgiving*)里说的："谁也不可自诩自己的心纯洁无污，认为只要倚仗自己的清白，就不需要任何药物治疗他的伤口，因为经上写道：'谁能夸口，我洁净了我的心，我脱净了我的罪？'① 另外，约翰在书信里写着：'我们若说自己无罪，便是自欺，真理不在我们心里了。'② 如果没有谁可能无罪，并且不论谁说自己是无可指责的，不是傲慢，就是愚蠢，那么神圣怜悯是多么需要，多么美好，因为它知道那些已经治好了病的人后来还会受伤，所以一次又一次地赐给我们有益的疗方，医治我们后来的伤口。"啊，那么著名的老师和荣耀的见证人，这就是他教导你的，这就是他告诫你的，你要聆听这样的教义，你要效仿！当所有其他人与欲望的斗争终结，所有伤都被治愈之后，你理所当然地为基督的真道与此生一切欲望中最后且最大的欲望相争，你借着他赐给你丰盛的恩典得胜。你的冠冕是安全的，你的教义获得胜利，你还征服那些信靠自己能力的人。他们喊叫说："我们得完全的能力源于我们自己。"但是你回答说："靠自己的能力没有人是强大的，靠上帝的赦免和怜悯，人才是安全的。"

26. 也听听最有福的希拉利，他在表达对人完全的盼望时所说的话。当他谈到福音的平安③，谈到主的话："我留下平安给你们"④，他说："因为律法是将来要来之好事的影子，因此通过这个比喻他教导说，我们不可能在这个属地的、必死的居所，也就是身体里得洁净，除非通过天上恩慈的洗涤我们才能得洁净，到那时，我们属地的身体已经在复活中改变，我们的本性已经变得更加荣耀。"他在同一篇谈话中又

---

① 《箴言》12：9。
② 《约翰一书》1：8。
③ 希拉利，*Expositio ps.* 118 18. 115。
④ 《约翰福音》14：27。

说："使徒们自己虽然借着信心得了洁净，成了圣洁的，但由于我们共同的出身，他们也不是毫无过失的，这是主所教导的，因为他说过：'你们虽然不好，尚且知道拿好东西给儿女。'①"你看，可敬的大公教老师并没有否认我们在此生的洁净，但希望人性更完全，也就是，在最后的复活中获得一次更完全的洁净。

27. 再听他在论约伯书的一篇布道里说的话，听听他为何断言魔鬼本身不断向我们发动的战争就源于这里；又声称魔鬼唤醒我们里面的恶来反对我们。他希望我们明白这是为了我们自己的好，因为神圣怜悯的上帝用魔鬼的恶意成全我们的洁净。他说："上帝圣善的怜悯对我们是多么大，多么好，所以魔鬼虽然使我们在亚当的罪里丧失了作为最初有福之造物的高贵，但我们通过他仍然可以重得所丧失的。当时魔鬼出于嫉妒伤害我们，如今，当他想要伤害我们时，我们战胜了他。由于我们的肉体还很软弱，他就把他所掌握的全部兵器都向我们投来，他诱发我们的情欲，刺激我们醉酒，鼓动我们雠恨，挑拨我们贪婪，煽动我们杀人，唆使我们诅咒。但是当所有这些临到我们的试探被坚定的心意遏制时，我们就借着这种胜利的荣耀洁净了罪。因为经上有话说：'在上帝面前人怎能称义？'②如果没有争战，就没有胜利。如果我们不打败企图争战我们的过犯，就不会有人从过犯中得洁净；如果我们战胜了我们身体中这些陷阱的试探，我们就清除了我们的情欲。因此，记住并明白正是我们的这些身体是一切邪恶的原料，我们因它而变脏、变污，没有一点干净之处，没有一点无害之物，我们很高兴有一个仇敌，与他争战就是发动一场在我们自身里的战争。"

28. 在注释第一篇《诗篇》时，这位老师毫不犹豫地说，我们自己的本性，也就是从疾病传染疾病的本性，陷入了罪，所以为了不犯罪，

---

① 《马太福音》7：11。
② 《约伯记》25：4。

我们借着对信仰的侍奉，以某种方式争战我们的本性。他说："有许多人，虽然通过认信上帝已经抛弃罪孽，但并没有因此而脱离罪，没有遵守教会教义，比如贪财者、骚乱者、无礼者、贪食者、醉酒者、伪善者、说谎者。我们的本性使我们倾向这些恶习，但离开我们陷于其中的恶，而不是逗留在路上，这才对我们有利。因此，'不站罪人的道路……这人有福了'①，因为我们的本性使我们趋向这条道，而我们的信心使我们离开它返回。"② 那我们是否就认为他是指控上帝所造之本性的人？绝不是。因为这位大公教的人不怀疑人性是上帝的作品，但他的确指责我们生而有之的过错，坚守使徒的话："我们……本为可怒之子，和别人一样。"③ 如果我从圣希拉利引用的这些话是我自己所说的，那你该会说多少话来反对，会以怎样喧闹的叫嚷把摩尼教徒的名称和罪归咎于我？现在，为了避免你的怒火带着满腹不分青红皂白的诅咒喷射出来，你就把你诽谤性的谬论和疯狂的谎言向他发泄吧，只要你敢。他说："我们的本性迫使我们倾向这些恶。"这本性是什么呢？是摩尼教徒杜撰的黑暗之族吗？肯定不是。这是一位大公教徒说的话，一位著名的教会学者说，是希拉利说的。因此，它就是我们自己的本性，虽然被第一人的悖逆败坏了，但不是要通过某种分离使它与另一种本性分开，而是要让它本身得到医治。你错误地说我们让魔鬼作它的造主，而你却不承认基督是它的救主，还声称它在此世的生命可以引向完全，所以它是绝对没有任何罪的。

29. 再听听圣希拉利另外还告诉你什么。当他解释《诗篇》51篇时，他说④："但愿在上帝的怜悯中直到永远。在那些人，光有义行并不足以配得完全的恩福，除非上帝出于怜悯，即使在这愿行义的意志

---

① 参《诗篇》1：1。——中译者注
② 希拉利，*Expositio* ps. 11。
③ 《以弗所书》2：3。
④ 希拉利，*Expositio* ps. 52（至结尾）。

里，没有将变化和运动归咎于人的过错。因此，先知有这样的话：'你的怜悯好过生命。'① "你没看到这属上帝的人就是那些有福之人中的一个？经上论到这些人预告说："凡口里没有诡诈，耶和华不算为有罪的，这人是有福的。"② 他甚至承认义人的罪，指出他们宁愿以上帝的怜悯为盼望，而不是依靠自己的义行，因此他口里没有诡诈，其实，所有那些他见证了其真诚的谦卑或谦卑的真理的人，在他们的口里都没有诡诈。而你嘴里满是这种诡诈。凡是没有美德，却有那么多夸口的地方，就有伪善，凡是有伪善的地方，就肯定有诡诈。没错，圣徒在多大程度上依靠上帝的怜悯——他的怜悯是大的——你就在多大程度上依靠你自己的力量——你自己的力量是虚妄的。他们借助上帝的恩典，怎样争战与生俱来的过犯，你就怎样争战上帝的这份恩典。但愿就如它在自己的事务上胜了你，同样，愿它使你成为它自己的事务，在你自己里面也胜过你。

30. 因此你在心里敢说，当人们听你时，他们就受启示走向美德，当他们听别人时，也就是这些如此高尚又举足轻重的人：西普里安、希拉利、格列高利、安波罗斯，以及主的其他牧者，他们就陷入绝望，放弃对完全的追求。你敢这样说吗？③ 这样荒谬的念头在你心里产生，难道不让你感到羞愧吗？那么，你在赞美本性时，是否就尊敬上帝的众圣徒、众族长、众先知、众使徒，而教会的这些光因指责本性——说，在这死的身体里，为了紧紧守住贞洁的好，他们争战与生俱来的淫恶，借着上帝的恩典，必然首先在争战中战胜这恶，然后在最终的重生中医治它——就玷污他们了？你认为说"我愿意的善，我没有做"这话的是

---

① 《诗篇》52：4。(和合本查无此节，故按英文直译。)
② 《诗篇》31：2。(见和合本《诗篇》32：2 "心里没有诡诈"。)
③ 朱利安认为大公教的立场否认人有获得德性的可能性，这种观点不是纯粹的推测。很显然，佩拉纠曾指控大公教徒允许甚至怂恿百姓中间行不道德之事，就如传说中的摩尼教徒那样。

一个犹太人,你说,这是出于好意,"不把不洁的行为转向对本性的恨恶,或者在侮辱使徒以及所有圣徒中为卑鄙找慰藉"。这种恶,难道你没有做,而安波罗斯以及与他主张同一教义的同人都做了——只是因为他认为圣使徒说以下这些话时是在说他自己:"我所愿意的善,我反不做;我所不愿意的恶,我倒去做","我觉得肢体中另有个律和我心中的律交战",以及其他诸如此类的话?因而,这些圣人教导这些事是在"破坏节制之墙"——如你所诅咒我的,而你则因传讲完全之事被人讨厌?但是如你所写的,你大得安慰,"因为让不宽恕使徒的人不高兴,这是一种荣耀"。如果我论到这些事,是不宽恕使徒,那么安波罗斯也没有宽恕使徒,与他主张同样教义的其他主教也没有。但是,如果他们是从使徒知道这些事,并根据使徒教导这些事,那你为何只攻击我一个人?看着他们,把你傲慢的心稍稍收敛一点,一而再、再而三地思考他们。这样,自信满满的年轻人哪,你是该意气风发,还是该忧愁悲叹呢——因为你将惹怒这些人?

第九章

31. 现在我们不妨尽我们所能简单地概述一下本卷所讨论的内容。我们这里藉重圣人的权威——他们是我们之前的主教,奋力捍卫大公教信仰,不仅在世时用话语捍卫,还通过他们留给后代的著作捍卫——驳斥你的论点,你说:"如果上帝创造了人,他们就不可能生来有恶。如果婚姻是好的,就没有任何恶从它而来。如果所有罪都在洗礼中赦免了,那些重生的人就不可能传染原罪。如果上帝是义的,他不可能在孩子身上追讨父母的罪,因为他连父母自己的罪也要一并赦免。如果人性能够得完全的义,它就不可能有本性上的过错。"对此我们回答说,上帝是人的造主,也就是他创造了灵魂和身体;婚姻是好的;通过基督的洗礼所有罪都得赦免;上帝是义的;人性能够获得完全的义。然而,虽然所有这些都是真的，人生来服于被败坏的出身，它传染了第一人的罪，因而他们若不在基督里重生，就要下地狱。这一点我们通过大公教圣徒的权威作了证明，他们也主张我们关于原罪所说的观点，也承认所有那五个陈述是真的。因此，不能这样推论：因为那五个是对的，所以这一个就是错。事实上，这些伟人根据传遍整个世界的古老的大公教信仰，确定这个陈述与以上五个陈述同样是真实的，所以仅凭他们的权威就能把你那脆弱的，并且可以说是过于精细的新奇观点碾碎，何况再加上他们亲口说的话，这是真理本身见证它在通过他们说话。但现在，我们首先要借用他们的权威来遏制你的顽梗，制止你放肆的攻击，并在某种意义上让你受伤，这样，当你最后终于相信这些属上帝的人不可能在大公教信仰上犯原则性的错误，甚至说一些渎神的话，可以从中推导出这样的结论：上帝不是人的造主，婚姻是该受谴责的，不是所有的罪都在洗礼中得赦免了，上帝是不义的，我们没有指望获得完全的美德——要知道，所有这些或者说其中任何一条，连想一想都是邪恶的——于是你可能会克制自己的鲁莽轻率和胆大妄为，并且可以说摆脱疯狂，恢复理智，从而开始思考、辨认、重新使用原先滋养你的真理。

32. 圣安波罗斯说，唯有一个人，就是上帝与人之间的中保，因为出生于童女，出生时没有经历罪，所以不受制于生育的锁链。而其他所有人一出生就在罪下，他们的出身就是在恶里，因为他们在淫乐里形成，在还未呼吸这生命之气前就先传染了罪。他说，这淫欲，就如取死的身体里罪的律，与心里的律交战，所以不只是所有良善而诚信的人，就是有大能的使徒也要与它争战，这样，借着基督的恩典服于圣灵的肉体就被带回到和谐状态，因为灵和肉最初被造时原本是无罪的，但因第一人的悖逆它们之间产生了不和。说这话的人究竟是什么样的人呢？一个属上帝的人，一位大公教徒，热烈捍卫大公教真理，反对异端邪说，甚至不惜生命，你的老师对他高度赞美，说，就是他的仇敌也不敢指责他的信心，他对圣经的理解清晰得无可挑剔。正是这样的一个人论断说，上帝不只是灵魂的造主，也是身体的造主，从而驳斥了柏拉图主义哲学家的错误。他说婚姻是好的，是神制定的，为了使人类繁衍生息，它的结合因夫妻双方的节制而是圣洁的。他说，唯有各样罪都在洗礼中赦免的人才脱离了罪。他正当地敬拜公义的上帝。他对人在美德和公义上的完全根本不感到绝望，也绝没有阻碍，只是他在另一生命中盼望那种完全，所谓完全，就是无所缺乏，它将在死者的复活中成全。在此生，他把人的公义放在一种战争和交战中，人不仅要征战外面的敌对权势，而且要征战我们自己的情欲，那些外在的仇敌就是通过我们的情欲颠覆我们，或者进入我们里面。在这场战争中，他说，肉体本身就是一个危险的对手，如果没有被第一人的罪破坏，它最初被造的本性应该仍然处于和谐状态，但现在它以一种病态与我们交战。在这场战争中，这位圣人告诫我们要逃离世界，又表明这样的逃离困难重重——毋宁说，几乎不可能，除非我们得到上帝恩典的帮助。他说，由于在洗礼中赦免了所有的罪，因而我们的过犯就成为死的，但是我们必须担负起——可以说——把它们埋葬的责任。在同一篇作品中他叙述道，我们与我们死的过犯发生极其激烈的冲突，以至于我们所愿意的，我们没有做，我们做的，是我们所恨恶的；当我们与罪争战时，它在我们里面造成了很多后果；快乐常常会复兴、抬头；我们必须征战肉体，保罗也与它争战，他说："我觉得肢体中另有个律和我心中的律交战。"他教导我们不要相信我们的肉体，不要依赖它，因为使徒大声说："我也知道在我里头，就是在我肉体之中，没有良善。因为立志为善由得我，只是行出来由不得我。"[①] 看看，我们与我们的死罪展开的是怎样的战斗，就如这位基督的热心战士、教会的忠诚老师表明的。既然当我们与罪争战时，罪在我们里面造成了很多后果，那怎么说它是死的呢？它所造成的这些后果是什么呢，不就是愚蠢而有害的欲望，使那些承认它们的人沉入败

---

① 《罗马书》7：23，18。

坏和灭亡之中吗？① 耐心忍受它们，但不接受它们，这就是一场争斗，一场冲突，一场战争。这场战争如果不是善与恶之间——但不是善的本性与恶的本性之间，而是本性与过犯之间，这过犯虽然已经死了，但还需要将它埋葬，也就是完全清除——那还是哪两方之间的争战呢？那么我们为何说这罪在洗礼里死了，安波罗斯也这么说，又承认它住在我们肢体里，产生很多欲望，我们与这些欲望交战，不接受它们，抵制它们，就如安波罗斯也承认的，除非它在那使它控制我们的罪责（guilt）里死了，除非它彻底埋葬了，彻底清除了，否则即使死了，它也会造反？要知道，它之所以被称为罪，不是因为它使我们犯罪，而是因为它是第一人的罪责导致的，因为它通过悖逆引诱我们犯罪，我们若不借着我们的主耶稣基督得到上帝恩典的帮助，那么罪即使死了，也会起来造反，甚至得胜，复兴并做王。

第十章

33. 人只要在世上，就有争战②，我们这些在这场争战中劳苦的人之所以不是无罪的，原因不在于那被称为罪的东西以这样的方式在我们肢体里做工，即就算我们不同意不法行为，它也与我们心里的律交战[因为它与我们相关甚多，除非这恶清除了，否则即使我们从不答应行恶，我们也始终（不）是无罪的]；而是因为无论何时，只要我们被悖逆的事物战胜，即便不是致命的，只是轻微的，我们也仍然被战胜了，因此我们传染了什么东西，于是我们每日要说："免我们的债。"③ 比如，夫妻同房不为生育只为求乐；独身者沉湎于淫乐的念头而窃喜，虽然没有要犯罪的定意，但也没有剔除心里的这种意图——如果要避免陷

---

① 参《提摩太前书》6：9。
② 参《约伯记》7：1。
③ 《马太福音》6：12。

入罪中，他就应当迅速剔除——或者在它没有降临时就把它赶走。关于罪的这个律，也称为罪，就是与心中的律交战的，关于它，圣安波罗斯已经说了很多，圣西普里安、希拉利、格列高利，以及许多其他学者也谈过了。因此，凡生在亚当里的，必然要在基督里重生，在亚当里死的，要在基督里复活，这样的人受制于原罪，因为他从恶而生——肉体的情欲借着那恶与圣灵相争——不是从善而生，圣灵借着这善与肉体的情欲相争。① 所以，人必须重生，这有什么可奇怪的呢？因为他从那恶出生——重生者与它相争，而且如果重生者本人没有因为重生而得自由，那他可能还是受制于罪责。这恶不是造主上帝的质料，而是魔鬼败坏这质料产生的伤。这不是婚姻的恶，而是第一人的罪通过繁殖传递给子孙后代；甚至这罪的罪责经洗礼的圣礼赦免了。如果公义的上帝把这么大的恶——目前我无法一一列举它们——强加给没有传染罪的婴儿，那么倒可以说他看起来是不义的。人得完全公义的能力不可否认，因为谁也不能对在全能的医生看护下彻底治愈所有疾病的可能性不抱希望。鉴于这种大公教真理，圣洁而有福的牧者，在讨论神圣教义上负有盛名的学者，伊里那乌、西普里安、莱提西乌、奥林庇乌、希拉利、安波罗斯、格列高利、英诺斯特、约翰、巴西尔，不论你愿意与否，我再加上哲罗姆，不提那些仍然健在的，所有这些人都批驳了你的观点，宣告了他们自己的观点：众人的繁衍受制于原罪，除了那由童女怀胎而来、没有与心中之律交战的罪之律的主之外，谁也不可能拯救他们。

34. 你有什么理由像一个胜利者一样洋洋得意，幸灾乐祸，似乎我无言以对，无处可逃，似乎我被众法官的权威制服，似乎我站在众学者和你中间，似乎正当理性的号角，如你所说，由你这位大胜利者吹响，而站在周围支持你的听众振臂高呼，声如洪涛？因为你想象我们就是在这样的情形中论战的，随心所欲地设想我对你的论点无言以对。于是你

---

① 《加拉太书》5：17。

的心出于虚妄而疯狂的幻觉对你说话，似乎你把我与你一同放在佩拉纠主义法官的面前，你可以在他们的掌声中抬高声音，就像吹响号角，指控大公教信仰，反对基督的恩典，就是使婴儿和成人都脱离恶的恩典——这种荒唐的新奇做法正是你与他们共同的谬误。这样的法官在上帝的教会里也有，但并非没有对手提出针锋相对的审判，这些你的老师佩拉纠不是全都看到了吗？根据这样的审判，他本人，就人的观点而言，撇清了自己的干系，以示清白，但你的教义也受到公开谴责。然而不论你在哪里，不论你在哪里读到这个，我要将你，在你的心灵深处，放在我组建的这些法官面前，他们并不是在我们的争论中支持我的人，因为他们不是我的朋友、你的敌人，无论如何不会偏爱我，或者由于你的冒犯对你有偏见。我也不是凭空想象，杜撰出一些从未存在过、现在也不存在的人，或者在我们所争论的问题上教义不确定的人，而是圣教会里著名的圣主教，我按相应的名字引用他们的话，这些人精通圣经，不是精通柏拉图主义、亚里士多德主义、斯多亚主义或者其他诸如此类的学派，不论是希腊的，还是拉丁的——当然他们中有些人也精通这些学问。我充分引述他们的教义，用词准确，表达清晰，好让你读到这些教义时不是害怕这些话本身，而是畏惧那使他们成为有用器皿、成为圣殿的主。所以就让他们来审判这个案子，没有人会说他们对哪一方有偏见或偏爱。因为当时你还没有出生，我们在这个问题上提出争辩不是针对那个时代的人；你在你书里说的话也不是你在那个时代说的，即我们向众人说你的谎话，我们用"凯勒斯提乌主义者"（Celestians）或者"佩拉纠主义者"的名字吓唬人们，并通过恐吓强迫人们认同。当然，你本人说过，所有法官都应当不抱任何雠恨、友谊、敌意和忿怒。这样的人几乎找不到，但是我们必须相信，安波罗斯和其他诸位，他的同人，我们与他一同提到的那些人都符合这个标准。即使他们在有生之年并没有完全做到以这个标准审理并判决诉到他们面前的案子，但要相信在这个案子上必然能做到，因为他们与我们或者与你都没有任何友谊或敌意，他们对我们双方都没有怒气，对任何一方也没有同情。他们主张的是教会里找到的信条；他们教导的是自己学得的教义；他们传给子孙的是从父辈接受的观念。我们当时并不曾在这些法官面前与你纠结，也未曾让他们来审过我们的案子。不论是我们还是你，都是他们不认识的人；我们只是引述他们的判决，这判决支持我们，反对你。虽然我们并不是在那个时代与你争论，但他们当时所作的宣告已使我们得胜。

35. 你说如果我被法官的权力制服，我必不知道做什么，也不知道转向哪里；我必无法找到任何方式迎战你的论证。这纯粹是你自己的想象。我当然知道该做什么，我也知道该转向哪里。我曾把你从佩拉纠的黑暗中呼唤出来，转向明亮的大公教之光，我现在还要这样做。那么你能回答你自己该做什么？告诉我你要转向哪里？我从佩拉纠主义者转向这些光；你是否从这些光转向佩拉纠主义者？或者因为你认为"观点不应论数量，而应论分量"，又说（我再次认为这是对的），"要找东西，有一大群盲人是毫无用处的"，即使是他们，你也敢称其为盲人吗？难道漫漫长日把最高者与最低者完全混淆，黑暗被称为光明，光明被称为黑暗，两者完全颠倒，以至于佩拉纠、凯勒斯提乌和朱利安眼目能见，而希拉利、格列高利和安波罗斯成了瞎子？但无论你是哪种人，你总还是一个人，所以我想我感觉得到你的羞耻心（只要盼望健康的心愿在你心里没有死），就算勉强，也听听你的声音。你回答："我绝不会认为或者称呼那些人为瞎子的。"那么就称称他们的观点的分量。我不希望他们人数很多，免得你数算起来嫌麻烦；但他们并非不重要，不然你就会鄙薄他们的分量；事实上，他们非常重要，我都看到你被他们的分量压弯了腰。对于他们，难道你也想说，我出于自己的软弱，就想方设法造出有一定力量的意见来支持我，似乎我满心恐惧，供出了同谋？

36. 你说，一旦作出判决，众人的噪音必然消失；又说，为了讨论这些问题，我们必须从各种类型、各样条件的人中挑选，不论是牧师、管理者、统治者，不能只是看他们的名字，还要看他们是否审慎，必然有一小部分人是可敬的，理性、学识、自由使他们人品高尚。你说得一点没错。但我不想列出一大群人来烦扰你，尽管借着上帝的恩典，关于你所反对的这一信仰，即使是普通大众也有正确的论断。在这一点上，许多人，因为得到神圣恩助，不论从哪里，不论以什么方式都能不断地驳斥你虚妄的论点。就此而言，我就洗脱了你指控我专横傲慢的罪名；我也绝不会许诺一人代表众人来处理指控你的这个案子。然而，你本人在佩拉纠主义者中间就是这样做的，恬不知耻地说并写到，捍卫为人所弃的真理是你在上帝面前无上的荣耀。他们已经没落，真正被人抛弃了，但非常倚重于你，只要他们不认为你的傲慢是不可忍受的——尽管佩拉纠和凯勒斯提乌是你们所有人的老师，但你却傲慢地将自己置于他们之上，似乎他们早已让路，唯有你留下来，捍卫你所认为的被弃真理。但是你既然不喜欢计算数量，只算少数人的分量，那我就将巴勒斯坦的法官排除在外，他们迫使佩拉纠在惊恐之下谴责佩拉纠教义，然后宣告他无罪，同时谴责了你的异端；我只提出十位主教（现已离世）和一位牧师作为这个案子的法官，他们在世时曾就这个问题作出判决。如果我们考虑到你说的少数，他们似乎是多了，但如果考虑到众多的大公教主教，他们只是其中的极少数。这些人中，你可能会试图排除教皇英诺斯特和牧师哲罗姆——前者是因为他谴责佩拉纠和凯勒斯提乌；后者是因为他敬虔而热切地反对东方的佩拉纠，捍卫大公教信仰。但是读一读佩拉纠对圣教皇英诺斯特的赞美，想一想你是否能够轻易地找到其他类似的法官。至于那位圣洁的牧师，他根据所赐予他的恩典，在教会里做了这么多工作，写了许多必不可少的作品，用拉丁语帮助大公教传播知识，佩拉纠除了把他视为一个对手嫉妒他之外，通常不多说什么。但我希望你不要因为这个原因就认为应把他剔出这些法官的行列。因为我没有引用他在以你为敌时反对你的谬见捍卫自己的教义时陈述的那些信条，我引用的是在你那可恶的理论还没有形成之前他在自己书里写的，没有任何党派性的话。

37. 关于其他人，你自然不会提出任何异议。伊里那乌、西普里安、莱提西乌、奥林庇乌、希拉利、格列高利、巴西尔、安波罗斯、约翰是否在雠恨中联合起来，"用庶民卑俗的渣滓技巧"——如你以西塞罗的风格所嘲弄的——抨击你？他们难道是士兵、飘忽不定的学生、海员、店主、渔夫、厨师、门房吗？他们是修士中放浪形骸的年轻人吗？他们难道是一群没有特色、无可名状的传教者，所以你以锋芒毕露的才智讽刺性地描述他们？或者毋宁说"因为他们不能根据亚里士多德的范畴论断教理"，你就轻视他们？你大声抱怨没有让主教来审查和审判你，但你若能找到一个逍遥学派委员会，对讨论的该问题作出辩证的判决，其中涉及的关键是原罪问题，那么（我所列举的）这些人就是博学的、严肃的、圣洁的、热心地捍卫真理，反对喋喋不休的无谓谈话的主教；在他们的理性、学识、自由——你说这三种品质是法官必不可少的——中，你找不到任何可轻视的东西。如果从全世界召集一个主教会议，如果与会者中有那么多达到如此标准的成员，那是令人惊奇的。因为这些人并不生活在同一个时代，上帝随己愿亲自把他这些忠诚的管家——虽然人数极少，但比许多人优秀——分配到不同的时代、不同的时空，他认为这样更有利。所以你看到他们从不同的时期、不同的地区聚集起来，从东方到西方，不是聚在一个人们被迫去旅行的地方，而是聚在一本可以传到人们手中的书里。如果你主张大公教信仰，这些法官就必然是你满心期待的，因为这种信仰是他们与母亲的乳汁一同吮吸，与食物一同吸收的，他们用这种乳汁和食物喂养大的、小的，公开而勇敢地捍卫它，与它的仇敌作战——甚至包括你这个当时还未出生的人；由此你现在就显露出来了。有了这样的耕种者、浇灌者、放牧者、养育者，圣教会在使徒时代之后发展起来。所以她害怕你新发明的亵渎声音，由于使徒的告诫，她保持小心和冷静，免得她的心偏向邪，失去基督里的清洁，就像蛇用诡诈诱惑了夏娃一样;① 她害怕你教义的罗网就像蛇头一样向大公教信仰蔓延;她践踏它,撕碎它,抛开它。因此,借着圣人的伟大权威,你或者得到医治——这是上帝出于怜悯所许可的,他也会成全它,因为知道我是多么渴望这事成全在你头上——或者,尽管我不赞成,如果你坚持你的这种智慧,其实那是极其愚蠢的,那你不再只是寻求法官,让他们证明你的案由是正当的,而且在他们面前你会指控这么多著名的、杰出的教导大公教真理的老师:伊里那乌、莱提西乌、奥林庇乌、希拉利、格列高利、巴西尔、安波罗斯、约翰、英诺斯特、哲罗姆以及其他人,他们的同志和同人,还有整个基督的教会,他们忠诚地用主的食粮喂养这个神圣家庭,使它在主的荣耀里声名日盛。但是针对你这种可恶的疯狂——我祈求上帝能从你身上剔除——我认为必须对你的书作出这样的反驳,使这些人的信心得到捍卫,免受你的攻击,正如福音本身得到捍卫,不受基督那些伪称信主但不敬神的仇敌攻击。

---

① 《哥林多后书》11:3。

| 第 三 卷 |

第一章

1.① 这些就是圣洁的人,人数众多,人品高尚,精通圣书,才华横溢,因管理教会成绩斐然而备受尊敬和赞美。如果你现在不服他们,不接受他们的权威,就必然会论断他们是错的,不论你决定像侮辱我一样侮辱他们,还是比较文雅地向他们表示某种个人尊重。因此,朱利安,我的孩子,我必须反驳你,责无旁贷,并且——愿上帝允许——要驳倒你的作品和你的论证,好叫你明白,如果你能够,你试图说服别人相信的事,你自己原本只是勉强相信,这样你就会为自己的年轻、草率行事、从而跌倒作有益的悔改。如果你认识到并承认这一大群管理基督子民的伟大管理者和学者在上帝的教会里多么真诚而不是徒劳地学习并教

---

① 由于奥古斯丁在本卷开始一个一个地驳斥朱利安提出的论点,所以,尽管朱利安的作品已经佚失,但是只要回顾一下朱利安的两个主要目标,就不难从奥古斯丁驳斥他的话里重建他佚失作品中的论点。朱利安的两个主要目标是:想要驳倒奥古斯丁在 De nuptiis et concupiscentia 里阐述的大公教立场;希望建立自己的教义。他对奥古斯丁的一般性攻击基于五个观点,这在前一卷的第二章里有清晰的概述。他希望建立的肯定性教义,他使用的方式,似乎就是奥古斯丁在 Contra duas epistolas Pelagianorum 里概括的内容 (4. 2. 2)。"在所有这些指控中,不论他们就造物和婚姻应得的赞美说什么,他们都试图说明这一点,即没有原罪。不论他们就律法和自由意志应得的赞美说什么,他们都试图说明这一点,即先有功德,才有恩典,此外没有别的恩典,因此恩典不再是恩典。不论他们就圣徒应得的赞美说什么,他们都企图说明这一点,即圣徒里的必死生命没有罪,所以他们没有必要祈求上帝赦免他们的过犯。"

导那些教义——你因为被貌似真理的新奇观点蒙骗，曾热切地要推翻这些教义——你的修正将不仅对你有好处，而且对其他许多人也有好处。但是即使你心里仍然乌云密布，使你不能明白，或者即使你是圣《诗篇》里描述的那些人中的一员，即它所说的："他不会明白自己完全可以做好"①，经上还写着："只用言语，仆人不肯受管教，他虽然明白，也不留意"②，上帝也断然不会让我或者那些持同样观点、借着基督的恩典捍卫大公教信仰的人的努力不结任何果子。如果有人被非同寻常的错误腐蚀和困扰，古老真理的防卫就会教导或者纠正更多的人。我不想复述你说的全部内容，免得本卷篇幅太长。但是借着主的帮助，我必然会对你凭想象而来的狡诈论点一一解答，彻底驳倒，不会留下一个死角。

2. 我们来思考一下这些法官——你说你不能让他们来处理你的案子，"因为凡是没有表明自己无学派上的憎恨、忿怒、友谊的人，就不是审理可疑问题的好法官"。那些将审判你的案子的人，你抱怨说不够格，"因为他们甚至还没有开始了解它就开始憎恶它"。我们已经驳斥了你的抱怨。③如果你寻找撒鲁斯特（Sallust）所描述的那类法官，你（对好法官）的定义就取自他，那么你必须接受安波罗斯及其主教同人，因为在这件事上他们心里对你全无憎恨，既没有友谊，也没有忿怒；另外，撒鲁斯特还规定了另一个条件，尽管你没有提到它，就是当他们就这个问题作出正确而公正的判决时，对你既无怜悯，也无敌意。但是你认为这是个小问题，你不愿意让这些人来做法官，除非你把他们也看作犯人。请问，这些定你罪的人怎么可能在不知道你的案由之前就开始恨恶它了？毫无疑问，那些人恨恶它就是因为他们早就了解它。他们早就知道你说婴儿出生时没有恶，就是借着重生得洁净的恶。他们知

---

① 《诗篇》35：4。（和合本没有对应经文，故中译者按原英文直译。——中译者注）
② 《箴言》29：19。
③ 见《箴言》2：10。

道你说上帝的恩典是根据我们的功德赐予的，所以恩典不再是恩典，因为它不是白白赐给的，而是作为某种应得的东西给予的。① 他们知道你说人在此生可以无罪，所以整个教会在主祷文里所说的"免我们的债"②，对人并不是必不可少的。你的这些事他们全都知道，他们恨这些事是完全正当的。如果他们知道你已经改正了这些错误，他们就会爱你。没错，就如你所说的，"如果有人说人有自由意志，或者说上帝是那些出生之人的造主，他就被称为佩拉纠主义者或凯勒斯提乌主义者"。佩拉纠主义者或凯勒斯提乌主义者就是这样的人：他不认为我们受召奔向的自由属于上帝的恩典，否认基督是婴儿的救主，说主祷文里的某种请求必须由每个义人在此生提出，但不是为他自己的缘故。凡是取了依附于这种错误的名字的，都分有它的过犯。

3. 这里我们没有必要列举你胆敢以摩尼教的罪名加以侮辱的大公教之光，不论你这样做是无意的，还是假装不知道。若是如你所说，"皇帝为我们作了辩护"，那你为何不进一步声称，公众权威也表明这位基督徒君王赞成的正是你的信仰？然而，既然你对上帝的律法不是按其本身所是来理解它，而是按你自己的喜好来理解，那么你对皇帝的律法采取同样的做法，又有什么好奇怪的呢？你还许诺要在另外地方更加充分地贯彻这些行为。如果你这样做了，它们必被视为骗人的东西为人驳倒，或者被视为无用的东西受人鄙视。

4. 当你说"发起者总是希望人们把他看作战争的核心"时，看起来似乎高兴得很；也就是说，你想要成为大卫，而我就是歌利亚。如果你与佩拉纠主义订了这份契约协议，那么可以推出，只要你被制服，他们也必终止其胆大妄为。上帝禁止我只是为了争斗挑战你们一方，因为无论你们中的哪个出现在哪里，基督那无处不在的大军就会

---

① 参《罗马书》11：6。
② 《马太福音》6：6（和合本为12节）。

击溃你们。那支大军在迦太基击溃了凯勒斯提乌，当时我并不在那里，又在远离非洲的君士坦丁堡击溃他。那大军在巴勒坦斯击溃了佩拉纠，他因害怕自己被定罪，就谴责了你的主张，使你的异端落空。由于主——大卫是他的一个预象——在他所有的战士中间争战，他用刀剑，甚至通过佩拉纠这个已经屈服、倒下之人的舌头，把你的谬论斩首。因为佩拉纠——不，是主自己通过佩拉纠的舌头——摧毁了你所控诉的"之所以称你为新的异端分子是因为你说本性里没有被界定为'罪'的恶，这样的恶只在意志里"。换言之，佩拉纠因害怕自己被定罪，就把凡是认为婴儿即使没有受洗也有永生的人全部定了罪。因此，你既否认婴儿里没有任何通过洗礼除去的恶，那你必须说明为何一个未受洗的婴儿要交给永死。你除了诅咒佩拉纠之外，还能做什么呢？假定你诅咒他，而他回答说："基督既说过，'吃我肉喝我血的人就有永生'①，你还希望我怎么做呢？我会说过婴儿没有圣礼就离世仍会有永生吗？"那你会怎样呢？我想你必会对他的整个谬论懊悔不已。

5. 不要援引所有异端分子使用的可恶观点，大公教皇帝的律法禁止他们恣意害人。他们所有人都说，就如你自己所说的那样："另一方则苦于没有论据，缺乏论证。它在处理案子时拒不与审慎持重的人商量，却用恐吓的手段迫使胆小者盲目同意。"你固然还是个新的异端分子，但你与其他人一样，知道怎样利用几乎每一种异端分子以前说过的话。你没有自欺欺人，而是明明白白地认为，你现在反对我们就如同我们以前反对多那图主义者——我们通过皇帝的命令迫使他们在会议上迎

---

① 《约翰福音》6：54。

战我们。① 他们的狂怒曾经席卷整个非洲，同时他们恐吓众人，通过军事侵略、掠夺、公路上设埋伏、抢劫、放火、屠杀，造成了巨大的破坏，他们不能容忍大公教徒传讲真理，反对他们的谬误。我们当时无法把他们告上主教法庭，因为我们与他们没有共同的主教。人们不再记得我们的先辈在差不多一百年前就不得不遭遇那些人。因此，这样的情势迫使我们摧毁他们的无耻，压制他们的鲁莽，至少通过我们会议的处理方式。但是你的案子已经审结，由你我双方共同的主教作出了恰当的判决，就审判的权利而言，我们与你再没有任何关系，剩下来就是你心平气和地接受本案已经通过的判决。如果你不愿意这样做，那你的骚乱和煽动行为将受到遏制。但是你更像马克西米安主义者（Maximianists），他们不为人重视，但为了安慰自己，希望允许他们加入与我们的争论之中，至少引起那些轻视他们的人注意，让他们能在这些人眼里有一定的重要性。② 当他们带着书信出现在我们面前并提出挑战时，我们对他们嗤之以鼻。他们不是害怕在论战中被打败，倒更渴望有一个名分；他们不指望胜利的荣耀，但求获得与某个会议相关的名誉，因为他们没有什么声望卓著的人。因而，如果因为你没有得到你所想往的审判，你就认为自己一方是胜利者，那么马克西米安主义者已经先你一步使用了这种无聊的说法。然而大公教会其实已经给了你应得的审判，把你的案子给审结了。她没有给马克西米安主义者一个听证会，因为他们早已脱离多那图主义，但不是与我们分离，如你所做的那样。马克西米安主义的例子告诉我们：如果在审理案子时法官未听取一些人的意见，并不能由此推出那些人就牢牢掌握着真理。如果你能明白这一点，那就把你无聊的

---

① 圣奥古斯丁与多那图主义的重要斗争集中于后者对圣礼和教会的错误观念，包括圣礼由不相称的牧师主持，以及认为罪人不能成为教会肢体的错误观点。多那图派本身最终在411年举行的迦太基大会后受到压制，当时与会的大公教主教有286位，多那图主义主教有279位。

② 从多那图主义内部分裂出的一个派别，支持马克西米安（Maximian）。马克西米安也是一个多那图主义者，他把另一个多那图主义者普里米安（Primian）告到迦太基主教面前。

嘲笑放在一边吧，大公教会一直以慈母般的仁爱容忍你，也让她用严峻的司法来审判你，或者毋宁说出于治疗的需要谴责你，但愿这样能使你心满意足。

6. 尽管你在书中的辱骂和指责不绝于耳，不仅在你作品的开头，而且几乎充斥你四卷本的每个地方，但是我对这些都略而不提，免得在多余的细节上耽搁时间。我不希望让热心的人觉得我们双方在这个争论中都不够热心，我们双方都只是影子诉讼人。你的指控是：我认为创造人和婚姻的是魔鬼，那就让我们来看看，你得为自己的指控提出什么样的理由。

第二章

7. 你习惯于引用我的话以便驳倒它们。你先提出这些话，似乎要驳斥它们，然后试图证明我的话是自相矛盾的：我在自我辩护时说，新的异端分子指控我们谴责婚姻和神圣作品，但后来又收回这样的话，说"人从出生时起，一半由上帝控制，一半由魔鬼支配，或者更确切地说，整个人都被魔鬼支配，完全被上帝排除，仿佛从他的全部领地中排除了。"使你掌握亚里士多德范畴的那份聪明在哪里？辩证法技艺的敏锐在何处？你难道没有看到一个人能利用你对我关于婴儿的异议在恶人问题上反对我们双方？我问你，对一个还没有重生的极恶之人，你要怎样回答？你承认他至少必然在魔鬼之下，除非在基督里得到重生——或者对此你也予以否认？如果你否认，那我要问上帝使谁脱离黑暗的权势，转向他仁慈的子的国度？如果你承认，那请问上帝对这个仍然掌控在黑暗权势之下的人是否有权柄？如果你说上帝没有权柄，那上帝就被魔鬼排除出他的领地。如果你回答说他有权柄，那上帝和魔鬼就平分秋色地支配这个人，而这将在那些像你一样无知的人中激起对你的敌意——你想要让自己显得很聪明，所以一直试图在新生婴儿问题上煽动他们对我的敌意。看哪，你的第一个观点多么轻松地被推翻了，因为你没有看到人在未得到基督救赎之前确实伏在魔鬼的权势之下，但这种掌控不是真正的掌控，因为不仅人，甚至魔鬼本身，都不可能脱离上帝的权柄。

第三章

8. 你指责我们的谬误已经使无知者对洗礼感到厌恶。我绝不能说你只承认婴儿必须受洗，就非常顺利地避开了这种憎恶，因为如你所说的，"洗礼的恩典不会因特殊的情形而改变，因为恩典根据接受者的能力相应分配它的礼物。因而，基督作为他自己作品的救赎者，不断地慷慨施恩，把他的恩惠加给他的像。那些他在创造中造为好的，他又通过革新和收养使他们变得更好"。这是你相信没有人能在婴儿洗礼问题上对你产生憎恨的唯一理由吗？——似乎我们中有谁说过你否认婴儿必须受洗；然而你非凡的聪明才智使你说出如此非同寻常的话：他们在救主的圣礼中受了洗，但没有得救；他们被救赎，但没有被释放；他们浸洗了，但没有得洁净；他们被驱邪、吹气，但没有脱离魔鬼的权势。这些就是你论断中的奇特所在；你新教理想象不到的奥秘；这些都是佩拉纠异端分子似是而非的东西，比斯多亚学派哲学家的理论更加精彩。当你慷慨激昂地陈述这样的论点时，是否害怕听到："如果他们得救了，那他们里面原本会有什么毛病？如果他们被释放了，那原先有什么绳索捆绑他们？如果他们得洁净了，那原先有什么不洁的东西藏里他们里面？如果他们自由了，原先他们没有自己的罪时为何伏在魔鬼的权势之下？如果不是因为他们传染了原罪，就是你所否认的原罪，那这一切怎么解释？"你否认原罪，不是为了可以宣称他们得救、得自由、变纯洁、不再有仇敌——因为你的错误见证没有在真正的法官面前对他们有任何帮助——而是为了能满足你新的虚荣，而他们仍然留在原有的恶中。真正的论断不是你作出的,而是说"人若不是从水和圣灵生的,就不能进上帝的国"① 的那位作出的。

9. 你如此深爱那种能与基督同为永恒的生命,却又认为被永恒的从上帝的国驱逐出去对上帝的形象来说不是什么惩罚。如果你说这是一种小小的惩罚,那么你的话不是一个爱上帝国的有福之人说的话,而是可恶的侮骂者说的话;但在本案中,只要这样说就够了:如果你承认那种严厉的惩罚,也就是不允许上帝的形象进入上帝的国,至少是一个小小的惩罚,那我恳请你睁开眼睛,不论你有什么样的眼睛,看看让这样的惩罚降到一个婴儿身上——你闭上眼睛,否认婴儿受制于原罪——的究竟是什么样的公正。这里我不想描述几乎所有婴儿都在这短暂的生命中遭受的种种苦难(恶),就说我们该怎样解释以下这段话:"重轭压在亚当子孙的头上,从他们出母腹之日起,直到他们葬入众生之母的日子为止。"② 如果婴儿身上没有从父母传染任何需要惩罚的东西,在公义而大能的上帝之下,这些恶不可能临到他的形象身上——因为这些恶不可能引导婴儿践行美德。你看也不看一眼,就把这些临到婴儿身上的恶忽略了;这些不是你认为婴儿没有的恶,而是我们所有人看到他们遭受的恶。你对此置之不理,发挥你博学的才智和灵活的舌头赞美本性,但是那种本性既已坠入如此巨大而明显的悲惨之中,必然需要基督做它的救主、释放者、清洁者、赎回者——而不是需要朱利安、凯勒斯提乌、佩拉纠做它的赞美者。如果凯勒斯提乌——他不可能抵挡得住基督徒的见证——没有在迦太基的教会会议记录中宣称婴儿的本性也必须救赎,你就不会承认这一点。因此,我问你,这种救赎如果不是由曾将以色列人从一切罪中赎回的那位从恶中赎回,那还能怎么理解?③ 当我们听到赎回,我们还想到赎价;这赎价是什么呢?不就是纯洁羔羊耶稣基

---

① 《约翰福音》3:5。
② 《便西拉智训》40:1(此节为中译者根据英文直译)。
③ 参《诗篇》129:8。

督的宝血吗?① 我们是否有必要从另外地方找出要付这赎价的原因？就让救赎者自己来回答，就让赎买者自己来说吧。他说："因为这是我立约的血，为多人流出来，使罪得赦。"② 那就继续吧，继续说他们在救主的圣礼里受了洗，但没有得救；他们被赎回了，但没有被释放；他们浸洗了，但没有洁净；他们被驱邪并吹气了，但没有脱离魔鬼的权势，同样，为使他们赦罪的血也为他们流了，但他们没有因罪得赦免而变得洁净。你说的事真是奇特啊，你说的事真是新颖；你说的事也是完全错误的。我们对这些怪异之事目瞪口呆，我们对这些新奇之物警心提防，我们证明它们全都是虚谎。

第四章

10. 你岂没有宣称："管理身体的事交给灵魂来做，管理的结果由两者共同承担。灵魂既能感受使用美德产生的喜乐，也要担当因傲慢带来的惩罚，以及它在此生没有管理好的肉体遭受的苦痛。"因此，请回答，为何婴儿的灵魂要在这个生命中忍受肉体的苦痛？难道有什么该受这种惩罚的事因为他没有管理好自己的肉体而归咎于他？你说："在生命的起初，人性装饰着清白的恩赐。"就个人的罪而言，我们对此诚心赞同。但是由于你还否认婴儿受制于原罪，所以你必须回答，既然有这样大的清白，为何婴儿有时候生来就是瞎子，有时候生来就是聋子。耳聋对信心本身是一种妨碍，如使徒所说："信道是从听道来的。"③ 其实，如果没有任何该受惩罚的事从父母传给婴儿，谁能忍看到上帝的形象，你说他装饰着清白的恩赐，有时生来就是弱智？因为这影响灵魂本身的情绪。或者你们每个人都是弱智的，因而没有人认为弱智是一种病

---

① 参《彼得前书》1：18，19。
② 《马太福音》26：28。
③ 《罗马书》10：17。

（恶），尽管如圣经所说："人死了，要为他哀悼七天，但对弱智者和邪恶者，一辈子都要为他们哀恸。"① 有谁不知道人们称为"痴愚者"的那些人本性愚笨，有些甚至与牲畜一样没有什么智力？然而你不愿意说，从一开始，当人类抛弃上帝的时候，人性就传染了它那可恶源头的罪过，由此，它所受的所有惩罚都是它完全当受的，唯有造主根据自己的计划，以难以预测的智慧充满奥秘地宽恕它。他也没有拒不把他作品的好给予可灭的全体大众，于是他从有害的过失中造出一个必死但有理性的本性，虽然这本性带着过失，但确实是他造的，因为它本身是好的，也唯有他是这个本性的造主，并且他在被定罪的生育中向怜悯的器皿显现重生的恩助。

第五章

11. 你说："婴儿不可能有罪，因为没有意志不可能犯罪，而婴儿不拥有意志。"但你的论断没有任何基础。如果这一论断指的是个人的罪，那可以说没错，但如果是指通过出身传染的第一人的罪，那就不对。如果没有这样的罪，那婴儿不受制于任何恶，就不可能在公义上帝的伟大权能下遭受身体上或者灵魂上的任何痛苦（恶）。然而，这种恶本身从第一人的恶意产生，所以罪的起源不是别的，就是一个恶的意志。如果你明白这些事的意义，就会坦率而真诚地承认基督对婴儿的恩典，就不会被迫作出可恶而荒谬的论断，不论是说婴儿不应当受洗——你完全可能在以后的某个时间说出这样的论断——还是说这么伟大的圣礼在婴儿是一种嘲弄，因为其结果是：他们在救主里受了洗，却没有得救；得到救赎者的救赎，却没有被释放；得到重生的洗礼，却没有洗净；被驱邪和吹气，却没有脱离黑暗的权势；他们的赎价是为赦免罪而

---

① 《便西拉智训》22：13。

流的宝血，但他们却没有因赦免任何罪而得洁净。因为你害怕否认他们应当受洗，所以你必须承担这整个荒唐和不敬的担子，否则，不仅你的脸要被男人的唾沫吐满，而且你的头也会被女人的拖鞋打扁。

12. 我们宣称，无论是谁，生来必然伏在魔鬼的权势之下，直到他在基督里重生，其原因在于他的出身传染了罪。但是你否认这一点，那就请你想想一些简单明白的事实。想想有些婴儿为什么被鬼附身——除非你想否认有这样的婴儿，或者否认他们伏在魔鬼的权势之下。福音书也不会提醒你以下的记载，或许是为了你的缘故：当我们的主询问他早就知道的事，好让孩子的父亲回答说，他的儿子婴孩时就受到一个强大无比的鬼骚扰，非常痛苦，甚至基督的门徒都无法将它赶走。① 我没有说婚姻使婴儿伏在魔鬼的权势之下，但你诽谤我说了这样的话。婚姻其实有它自己的秩序，有它自己的好处，这些东西不会因罪的进入而丧失。但是至少请你回答，如果你能够，一个显然受到魔鬼骚扰的婴儿——有的甚至因这种骚扰而夭折——为何伏在魔鬼的权势之下。你不想承认有人因另一人的罪遭受惩罚，否则你的承认就使以下论断成为可信的，即罪也从生育者传染给被生育者。

第六章

13. 然而，作为一个杰出的辩证法专家，你说你不能忍受我回避问题，而要简洁而切中要害地问，我认为婴儿有罪是一种行为，还是一种本性。你自己对两种答案都做了回复，说，如果是一种行为，我必须表明婴儿做了什么样的行为；如果是本性，我必须表明谁造了这种本性。你说这话的时候，似乎认为一种恶行就能使本性成为罪性。事实上，由一人的行为成为有罪的是人，而人是一种本性。因此，正如成人因某种

---

① 参《马可福音》9：16—26。

罪行成为有罪的，同样，未成年人因传染成人的罪而成为有罪。前者是因自己的行为成为有罪的，后者是因从他的父母传染了罪。婴儿是人，这是一种善，如果他不是至善的造主创造的，那他根本不可能成为人。但是，如果他不因出身传染任何恶，他就永远不可能出生，就是带着身体的过犯出生也不会有。因为上帝既是灵魂的造主，也是身体的造主，他永远不会在人性被造之初就冤枉他，给他过犯以惩罚他。而且，我们主关于生来瞎眼的人说的话——这不是因为他自己的罪，也不是他父母的罪，而是要在他身上显出上帝的作为来——不能用于无数生来在灵魂和身体上带着各种各样缺陷的婴儿。因为事实上，有许多人根本没得医治，死时仍带着另一个年龄段或者甚至婴儿时期同样的毛病；有些婴儿虽然已经重生，但仍保留着出生时的毛病，同时还增加其他同类毛病——上帝绝不允许我们说，重生毫无应有的报偿；相反，我们要得出这样的结论，他们的重生对他们的另一世界有利，尽管由于人傲慢的毛病——人因这个毛病脱离了上帝①——这个世界的计划在人各种各样的恶中得到执行，通过"压在亚当子孙的头上，从他们出母腹之日起，直到他们葬入众生之母的日子为止"② 的重轭得以执行。

第七章

14. 当你在书里试图教导辩证法家怎样建构三段论演绎法——其实没有人问过这个问题——你怎样感到满意，便怎样使热心的读者感到不快。更糟糕的是，我没有说的话，你伪称我说了，我没有得出的结论，你偏说我得出了这样的结论，我没有同意的，妄称我认同，你得出我所

---

① 参《便西拉智训》10：11、15。
② 《便西拉智训》40：1。

拒绝的结论①。就人之为人而言，我何时否认过他们的本性是值得赞美的？我何时说过他们仅仅因为存在这一事实而是有罪的？因为即使没有人犯罪，他们肯定还是存在的，只是没有罪。我又何时说过生育众多该受谴责？那是属于婚姻的福分。我怎么可能要求你认同我自己从不曾说过的观点？

15. 你说我认为一切体与体的结合都是恶的，你这话就如同说，当我们调了酒水之后，我也必然指责酒和水的结合，因为这毫无疑问也是体与体的结合。如果我真的说过一切体的结合都是恶的，那我不应该忽略这一种结合。我从来未曾指责过两性的结合，只要它是在婚姻范围内的合法结合。没有这样的结合，就不可能有人类的繁衍，即便在它之前原是没有罪的。至于第二个你强加给我的命题，即孩子是由身体的结合生的，这确实是我说的，但你企图从中推出的结论，你说是我的，其实不是我的。我没有说孩子源于某种恶行，所以是恶的，因为我没有说已婚的人为生育孩子的目的所做的事是恶的。事实上，我说它是好的，因为它对恶的情欲做了好的利用，并通过这种利用，使上帝的美好作品即人类得以繁衍生息。只是完成这一行为并非全然无恶，正因如此，孩子必须重生，才能脱离恶。

16. 你继而构建你的第二个三段论。我说这是你的第二个，因为第一个三段论也是你的，不是我的。② 你说："两性之所以存在是因为肉体的结合"，你希望我同意你的这一点。我确实同意。你继续说："如果肉体的结合始终是恶的，那么不同性别中的身体状况就是一种残缺。"即使这一论点是好的，它也不会干扰我，因为我没有说婚姻的结合——也就是为了生育目的的结合——是恶的，甚至说它是好的。但是

---

① 朱利安从奥古斯丁的作品以及归于他名下的作品里挑选出命题，通过这些命题构建形式论证，这是其中的第一个。

② 朱利安的第二个三段论是 reductio ad absurdum 的第一部分，下面的第三个三段论是它的最后部分。

95

这个推论不能成立，就算两性的结合始终是恶的，也不能推出不同性别中的身体状况是一种残缺。即使人们沉溺于情欲之恶，甚至真诚的婚姻也消失了，所有人都不加区分地性交，就像狗一样，即便如此，身体也是上帝的造物，它的状况不会仅仅因为一切两性结合都是恶的，就成为一种残缺。即使现在，在邪恶的通奸结合中，我们看到上帝在身体上的作为也是好的。你看在逻辑上你什么也没说出来，但这并不反映辩证法的技艺，它的原则你已基本抛弃。你利用它只是炫耀你自己，吓唬没有经验的人，想要显出你其实没有的才华。但是即使你是一个杰出的辩证法家，你也会对该如何讨论这些问题感到迷茫；事实上，你既无能，又拙劣。就算你是个好的辩证法家，你仍然是个无能的技艺家。但你咄咄逼人地发动论战，似乎你装满了辩证法的标枪，你投出这些铅制的钝头标枪，说："如果性行为始终是恶的，那么不同性别中的身体状况就是一种残缺。"你还补充说，我不可能否认这一点，但你没有看到你所谓的必然观点并不是合乎逻辑的结果。究竟什么东西是我无法否认的，轻率的人？我不能否认什么？倒是你不能否认这一点——尽管你领会得如此缓慢：即使通奸者的性行为是恶的，但并不因此就能说，那些从中生出来的人是残缺的。邪恶的结合是人恶意使用他们好的肢体所作的工。新生儿的产生则是上帝从好的方面运用恶人的作为。如果你说，即使存在通奸行为，结合本身也是好的，因为它是合乎本性的，只是通奸者恶意地使用它，那你为何不同样承认，情欲可能是恶的，但已婚者仍然可以为了生育孩子的目的很好地使用它？难道你说可以有对好的恶意使用，却不能有对恶的善意使用？我们看到，使徒怎样有效地利用了撒旦本身，他把一个人交给撒旦，以败坏他的肉体，从而使他的灵在主的日子可以得救，也把其他人交给撒旦，使他们学会不亵渎。①

---

① 参《哥林多前书》5：5。

第八章

17. 你想要我们怎样理解你的话:"上帝不可能是恶的造主?"上帝自己比你说得好,他借着先知说过他也造恶。① 不管你的话是什么意思,它怎么能用到我身上?因为我不承认你那个与它相联系的命题,我已经表明,即使承认每种身体的结合——我指的是两性的结合——都是恶的,也不能推出身体的状况是一种残缺。这能推出他(上帝)不是身体本身的创造者吗?我绝没有承认身体是恶的,我前面的任何一点让步都没有迫使我作出这样的论断。你的推论"所有身体必然归咎于一个邪恶造主"是徒劳而愚蠢的。倒不如说可以这样推论:如果说通奸者的邪恶结合也没有使身体变成恶的,或者如果说两性的结合即使在通奸行为中也是好的,只是恶人恶意地使用了这种结合,那么更符合逻辑的结论是,身体不可能是恶的,所以应当把身体的创造权归于上帝。你看,根本没有什么深渊让我望而却步,退回到你想让我走的道路。你必须告诉我这条路是什么,并说出你的理由。

第九章

18. 你说:"良善的上帝,万物借着他被造,也造了我们的身体。"完全正确。你接着说:"他造了身体,也区分了性别。他原想在行为中联合的,在类别上做了区分,他使肢体的不同成为结合的原因。"这一点我也同意。你然后推论说:"身体结合导致身体产生,这源于上帝。"谁否认这一点?你说,虽然我不愿意承认,但"可以推出,这一大堆好处的果子——身体、性别、结合——不可能是坏的"。这也没错,因

---

① 参《以赛亚书》45:7("又降灾祸")。

为这些好处结的果子就是人，而就他是人而言，是好的东西。他里面也有恶，他必须借着救主得医治，借着赎主得释放，通过洗礼得洁净，通过驱邪脱离它，通过为赦免罪而流出的血免除它，这恶不是身体、性别和结合的果子，而是古老的原罪的果子。如果我就通奸者的后代宣称："这么多恶不可能结出好果子；情欲、丑陋和罪行也不能结好果子"，那么你可以回答说，通奸者所生的人不是情欲、丑陋和罪行的果子——这些东西的主子是魔鬼，而是身体、性别和结合的果子——这些东西的主子是上帝，你这样说就是对的。同样，我实实在在地对你说，人生来具有的恶也不是身体、性别和结合的果子，因为这些是上帝造的好事；它乃是最初推诿的果子，而推诿的始作俑者就是魔鬼。

19. 虽然你诽谤我们说过："上帝造人是为了使他通过合法权利顺伏于魔鬼"，但上帝绝不允许我们说这样的话。虽然将不洁的生育——除非它借重生得洁净——归于不洁的王，那更应是神圣者的作为，而不是魔鬼的作为，但上帝没有使人成为这样的情状，免得魔鬼以某种方式拥有自己的家族。上帝出于圣善造了人，藉着这善把存在的礼物赐给所有本性，也借着这善使魔鬼本身拥有实存（subsistence）。如果上帝从事物中撤回他的善，顷刻之间它们就会化为乌有。比如，想一想上帝没有在成群邪恶的人里面创造动物，以便把它们祭献给魔鬼，尽管他知道那些人会将它们献给魔鬼；同样，他看到生育受制于罪，但他也没有收回创造的善，一切都处于和谐之中，秩序井然，他制定的世代有条不紊。

第十章

20. 在这一论证里，你自我欺骗，以为嘲弄了一个重要论点，然后你插入惯用的侮辱性语言，说："他很可能会说，我们应当用圣经的证据而不是三段论来证明，由身体结合生育的孩子必然出于神圣作为"，似乎有人不承认这是基督教的真理，似乎这是我们争论的一部分，所以你力图通过圣经证据来说明，其实这原本就是我们全心认信并且欣然宣称的事情。你徒劳辛苦，不是为了驳斥我们，只是为了填满自己的书卷。然而，你说："先知表达他对上帝作品的信心，说：'二人成为一体'，几乎危及他自己的节制"，对此我应当给你严正的告诫，若不是最初有某个原因使人性蒙羞，不得不承担它应得的残缺，那么在上帝的作品里不可能有任何可耻的东西。

第十一章

21. 你赞美情欲，说："当亚伯拉罕和撒拉年事甚高，身体如同已死①，借着上帝的恩赐，他们恢复了情欲。"你用恶毒的声音宣布，如果我能够，我就该说出有什么东西上帝时常是作为恩赐给人的，结果却成为魔鬼的作品。那好，如果上帝使一个跛子重新站起来，使一个因死而不可能再跛足的人复活，那么可以看出，跛本身原是作为恩赐给予的。同样，如果身体恢复了年轻时的精力，它当然是根据这死的身体的状况恢复的，因为恢复亚当犯罪之前的状态是不恰当的，所以他们完全可能生育孩子而没有肢体里的律与心里的律交战。

22. 然而，我们也当明白，经上说亚伯拉罕的身体如同已死，因为他不能与一个能够怀孕的女子生孩子。由于年事不断增高，一个老年男人不能再与一个老年女人生儿育女，但老年男人可能还能与年轻女子生育，同样，老年女人也可能从年轻男子怀孕。只是在那个时代活得最长的那些人无疑已经非常衰老，根本不可能产生交合的欲望，尽管一个健康的老年男人也可能产生这种欲望。关于这个问题，我们听到过一个报告，说一个八十四岁的男人，一直与虔诚的妻子过着虔敬而节制的生

---

① 参《罗马书》4：19。

活，二十五年之后，突然为满足情欲买了一个女琴手。考虑到这个时代人们的寿命都很短，他这个年龄比亚伯拉罕一百岁时还年长，因为亚伯拉罕还有七十年寿命。因此，对于亚伯拉罕和撒拉更为慎重的看法是，认为上帝当时把他仆人所缺的生育能力赐给他们。事实上，撒拉不能生育，肚腹如同已死，原因有二，一是她年轻时就不生育，二是她的年龄——不是因为她已经九十岁，而是因为她不再具有女性特征。众所周知，女人如果因为年龄已经停经，那就不能再怀孕，即使她们停经前生育能力很强。圣经不愿意略过这一事实不说，希望增加上帝在他们孩子身上所成就的奇迹的荣耀。但是当撒拉把自己的使女给她丈夫，希望从仆人得到孩子，因为她自身不能生育，她这样做不是因为自己的年龄，而是因为自己不孕不育。因为圣经说："亚伯兰（亚伯拉罕）的妻子撒莱（撒拉）不给他生儿女。"她自己对丈夫说的话是："看哪，耶和华闭了我的肚腹，使我不能生育。"然而，如果我们想一想他们当时的年龄，我们看到，根据现在的寿命，他们可能已经衰老。亚伯拉罕约八十五岁，撒拉约七十五岁，因为经上写着："夏甲给亚伯兰（亚伯拉罕）生以实玛利的时候，亚伯兰年八十六岁。"① 因此，他约于一年前娶了使女，使她怀上以实玛利。在我们的时代，有哪对夫妻在这个年龄还能生育的？除非是神圣作为的奇迹。然而，既然亚伯拉罕能与夏甲生育，所以如果撒拉不是一直未育，如果她还没有到断经的年龄，那这两人当时应该还能生育。因此，亚伯拉罕的身体如同已死是因为他不能与撒拉生育，即便她以前的生育能力很强，因为她已接近断经年龄；根据医学上的说法，女人没有了经期就不能怀孕。如果不是这样，那圣经就不会在说了"亚伯拉罕和撒拉年纪老迈"之后，小心地写道："撒拉的月经已断绝了。"② 想想那个时代的量度标准，人活得比我们现在长得多，

---

① 《创世记》16：1、2、16（和合本无"看哪，上帝闭了我的肚腹"一句）。
② 《创世记》18：11。

我们看到，亚伯拉罕到了一百岁，撒拉九十岁的时候，他们不能再生育，即使她并非不育，上一年他们住在一起，如果她丈夫还年轻，她或许还仍然能怀孕。但是在所提到的这个时间，她不能怀孕，因为亚伯拉罕的身体因年龄如同已死，像撒拉这样年龄的女人不能从他受孕，尽管他本人可以与年轻的女人生育，就如后来他娶了基土拉①，但这里，同样可以说，他保留所领受的生育力之恩赐，以便以撒出生。根据这个时代的寿命标准，人类活得要短得多，所以说两夫妻年龄在百岁之内能够生育。如果他们加起来的年龄超过一百，就认为他们不能生育，即使女方有生育能力；如果她还有经期，那与年轻男子可以生育。因而律法也规定，除非两夫妻合起来的年龄大于一百岁，否则谁也不可享有 jus liberorum（自由权）。②

23. 于是上帝行了神奇，以便让以撒出生。这奇迹并不在于使他父母恢复情欲，而在于赐给他们生育能力；因为即使在那些年里，情欲仍可以一直存在，而生育能力鉴于诸多因素不可能还存在。然而，如我们已经指出的，当衰老如死的肢体可以说借着上帝的恩赐恢复生机时，情欲也可能在这些肢体上复兴。但这情欲自然应当跟从可朽肉体的状况，所以在这死的身体里有情欲，而在犯罪前拥有乐园里的生命的身体里是不可能有情欲的。上帝现在根据这身体应受惩罚的情况，而不是按它的幸福状态赋予其生育能力。由于人在犯罪之前，本性里只有和平，没有战争，所以在幸福状态中，肉体里没有任何东西与圣灵争战，也没有任何东西要靠圣灵与肉体争战来遏制。这里你无谓的努力基于这样的假设：我们说过以撒的出生没有任何肉体的淫欲，或者完全没有男人的精

---

① 参《创世记》25：1、2。
② 这里提到的 jus liberorum 似乎是一种法律权利，无子夫妻只有过了一定年龄才享有这种权利，配偶一方借此可以得到另一方为他或她所立遗嘱提及的全部所有，没有通常的限制条件，没有孩子也不会受到任何处罚。关于这些法律的记录已经佚失，但它们为男人所立的限制年龄似乎是 60 岁，女人是 50 岁。（参 Ulpian, *Fragm. Tit.* 16；Isidore, *Orig.*, 5.）

液。但是我们没有说过这样的话，我们也不会再对你引出的可鄙结论做进一步评论。

第十二章

24. 你以为已经发现了另一个明显的观点，说："如果魔鬼造了人，那他们不可能因自己的罪而是恶的，因而他们不可能再是恶的，因为每个人就是他生来的样子，不会成为别的样子，要求他完成力所不能及的事，那是不公平的。"我们自己常常说同样的话反对摩尼教徒，他们不认为他们的寓言描述的恶性实际上是一种损坏了的善性，在他们看来，它是一种恶的本性，没有开端，也不会改变。然而，根据大公教信仰，人性被造时是善的，只是被罪损坏了，所以应受惩罚。被定罪的根发出被定罪者，除非他们一如既往地得到他们造主的怜悯和眷顾，得到释放，这既不稀奇，也非不义；但你不愿意让婴儿得到这样的怜悯，说他们没有任何恶，不需要靠怜悯从中脱离。

25. 无疑，你用虚假的辩护压迫可怜的婴儿期，用有害的赞美抨击它，但你必须说明，上帝的广大形象纵然没有受洗，但在婴儿时期不应有任何恶，你为何就不允许他们进入上帝的国。是不是因为他们没有做完全无能为力的事，从而没有履行职责，所以必须剥夺他们的国，用最严重的流放来惩罚他们？他们没有生命，因为他们没有吃过人子的肉，喝过人子的血①，那你要将他们置于何处？如我已经说过的，如果佩拉纠没有对那些说"婴儿即使不受洗也享有永生"的人定罪，那他自己就会成为教会法庭定罪的人。我问你，上帝的一个形象虽然绝没有违背过上帝的律法，却与上帝的国隔绝，与上帝的生命隔绝，这依据的是什么公正？你没有听过使徒如何憎恶某些人，他说，这些人"心地昏昧，

---

① 参《约翰福音》6：54。

与上帝所赐的生命隔绝了，都因自己无知，心里刚硬"①？一个未受洗的婴儿是受这种判决约束还是不受其约束？如果你说他不受约束，那你就会被福音真理征服，佩拉纠本人的证据就把你击败，使你受到惩罚，因为上帝所赐的生命在哪里？不就在上帝的国里吗？而唯有那些在水和圣灵里重生的人才能进入上帝的国。② 但如果你说他受其制约，那你就承认惩罚。这样你就必然承认罪。你承认折磨——然后就要承认这是罪有应得的。于是你发现你的教义里没有答案。最后，如果你心里还有一点基督教意识，就要承认死的后裔和婴儿里的定罪，善恶报应必让它受到惩罚，但上帝的恩典必白白地将它解救。我们可以在婴儿得救中称颂上帝的慈爱，但不能在婴儿的毁灭中指责上帝的真理，因为主耶和华的方方面面都是慈爱和真理。③

第十三章

26. 你区分，你界定，你提供一篇客观分析的论文，专门讨论淫欲的种、类、程式、过分，指出："它的种在于生命的火；它的类在于生殖行为；它的程式在于夫妻行为；它的过分在于放纵通奸。"你说了一大堆自以为巧妙其实啰嗦烦人的话，但是我只要简洁而公开地问你，为什么这种生命之火把战争的根种在人里面，使他的肉体（情欲）争战他的圣灵，使他的灵必须起来争战他的肉体（情欲）④ ——他立志要与生命之火保持一致，却为何得到致命的伤害？我想你书中的黑字肯定会羞得变成红色。看哪，这生命之火不仅不顺从灵魂的决定，灵魂乃是肉

---

① 《以弗所书》4：18。
② 参《约翰福音》3：5。
③ 参《诗篇》24：10。（和合本《诗篇》24：10 经文为"……耶和华都是以慈爱诚实待他。"）。
④ 参《加拉太书》5：17。

体的真生命，而且大部分起来制造混乱和丑陋的活动，反对灵魂的决定，所以除非圣灵争战它，否则这生命之火就会毁灭美好的生命。

27. 一番冗长讨论之后，你仿佛得出结论地说："因此，应当说淫欲的源头在于生命之火；由此可以说，肉体的淫欲必然出于使肉体生命复合而成的火。"你说话时的口气似乎你能证明，或者目空一切地猜想，在人最初被造时，他还没有因罪而得应有的惩罚，这样的肉体淫欲就已经存在于乐园里，或者已通过我们现在所知道的混乱活动引发出它对圣灵的卑鄙战争。你说："这种欲望的罪不在于它的种或者它的类或者它的程式，而在于它的过分，因为种和类是它造主的作为，它的程式与诚实的决定相关，而它的过分源于意志的过错。"你空洞的话听起来多么雅致，但这只对不思考它们是什么意思的人而言。如果这欲望的程式与诚实的决定相关，那我们要问，是否有已婚人决定只在需要的时候激发这种欲望？然而，他所希望的，他无法做成。是否有诚实的独身者决定永远不激发这种欲望？但是，他希望的，他做不到。因此有人喊着说："立志为善由得我，只是行出来由不得我。"① 就在这种欲望的活动中，它没有任何程式回应意志的决定，结果，不是它本身变得有节制，而是诚实的灵必须通过警觉的战斗把某种程式强加在它头上。邪恶的人啊，你们为何称颂它，却不向上帝大声呼喊："救我们脱离凶恶"②？

第十四章

28. 你说："情欲因身体衰弱而减少"，似乎死并没有使情欲完全消灭，你这样说有什么益处呢？人死了就不需要争斗，但被情欲征服的人必然要遭受惩罚。这是痛苦的事；这是你不明白死之后裔的原因，这后

---

① 《罗马书》7：18。
② 《马太福音》6：13。

裔其实仍在发动战争,因为当我们还身强体壮时,那对健康有害的活动就存在。你说:"在已婚人中,它被正当地使用,在贞洁人中,它被美德克制。"这是你的经验吗?那么对这种恶(对你来说是善)已婚者是否没有克制呢?事实上,由于它使人大为愉悦,不论何时它挑逗已婚者,使他们心里发痒,都让他们热烈地彼此寻求;不能否认这种欲望,也不能拖延到适当的时机才满足它;每当这种欲望——就是你的合乎本性的善——自发活动时,要让身体的结合成为合法的。如果你奉行这种婚姻生活,就不要再倚仗你自己的经验,而要选择向别人了解应当怎样引导它或者教导它。① 纵使你没克制住通奸的欲望,那你难道没有感到至少应当克制它们?夫妻间的节制本身也能阻止这种瘟疫——因为情欲是无底的泥沼,即使在婚姻中也会无止境地渴求——免得对配偶的使用超出本性的需要。既然如此,那你为何说:"在已婚人中它被正当地使用",似乎是说这种欲望在配偶身上始终是正当的,没有任何事物需要退让,至少需要宽恕,如使徒所说?② 若说"在节制的已婚人中,它被正当地使用",岂不好得多?你是否担心这也会使人认出已婚者本身要通过小心节制加以克制的那种恶?由于你现在是独身,所以认得安波罗斯所描述的驾驭马车的劣马③,不会在心里或嘴上赞美那个你得通过美德加以克制的东西。你说:"第四个,就是对那种快乐的过分追求,是好色之徒所奉行的;因为这是出于傲慢无礼,不是出于本性,它是法律所谴责的。"请问,出于谁的傲慢?是好色的,还是淫欲的?为了避免冒犯你所接受的被保护者,即使认同淫欲,你也会说,它只是好色。如果认同淫欲就意味着犯罪,那这东西不就是恶吗?这种恶就算不存在于不认可它并反击它的圣灵里,也确实存在于争战圣灵的肉体里。那就大声呼喊:"救我们脱离凶恶"吧,不要再赞美这种恶,免得恶上加恶。

---

① 大家知道,朱利安年轻时结过婚,但妻子死后就过着自制生活。
② 参《哥林多前书》7:6。
③ 见第二卷第五章12节。

第十五章

29. 你明确把好色与独身禁欲之间的中间状态称为婚姻的贞洁，你说，它"对一端的非法行为感到义愤，对另一端甚至鄙视合法行为感到吃惊。它的领域在两端之间，一方面憎恨越界者的粗俗野蛮，另一方面敬仰在它自身之上的那些人的耀眼光辉；它适当地缓和狂热者的情欲，赞美那些不需要婚姻治疗的人"。我很高兴听到这段话，它用意味深长的语言表述了真理，但是我恳请你明白，正如你所说的——你说得很好，一点没错——婚姻的节制之所以赞美独身是因为它看到自己需要治疗方法，但独身者不需要，如使徒所说："倘若自己禁止不住，就可以嫁娶。"① 为什么你承认淫欲需要疗方，但当我说淫欲是一种病时，你却说我自相矛盾？如果你承认医治，也就承认了疾病。如果你否认疾病，也就否认医治。最后，我请你服从甚至通过你自己的嘴向你说出的真理。没有人为健康提供药方。

第十六章

30. 你说得没错："仔细考察我们发现，婚姻如果只是与恶相比是可赞美的，那不可能令人高兴。"这是对的。婚姻无论如何在自己的本质上是好的，它之所以好是因为它保守了婚床的信心；它使两性为了生育后代的目标结合起来；它使人不敢轻易离异。② 这些就是婚姻好的属性，由此婚姻本身是一种善，并且如我们常说的，即使没有人犯过罪，这样的婚姻也可能已经存在。然而，犯罪之后——这不是偶然的，而是

---

① 《哥林多前书》7：9。
② 这是奥古斯丁描述的婚姻之好的三个方面，庇乌十一世（Pius XI）在他1930年的教皇通谕 *Casti Connubii* 里通篇引用了这段描述。

必然的——争战临到婚姻面前,于是现在婚姻必须凭借自己的好与淫欲的恶争战,不让它做任何非法之事,尽管淫欲本身的活动时而懒散,时而猛烈,但从未停止引诱婚姻走向非法,甚至当婚姻为生育的目的正当使用邪恶的淫欲时,也受到这种引诱。如果已婚者被欲望征服,结婚不是为了生儿育女,而是为了满足肉体的享乐,谁能否认这是一种恶?除非他不愿意听从使徒的告诫:"我说这话,原是准你们的,不是命你们的。"① 若是这样,自然不会去称颂它,但如果婚姻提出辩解、恳求,与更糟糕的事相比,它就可能得到宽恕。②

第十七章

31. 接下来,我不知道为什么,你又回到亚伯拉罕和撒拉的例子,我想对此我已经做了充分的回答。你忘了什么事,后来又想起来,想把它加上去。这是人之常情,常会发生,所以让我们来听听这是什么事。你说:"现在非洲地区有一个预言应验了:无论是已婚女子,还是美丽圣洁的童女——她是教会的预象——原本都不安全,但是通过神圣途径,她们得到保护,没有受到伤害。"我不想花时间对你的这些话一一分析。你称呼收件人的名字,说:"最圣洁的兄弟,同为牧师的图尔巴努(Turbanus),我们必须祈求上帝,即使在这风暴中也让权能始终留存,求他毫不迟缓地保护大公教会,就是他儿子成熟、多产、贞洁、端庄的新娘,使她不被摩尼教的强盗诱拐到非洲或者诈骗出非洲。"这其

---

① 《哥林多前书》7:6。
② 奥古斯丁认为,进入基督教婚姻的唯一高尚动机是它能通过准许的婚姻行为提供医治无节制的药方,但这婚姻行为只是为了设定婚姻的唯一目标。在这一段落里他似乎说配偶可以做婚姻之事而没有必死的罪,甚至在他们并不是积极地打算生育孩子的时候,只要他们没有做什么直接妨碍怀孕的事。结婚动机与婚姻目标本身不是一回事,关于奥古斯丁的动机论,见 De bono conjugali("论婚姻的益处",见石敏敏所译生活·读书·新知三联书店2009年版《道德论集》——中译者注)以及其他专门讨论婚姻的作品。

实就是我们自己反对摩尼教徒、多那图主义者和其他异端分子时所做的祷告，是我们反对一切敌视基督教和大公教的名字——这名字可以在非洲找到——的仇敌时作的祷告。那么难道因为我们反对你，我们就是来自非洲的强盗吗？你才是从海外来到我们中间的害人虫，如同一场瘟疫，被救主基督征服；而我们推出这里的一位殉道者西普里安与你做比照，通过他我们证明自己是在捍卫古老的大公教信仰，反对你虚枉而渎神的新谬论。这里有怎样的邪恶啊！既然至圣的西普里安宣告了你要抨击的真理，那位于非洲的上帝教会是否需要你的祷告？他说过："更不应当有人禁止不曾犯任何罪的新生婴儿洗礼，只有一种可能，由于他在肉体上是按着亚当生的，他在第一次出生中传染了古老的死，所以他要赦免的不是自己的罪，而是另一人的罪。"① 当西普里安学习并教导这些事时，他是否需要求助于你的祷告，以保护撒拉在非洲地区不受伤害，解救教会的美人不受摩尼教徒诱拐？按照你的推论，当摩尼的名字还未在罗马土地上听说之前，摩尼教徒就蒙骗了西普里安本人。看看，你对非常古老的大公教信仰提出了多么怪异而狂热的指控，因为你再也找不到其他可说的话了。

32. 佩拉纠的异端啊，不论你怎样改变你的话题，发明新的方法、想出新的招数攻击古老真理的壁垒，"一个古迦太基的②争辩者"——这是你的辩护者对我的侮辱性称呼，但是我得说，一个古迦太基的争辩者不是我，而是迦太基人西普里安，"用这一拳打死你，并且要求从被玷污的教条受惩罚"③。如果我列出许多从非洲来的主教，就如我列出从世界的其他地方来的诸多主教一样，那会怎样呢？如果在这些主教中间有许多是非洲人，那会怎样呢？在这些以东西方的共识挫败了你的主

---

① Epist. 64, ad Fidum.
② Punic 这个词是双关语，一意为古迦太基人，二意为反复无常的，没有信义的。——中译者注
③ 暗指维吉尔《埃涅阿斯》（Aeneas）12. 946-947。

教中，一位来自非洲，其他的来自其他地方，然而你因顽梗变得如此盲目，你看不到正是你自己想要败坏教会古老的美，也就是古老的信仰，类似于年老但非常美丽的撒拉的贞洁。如果摩尼教徒通过上帝的圣主教，通过著名的学者伊里那乌、西普里安、莱提西乌、奥林庇乌、希拉利、安波罗斯、格列高利、巴西尔、约翰、英诺斯特以及哲罗姆冒犯了教会，那么告诉我，朱利安，你是谁生的？她是一个贞洁的女人，还是一个娼妓，借着属灵恩典的肚腹把你带入你已抛弃的光里？你出于邪恶的冲动——不是因为错误，而是因为疯狂——诽谤基督的新娘，也就是你母亲的肚腹，难道正是为了维护佩拉纠主义的教条吗？因为你这种丑陋的新观点不断地用谎言诽谤古老撒拉的美，以摩尼教的亵渎行为指控这么多杰出的大公教主教一致同意的信仰——尽管他们的教义有压倒一切的证据。有些主教从未听说过摩尼（Manichacus）这个名字。[①]

33. 你离题到这里，不是出于忧伤的冲动，而是出于无耻的冲动，你说你会回到你最初计划的胡言乱语，引使徒的话做证据[②]，试图确证先前关于亚伯拉罕和撒拉已死肢体说过的话。我对我以前的回答已然满足。哪个基督徒不知道"那从尘土造了第一人的，从精液造了所有人"？但他是从已经损坏并被定罪的精液造了他们，这种精液部分因为真理保留在痛苦中，部分借着怜悯从恶中解救出来。所以，你所认为并概括的"关于本性之罪的论断已经"在你的罗网中"窒息"是不对的。你用虚妄的话表述了一种新创的教理，并为之辩护，但你的辩护没有洁净由第一个悖逆者的意志损坏了的本性。唯有上帝的恩典借着我们的主耶稣基督才能成全这样的事。

[①] 奥古斯丁在 *Opus imperfectum contra Julianum* 里说，摩尼教创立人摩尼的名字写作 Manes, Mani，但是当他与那些说拉丁语的人联合时，他的名字就用 Manichacus 这个形式。

[②] 《罗马书》4：19。

第十八章

34. 所以我并不主张你出于诽谤归到我头上的观点，即已婚者生育无须身体上的高潮；我也没有说，上帝不曾造人，或者上帝通过魔鬼造人，或者魔鬼造了人，因为甚至父母也不能造人，是上帝从父母造了人。魔鬼不可能脱离上帝的权柄，更不要说他能使人性脱离上帝的权柄，他只是在上帝定罪之后，通过罪所应得的惩罚使人性伏于他自己。既然这些事如此，那就是你自己，而不是我证明你有罪，不是拜魔鬼的罪——你指控我犯有这样的罪——而是协助魔鬼，不论你多么严厉地指责他。正是你自己通过你错谬的理论主张婴儿是健全无瑕的，并非所有婴儿都有使他们伏在魔鬼的权势之下的恶，必须借着基督来医治。然而，我根据正当信仰认为，以撒也是从这种淫乐中形成的，就是使所有其他人形成的淫乐，唯有使我们从恶得救的那位例外。我不否认神意的大能从头至尾渗透到每个角落，将一切事物安排得井井有条，没有任何污损之事进入她里面[①]。因此，神意随己愿作为，甚至在不洁者和受污者身上作为，自身却保持清洁，不受污染。你不必详尽地向我证明我所同意的观点。但是如果能够，请你回答，如果以撒不曾在第八天受割礼，没有基督洗礼的记号，他的灵魂就会从他的民中剪除[②]，这是为什么。如果你能，请解释如果他没有借着圣礼得救，为何就会遭受这么大的惩罚。你不能否认上帝把生命赐给撒拉已死的肚腹，使它接受精子，又把生命赐给亚伯拉罕已死的身体，使他能像年轻人那样生育，于是年老的父母也能生儿育女。就个人的罪而言，以撒出生时是清白的，即使是从通奸者出生，就此而言，也是清白无罪的，那么为何说如果他不受

[①] 《所罗门智训》8：1；7：25。
[②] 《创世记》17：14。

割礼，他的灵魂就要从他的民中剪除？不要用大量含糊晦涩、令人困惑的赘言绕圈子，请回答这个简单明了也是必不可少的问题。

35. 你引入使徒的证据，不是为了他写作时的目的，而是为了你任意使用。无论如何就算这样吧，我们只要注意你在他说的地方插入的那段话。他说："（若是这样）上帝怎能审判世界呢？若上帝的真实，因我的虚谎越发显出他的荣耀，为什么我还受审判，好像罪人呢？"① 你说："使徒这些话表明，如果上帝不遵守适当的命令方式，就会失去审判的权利。"你总结说："使徒说这话是为了制止那些人说必死者的罪彰显上帝的荣耀，上帝之所以命令不可能的事是为他的怜悯做预备。"你继续说："然后使徒表明，人之所以受到公正审判，是因为他们没有成全可以实现的诫命。"然而，以撒没有接到任何诫命，不论可能的，还是不可能的，但是如果他在第八天没受割礼，就可能受到丧失他自己灵魂的惩罚，你对此能说什么呢？即使现在，岂不是可以看到，乐园里给的诫命，开始时是可能的，很容易成全；但当它被鄙视，受损坏之后，所有人就从一人犯了那种共同的罪，作为他们总体出生的罪。因此，"重轭压在亚当子孙的头上，从他们出母腹之日起，直到他们葬入众生之母的日子为止"②。由于凡是从亚当被定罪的生育里生的，若不是在基督里重生，就不得救赎，所以以撒如果没有接受这个重生的记号，就会被除灭，就如人没有重生的记号离开这个生命，他因被定罪的生育而进入这被定罪的生命，理所当然会灭亡。如果这不是原因，那你必须告诉我们另外的原因。上帝是良善的，上帝是公义的。他可以救一些并无功德之善的人，因为他是善的。他不会谴责任何没有该受惩罚之恶的人，因为他是义的。八天大的婴儿没有任何个人的罪应受惩罚，那他为何不受割礼就要被定罪？难道不是因为他从出身传染了罪？

---

① 《罗马书》3：6、7。
② 《便西拉智训》40：1。

第十九章

36. 你在快乐的捏造之路上前行，但要记住你提供的是谎言，不是圣经。你说："我们看到完全的无知可以称为公义，因为上帝对亚比米勒——他不知道撒拉是别人的妻子，打算与她同房——说：'我知道你做这事是心中正直。'"① 由此可知，新生儿的状态没有因那些生育他的人的意志毁损，因为即便意志是恶的，新生者也可能对此一无所知。"如果完全无知可以称为公义，那你为何不说他们是公义的？没有什么比婴儿的无知更完全的，因此没有任何事物可以比他们更公义的。你曾经认为应当提出这样的命题："婴儿生来既非义的，也非不义的；这些品质是后来显现在他们的行为中的；婴儿唯一的装饰是清白"，如今它在哪里？你岂不是说过："人生来其实是完全清白的，唯有追求美德的能力，他是受到赞美还是受到谴责，要看他后来的意图？"你是要说公义不是美德吗？如果一个婴儿有完全的无知，你说这无知就是公义，那你怎么能说他没有完全的美德，只有追求美德的能力呢？除非你否认公义是一种美德。这是何等的荒唐，难道还不能使你对自己的话感到懊悔吗？主的话让人警醒，你却昏昏欲睡。他并没有说他知道这位王有一颗公义的心，因为经上写着："清心的人有福了，因为他们必得见上帝"，② 而你提出亚比米勒是把他作为一个罪人的例子。上帝说："我知道你做这事是心中正直。"上帝并不是指一切事，也不是指其他事，而是指亚比米勒没有通奸的故意。

37. 我很奇怪，当你想方设法要说明某个问题时，你举的例子却不能说明，你不想听到的东西你就不去搞明白。你试图使人相信，在亚伯

---

① 《创世记》20：6。
② 《马太福音》5：8。

拉罕的祷告中欲望回到了妇人身上，因为经上写着："因耶和华为亚伯拉罕的妻子撒拉的缘故，已经使亚比米勒家中的妇人不能生育。"① 你想让我们明白不能生育的意思是指，当上帝忿怒时就把情欲从妇人身上夺走，但是经文本身更加明白地暗示，关闭肚腹（不能生育）是由于某种混乱，所以一个想要怀孕或者准备生育的妇人无法如愿以偿。你不会承认由于神圣审判，有人可能因另一人的罪，而非自己的罪受到惩罚，所以你不明白事情怎么会这样，即亚比米勒犯了罪，尽管没有通奸的故意，无论怎样可宽恕，但上帝将他的罪报复在他家中妇人的头上。你看罪从这个男人传给他的妻妾或者女仆，而你不愿意承认罪可以从父母传给自己生育的子女。想一想，上帝的智慧和知识何其深邃，他的判断何其难测②，然后停止对原罪的奥秘胡言乱语。

第二十章

38. 接下来你开始讨论淫欲的过度，你说这是该斥责的，似乎只要它在适度范围内，只要已婚男人用好它，劣马本身而不是驾驭者就该受到赞颂。你引用圣经里的证据，表明上帝怎样禁止或者谴责过度的情欲，这有什么益处呢？我们倒应看看这样的情形：肉体的淫欲若不受到遏制，可能导致所有那些以最邪恶的罪行——与生殖肢体有关——令我们恐怖的事情；而令我们悲哀的是，甚至在人入睡时，甚至在贞洁者的身体里，它都可能引起一些活动，通过这些活动产生这些后果。

39. 你问："如果上帝使所多玛人本性如此，那他凭什么要在所多玛城里寻找义人呢？"③ 你说这话似乎我们说过肉体的淫欲不能被心灵更优秀的本性克制。我们回答说，淫欲是这样一种恶，它必须在

---

① 《创世记》20：18。
② 参《罗马书》11：33。
③ 《创世记》18：26。

实际的争斗中征服，就像身体上的伤口，要靠完善的治疗方案医治它。

40. 如果你相信，如你说的，"使徒赞美了情欲，因为他说过女人的用处是顺性的，他的话是这样的：有人'弃了女人顺性的用处，欲火攻心，彼此贪恋'①"，那你就得赞美女人的每一种用处。因此，你就得赞美与女人所做的一切不正当之事，因为用处当然是合性的，尽管由于它不合法必然受到谴责，所以即使是不合法生育的孩子也可称为合性的孩子。使徒这里不是在赞美肉体的淫欲。他只是把通过生育形成人性这种用处称为顺性的用处。

41. 你说："所多玛人在造饼和酒的事上也犯了罪"，由此你要我们明白情欲是好的，尽管恶意使用它是有罪的。你不知道自己在说什么，所以你不明白造饼和酒不是情欲与圣灵相争。这种造物是从外面进入身体，那些恶意使用它的人对它贪得无厌。之所以要节俭、克制使用，是因为当败坏的身体以更大的体积对灵魂施加更大的压力时，我们里面的淫欲——它是一种恶——作为我们的一部分就会更加激烈而不可抑制地升腾起来。这种恶，不仅争战它的人表明是恶的，而且被它战胜的人也表明是恶的；这种恶，父亲若是在贞洁中生育孩子，就是对它正当使用，上帝按他的神意创造了人，也是对它合理使用。

第二十一章

42. 现在我恳请你思考。我说就现在，以便有益心智的真理战胜你。请你把对胜利的热切渴望放在一边，想一想是否应该接受我们的观点，而不是固守自己的观点。你说，你最好简洁地提醒我们你在整卷书里贯穿的思想，这样读者就会记住它。这则简短的告诫，用你自己的话

---

① 《罗马书》1：27。

说，就是："凡是坚持顺性的情欲模式的，就是适当地使用一种好。凡是没有坚持这种模式的，就是恶意地使用一种好。而凡是出于对圣洁童贞的爱，连这种模式也鄙弃的，那是做得更好的，就是干脆不使用一种好，因为事实上，他倚仗自己的健康和力量，鄙弃任何药方，以便参与荣耀的战斗。"我这样回答你的话：凡是坚持合性的情欲方式的，是适当地使用一种恶。凡是不坚持这种模式的，是恶意地使用一种恶。而那出于对圣洁童贞的热爱，连这种模式本身都鄙弃的，那是做得更好的，就是干脆不使用一种恶，因为事实上，他倚仗神助和恩赐，鄙弃任何一种药方，以便加入荣耀的战斗。我们双方在这个争论中的全部问题在于，适当使用的那个事物究竟是好的，还是恶的。在这个争论中，我不希望你拒绝那些杰出的法官，如我上面所表明的，他们精通正当教义，对这个问题作出了公正的判决。但是如果不纠正你的错误，毫无疑问你会指控，或者说得温和一点，指责他们，所以我让你亲自做我们两个观点之间的审判者，从你自己的书，再加上这一段话来判断。你说："圣洁童贞倚仗它自己的健康和力量，鄙弃所有药方，以便加入到荣耀的战斗中。"我请你说出它所鄙弃的药方是什么。你会回答说：婚姻。我再问，必须用这药方来医治的疾病是什么。"药方"这个词源于 mede‐ing [medendo]，也就是加入药物。因此你和我都看到婚姻有治疗的一面。既然你看到一个人若不用禁欲的克制或者婚姻的药方来抵制，就会死于情欲，那你为何还赞美情欲这种疾病？你早先讨论过这个问题，当时你明确把婚姻的贞洁放在好色淫荡与独身禁欲之间，说："婚姻的贞洁以害羞和节制缓解炽热的情欲，赞美那些不需要这种药方的人。"我会重复我在那里说的话；请再次听听我简短而清晰的回答。"如果你承认淫欲需要一种药方，那当我说这种淫欲是一种病时，你为何否认？如果你承认药方，也就承认了疾病。如果你否认疾病，也就否认药方。最后我恳请你服从甚至通过你自己的嘴向你说出的真理。没有人为健康提供药方。"

43. 你所说的圣童女的"荣耀战斗"在于什么？不就是她们没有被恶战胜，而是以善胜恶吗？我宁愿把这些战斗称为更荣耀的，而不只是荣耀的，因为夫妻的贞洁也以自己的善征服这种恶得胜，但没有那么大。它还征战肉体的淫欲，免得它越过婚床的规矩；它征战，免得淫欲侵占夫妻双方协定的祷告时间。如果这种婚姻的贞洁拥有这么大的能力，从上帝得了这么大的恩赐，能执行婚姻法典所规定的事，那么它甚至以更勇敢的方式征战夫妻结合的行为，免得他们在生儿育女所需要的行为之外还放任情欲。这样的贞洁禁止夫妻在经期和孕期有性行为，也禁止与由于年龄不能再怀孕的人性交。如果不指望生育，那性欲就会平息下来，不再蠢蠢欲动。但是如果出于对配偶的考虑行这样的事，并不逆性，只是越过了婚姻法所规定的界限，在使徒看来[1]，这是情有可原的事，因为没有越出肉体的界限。但是为了不让界限本身被超越，必须与淫欲之恶争战，淫欲穷凶极恶，必须通过贞洁发动争战抵制它，免得它造成损害。

44. 如果我没有弄错，你也在这场争战中，而且因为你认为自己是在忠诚地战斗，所以你害怕被击败。请问，被什么击败？被善还是被恶？或者你因为太害怕被我击败，所以你继续否认你害怕会把你击败的那个事物是恶，而赞其为善？你被迫陷入了两个敌手之间的大困境，既想要通过口才战胜我，又想通过自制战胜情欲。在征战情欲时，你承认它是恶，但是在赞美它时，你就抛弃真理之善。你既攻击又赞美这种恶，我不需求助于其他法官，只要把你自己放在你面前，就战胜了你。你想通过击溃淫欲征服它，又想通过赞美它来征服我。我的反驳就是：让赞美的人被征服，让争斗的人作裁判。如果淫欲是恶的，为什么赞美它？如果淫欲是善的，为什么攻击它？只要你反对情欲，你就站在我这边审判你自己。或许，为了避免你在与我的争战中被征服，你会决

---

[1] 参《哥林多前书》7：6。

定不去争战情欲，对你自己说，与其通过争战表明你所赞美的东西是恶的，不如不争战。那我恳请你不要这样做。我算什么，你竟要花这么大代价来征服？相反，让真理征服你，这样你才可能征服情欲，因为如果你停止征战它，你就会被征服，就会陷入各种各样的不洁。由于这是令人憎恨的恶，所以它不会引导你获得你想要的东西，甚至在这条路上你会被我打败——实际上是被我所表明的真理打败。但是你若既赞美淫欲又抨击淫欲，就会被你自己的论断征服，因为你一方面赞美这恶，另一方面又击溃你所荣耀的东西。然而，如果你停止战斗，免得在奋力战斗中使赞美的声音变得沉寂，那么我将征服被淫欲俘虏的人，抛弃自制的人，不再是用他自己的论断，而是用智慧的论断。

45. 因此我们的案子结束了。不论你怎样大赞肉体的淫欲，只要你争战它，就必然能体会到使徒约翰论到它并且是单独谈到它所说的话包含的真理："不是从父来的。"① 如果如你所说："凡是不坚持它的这种模式的，就是恶意地使用一种好"，那么它在那些恶意使用的人身上必然也是好的。如此，那不是从父来的究竟是什么？不论你怎样理解那个东西，你还是打算赞美它吗？再者，如果它是恶的，它将在哪里是恶的，它将何时是恶的？因为即使当有人恶意使用它时，它也必然是好的。你说，并非它是恶的，而是恶意使用善的人是恶的。因此，约翰说肉体的淫欲不是从父来的，这话是徒劳的，因为你主张它是好的，因此是从父来的，即便有人恶意地使用它，因为他恶意使用的是一种好。你不可能说，当它适度时，它从父来，当它不适度时，就不是从父来，因为这里你又说，它是一种好，只是恶人恶意地使用了它。但是如果你留意你的战斗，而不是你的声音，就会从这些困境中脱身，因为自制是从父来的，而淫欲除非不是从父来的，否则不可能受到自制的攻击。因此，这淫欲肯定不是从父来的，你如果生活在自制之中，就要与它激烈

---

① 《约翰一书》2：16。

争战，因为它若不争战你，你也不会争战它；如果它是从父来的，那么当你完成了给定的事，得到了父的垂爱，它就不可能来争战你。

46. 人从这淫欲中来并带着这淫欲出生，他是上帝的好作品，但生来不是没有恶——这恶是从生育的源头传染，靠重生的恩典得到医治的。因此，我有充分的理由说："不能因为婚姻里有通过出身的方式传染的恶而指责它的好，正如不能因为通奸和奸淫行为中产生的顺性之善就免去它的恶。"① 我所说的好是指你与我共同赞美的顺性之善，所说的恶是指出身而来的恶——你与我一起争战它的活动，但是你又通过赞美它来反对我。你出生这一事实不是一种恶，但是你与生俱来的，你因得重生而在灵性上与之争战的，是恶。你出生的事实与上帝的创造权能相关，与你母亲的生育能力相关。而你与之争战——因为你已经重生——的，与魔鬼狡诈地种下的推诿（prevarication）相关，但基督的恩典将你解救出来。所以你曾经在婚姻里适当地使用这种恶，现在则在自身中反对它。你在出生时不再对它有罪感，而是脱离了这种罪，只是因为你得了重生，所以当你被赎之后就可能与基督一同为王——倘若这种异端没有使你与魔鬼一同毁灭。我们远比你自己更希望你承认你所争战的恶，这样，当这恶消失之后——不是将它切除，好像它是一个外来的本性，而是在你里面彻底治愈——你就享有永恒的平安幸福。

47. 我不是像你所说的是吹牛者，似乎许诺要找出一个自己吞掉自己的野兽。然而要当心，如果你将肉体里的野兽放掉，它的活动——你似乎在与它争战——就会把你毁灭，正如你在赞美它的时候，它正在败坏你。我没有说过——是你诽谤我说过——"婚姻既是大善，也是大恶"，似乎这话就像巫医的野兽，自己吞掉自己。我说过，在同一个人里面，本性是善的，过犯是恶的。你自己也承认在通奸者那里确实是这样，所以既不因过犯而谴责本性，也不因本性而赞同过犯。我说过，婚

---

① *De nuptiis et concupiscentia* 1. 1.

姻——你也是从婚姻而生的——是好的；而恶——你重生后与它争战——不是源于婚姻，而是源于被损坏的源头。

48. 你说我遵循伊壁鸠鲁的方法，漠视一切克制贪求的力量，这是多么可笑！如果我赞美身体的享乐，那会怎样！伊壁鸠鲁以拙劣而非灵巧的方式说的，你用能言善辩的口才说，似乎你反对他的理由就是他在说你所说的话时缺乏技巧。我还注意到，你在某种程度上已经成为享乐的赞美者，而不是伊壁鸠鲁主义者。不要再让自己陷入困境了，我要把你从重轭下释放出来。你不是一个伊壁鸠鲁主义者，因为伊壁鸠鲁认为人的全部善就在于身体的快乐，而你试图把人的主要善放在美德上。但是你不明白真正的美德是什么，那是真正敬虔的德性，因为上帝曾对人说："看哪，敬虔就是智慧。"[1] 这只能出于上帝，就是经上写的："耶和华使瞎子变成有智慧的。"[2] 关于他我们还读到："你们中间若有缺少智慧的，应当求上帝。"[3] 如果与伊壁鸠鲁一起赞美快乐的你不是一个伊壁鸠鲁主义者，更何况我——关于肉体的快乐我赞同安波罗斯的观点，认为它是公义的仇敌，在淫乐中形成的人在出生之前就伏在所传染的罪之下——我这样的人怎么可能是伊壁鸠鲁主义者呢？至于我们的道德观念是什么，我们怎样生活，很容易被那些与我们一同生活的人发现。我们这里关心的是大公教的教理和信仰。希望你身上不要表现出背弃者的背信弃义。我承认我教导人的是我在使徒作品中学到的教训："我们若说自己无罪，便是自欺，真理不在我们心里了。"[4] 我承认我在上帝的民中并与上帝的民一起捶打着胸，真诚地说："免我们的罪。"[5] 你不可为此嘲笑我们；事实

---

[1] 《约伯记》28：28。（参和合本"敬畏主就是智慧"。）
[2] 《诗篇》145：8。（参和合本《诗篇》146：8"耶和华开了瞎子的眼"。）
[3] 《雅各书》1：5。
[4] 《约翰一书》1：8。
[5] 《马太福音》6：12。

上，你们是异端分子，因为这些事使你们不高兴。我们依靠上帝的真正怜悯；而你依靠自己的虚假美德。你说上帝的恩典是按照我们的功德给的，但是如果佩拉纠没有谴责这一点，他就已经受到大公教主教的定罪。我们承认恩典是白白给的，因为这个原因它才称为恩典，圣徒的所有功德都源于它，就如使徒说的："我今日成了何等人，是蒙上帝的恩才成的。"① 因为这个原因你嘲笑我们，拿我们与你顽梗的自己相比，鄙视我们。我们受富裕者责备，被骄傲人藐视。② 你们叫困苦人的谋算变为混乱，然而主是他的盼望。③

49. 我不明白你为何说在这个问题上我漠视一切使贪求得到克制的力量，因为我宣称一切贪求都必须根据赐给人的上帝恩典以每一种美德的力量加以遏制。我问你，你说必须克制的贪求，你说我放纵它不加以克制的贪求，是好的还是恶的？我不认为它们是马的贪求，或者除人之外的其他哪种动物的贪求；它们是我们自己的贪求。因此，在我们里面有恶的贪求，我们要行为正当，克制它们。你指控我破坏克制恶的——不是善的——贪求的力量。这些贪求之一就是肉体的淫欲，婴儿从它而生，并带着它出生，因此他们需要重生。我说，贞洁的夫妻正当地使用这种恶，通奸者恶意地使用这种恶。但是你说通奸者恶意地使用这种好，贞洁的夫妻正当地使用这种好。我们都说自制是更好的，因为完全不使用它。但我是指这种恶，而你却指这种好。虽然只有上帝知道我们的良知，但我们的行为是生活在我们周围的人都可以看到的。我们都承认自制，并且如果我们都奉行我们所认信的，那我们就要克制淫欲，与它的抗拒活动作斗争，如果我们要取得进步，我们就要胜过它。然而我们之间有一点不同。我说我所要克制

---

① 《哥林多前书》15：10。
② 参《诗篇》122：4。（参和合本《诗篇》123：4）
③ 参《诗篇》13：6。（参和合本《诗篇》14：6"你们叫困苦人的谋算变为羞辱，然而耶和华是他的避难所"。）

的是一种恶,而你说是一种善。我说一种恶与我作对,你却说一种善反对你。我征战一种恶,你却征战一种善。我渴望征服一种恶,而你要征服的是一种善。看起来你似乎倒在努力通过你的赞美激发淫欲,而不是通过自制压抑它。

50. 你表示要通过自制加入荣耀的斗争中。我要问,你所反对的究竟是什么。你只能回答说,你反对肉体里的淫欲,此外,你还能回答什么?那么你反对它是作为朋友还是作为敌人?你只能说作为敌人,不然你还能说什么?"因为情欲和圣灵相争,圣灵和情欲相争,这两个是彼此相敌"①,如使徒所说。或许你是要赞美它,所谓反对它只是假装。我不明白你怎么能在美好的信心里同时既赞美它又反对它,因为你赞美它是视它为朋友,你反对它是视它为仇敌。我们只相信其中一个,而你必须选择究竟是哪个。如果你真心征战,那你就不是诚恳赞美。如果你的宣称是真诚的,那你的征战必然是开玩笑。我不是你的仇敌,不像住在你肉体里的恶那样是你的仇敌,我真诚地希望你能以正当的教理和圣洁的生活克服这种恶。两者中,你只能真诚地做其中一件,另一件就是假装的。我宁愿你赞美淫欲是假装的,而不希望你反对它是假装的,因为话说错总比行为错好,论断错了总比不守自制好。你若不是伪装贞洁,借此反对你自己的淫欲,就是一边反对淫欲一边假装赞美它。因此,如果你真诚地与情欲争战,就可能不再诽谤我。但是不论你提到两者之一或者两者时是否在伪装(我不明白你怎么能真诚地对抗你所赞美的事物,又毫不掩饰地赞美你所反抗的事物),对你,我愿意接受较为温和的看法,即假设我要对付的是一个反对情欲的人,基于这样的假设再往下讨论。我没有说婚姻是恶的,而是说它适当地使用一种恶。但你说婚姻是适当使用一种善,宣称肉体的淫欲是一种善,同时你又反对你自身中的淫欲,表明它是恶的。我已经阐述了已婚者既然适当使用

---

① 《加拉太书》5:17。

它，为何还必须与它争战。

第二十二章

51. 这些事既然如此，我们就明白，婚姻作为婚姻，是好的，而人，不论是由婚姻生的，还是由通奸生的，就他是人而言，也是好的，因为就他是一个人而言，他是上帝的作品；然而，因为他出生于恶——这种恶在贞洁夫妻那里被适当地使用——并且带着这种恶而生，所以必须通过重生从这种恶的捆绑中脱离出来。你为何问原罪在哪里，其实你在自身里征战的情欲在对你说话，比你赞美它时所说的话巧妙多了。你为何问："人既是上帝造的，为什么要伏在魔鬼的权势之下？"上帝没有创造死，那人为什么要伏在死之下？你问："如果魔鬼既没有造那被造的，也不是被造者被造的原因，那他把什么认作他自己的？"被造的是人，被造的原因（从哪里被造），就是人的精子。两者都是好的，两者都不是魔鬼造的，但魔鬼播种了过犯的种子。魔鬼在那里没有认出自己的好，因为我们双方都赞美的好不是他的；但他认出了自己的恶，也就是我们双方都征战的对象；但我们双方都征战的，其中一方却加以赞美，这是不适当的。当你问我："在这么多好中间，婴儿的恶从哪里来？"你肯定意识到你忽略了我在你正在驳斥的那卷书里写的话；你正驳斥的那些话中，我引用了使徒的话："罪是从一人入了世界，死又是从罪来的，于是死就临到众人，因为众人都犯了罪。"[1] 你不愿意有人在那段话里听到或者读到这句经文——这经文在那段话里是完全不可或缺的——免得他们认清自己的信仰，从而鄙弃你的观点。

---

[1] 《罗马书》5：12。

第二十三章

52. 你说我宣称："人如果是从奸淫生的，他没有罪；如果是从婚姻生的，倒不是清白无罪的。"这是极端而公开的诽谤中伤。我宣称，根据大公教信仰，就是众教父在你还没出生之前就为提防你而完全公开捍卫的信仰，我们主张，不论人从哪里出生，都是清白无罪的，因为他还没有个人的罪，他的罪是经由原罪而来的。我说过，他的本性是上帝造的，即使在重罪犯——他们是恶的，因为他们除了与生俱来的恶之外，还加上个人的罪——身上，这本性的实体也是好的。你提出异议，说我把所有父母的罪都归咎于他们的孩子，我为何要害怕这样的异议？即使这命题是对的（不说那些能施行自由意志的人，只说新生的婴儿），本性的实体——上帝是它的造主——也绝不可能是恶的，那本性中有的只是过犯，而对这些过犯你也反对，用你自己的话说，"加入荣耀的战斗中"。

53. 你说："如果通奸者生育后代，那后代是从精子的能量生的，而不是从他们堕落的非法行为生的。"同样，当已婚者生育时，人是从精子的能量生的，不是从正当的婚姻行为生的。如果事实不是这样，因为在婚姻中人是从两方面因素生的（强壮的精子和正当的婚姻），那么同样，在通奸行为中，人也是从两方面因素生的（精子的力量和堕落的行为）。但是如果我们思考婚姻的本质，我们必须说，婚姻的果子本身不是生育人，因为通奸行为也能生育人，婚姻的果子是有序地生育后代。那么当我说不能因为婚姻产生出身的恶就指责婚姻的好时，你为何说我的话是完全错误的？不仅可以说，为了你能出生，你母亲适当地使用了你所反对的恶；我们还必须说，如果你没有重生，那遗传而来的恶就会始终作为罪留在你里面。因此，已婚者适当使用恶是无可指责的，但孩子必须重生，以便他们能脱离恶。如果婚姻的好只是对某种好的正

123

当使用，那我们完全可以怀疑恶究竟从哪里来。但由于婚姻的好是对恶的正当使用，所以我们不感到奇怪，婚姻的好正当地使用恶，这恶是遗传的，就是原罪。令人惊奇的是，虽然众使徒是基督的馨香之气，但从他们生发出的既有好，也有恶。在有些人，他们作了活的香气叫人活，在另一些人，就作了死的香气叫人死①，尽管这香气使用的不是恶，而是善；他们是基督的馨香之气，因为他们适当的使用了基督的恩典。因此，你说的"如果恶从那里引出，源头就是该受指责的，不能宽恕"是错的，因为原恶从那里来，善也从那里来，这善就是有序地生育后代。设置婚姻结合不是如你所认为的，为了肉欲，而是为了从那恶产生的善。如果没有人犯过罪，完全没有恶，这善可能也会存在。但是事实上，这善没有那恶就不可能存在。然而，这善并不因此是恶。反过来，没有善也不可能有恶，但恶并不因此而是善的，因为上帝的作品本性上是一种善，没有它，就不可能有恶意。因此，正如没有善的本性，通奸行为不可能存在，然而通奸并不因此而是善的，同样，婚姻结合没有淫欲之恶现在就不可能存在，然而婚姻并不因此而是恶的。因此，即使我们同意你的前提，即每一个恶的因都缺乏善，你也不能把这个原则用于婚姻，因为它不是恶的因。婚姻并没有产生淫欲之恶，只是发现淫欲是可以适当使用的。

第二十四章

54. 你说："凡是给其他相关事物带来罪的，无一能逃避惩罚。"这话用在肉体的淫欲上，并不荒谬。忠诚的夫妻适当使用这恶，但从这恶出生的孩子传染了罪，所以这孩子也必须得到重生，同时这恶也不能逃避惩罚。它将与被生育者——如果他们没有得到重生——一起受到惩

---

① 参《哥林多后书》2：15、16。

罚。但是当他们得到完全医治之后，它将不再存在于重生者身上。你宣称："如果原罪源于婚姻，那夫妻结合就是恶的一个原因。"试问，如果有人说，如果某种恶源于某个本性，那么所有本性的结构就是众恶的一个原因，那会怎样？这岂不是完全错误的？你的推论同样也是错误的。然而事实上，原罪不是源于婚姻，而是源于肉体的淫欲。这是你所争战的恶，也是夫妻正当使用的恶——如果他们只为生育的目而同居在一起。此外，如果传给众人的罪最初不曾发生，那就不会有夫妻可正当使用的恶，然而他们仍会同居，生儿育女。

55. 我想本卷的第一部分①已经充分揭示了你关于善恶树的错误。由于你论证的这一部分只是重现已经解决的难题，我们不必浪费时间在无谓的重复上。你问："婴儿的罪从哪里来？"你列举了许多好，但对你所争斗的恶沉默不语。然而在沉默中你还是大声叫喊，因为你写道："父母因性交产生了罪的一个原因，他们是该受谴责的，因为魔鬼通过他们的行为获得了对人的支配权。"你可以对上帝本身提出同样的指控，不是因为他创造了传染原罪的人——你否认原罪——而是因为他为不计其数的恶人提供食粮和衣服，尽管他知道他们将毁灭在自己的邪恶之中。如果他没有保护他们，魔鬼肯定找不到什么人来服侍他。或许你会说，上帝在关照这样的人时，不是眷顾别的，只是看到他所创造的好，即他们是人。那么我们说，当父母生育孩子时，他们想的也只是这种好，即他们是人；而且在这里尤其如此，因为他们不知道等待他们孩子的是什么。换言之，如果不是先有恶意出现，就不会有罪，这一点也是你所承认的，因为如果本性没有被第一人的恶意损坏，就不会有出身而来的罪（这一点是我们所主张的，而你否认之）。如果最初没有本性，不论天使的，还是人的，就不会有恶意。那么你是否想要说上帝就是罪因，因为他的旨意是可变本性的原因？

---

① 参本书第一卷第八章 38—41 节。

理性本性堕落偏离善，这一事实不能归咎于造主上帝，但是他们是善的这一点要归功于他。同样，孩子带着淫欲的恶出生这一事实不能归咎于生育他的父母，父母是适当地使用了这种恶，但是孩子是一种善这一点要归功于父母。你认为可以这样推论：因为据说原罪——没有它就不会有人出生——从魔鬼而来，所以出生的人就他们是人而言，其源头在于魔鬼。但是这样的推论是不能成立的。死的源头在魔鬼，这并不表示必死者的源头就在魔鬼。

56. 你说你正在寻找"围绕清白周围众多堡垒中使罪可能进入的裂缝"，尽管使徒保罗向你表明的不是一条裂缝，而是敞开的大门，他说："罪是从一人入了世界，死又是从罪来的，于是死就临到众人。"但是你绕过这些话，只说你自己的话："因为魔鬼的作品不得临到上帝的作品"；虽然人是上帝的作品，但罪，也就是使徒说传给众人的罪，是魔鬼的作为。你叫喊说："如果本性来自于上帝，那本性里就不可能有原罪"；如果另外有人大声呼喊说：如果本性是从上帝来的，它就不可能产生恶，或者它里面不可能有恶，那岂不比你更加虔诚。然而，这是错的，因为恶只能从一个本性来，只能存在于一个本性之中。所以我宣称，出生的人是上帝的作品，尽管他沾染原罪，因为他里面凡是属于上帝作为的，都是好的，上帝的作品即使带着恶，不仅在婴儿时期，也包括在任何年龄阶段，也是好的。实体、形式、生命、感官、理性能力以及所有其他，即使在恶人身上，不论他是谁，都是好的。若不是使我们生活、动作、存留的那位①，谁能使一个人存活呢？这样的事发生在他以某种形式运作的恩惠中，那是我们看不见的，唯有在那些我们借以生存的可见食粮中显现。因此那使人存活的，即使人过的是邪恶生活，也使人出生，尽管是经由被损坏的源头出生。

---

① 《使徒行传》17：28。

第二十五章

57. 你任意选取我书中的话，妄称我说：亚当犯罪之前婚姻的设置是另外一回事；它可以没有淫欲，没有身体活动，不需要两性而存在。但是你这样做究竟是什么意思呢？从婚姻中除去肉体借以争战圣灵的淫欲，除去你通过自制的美德加入荣耀的战斗中所反对的恶，但是如果你真要寻找在第一对人犯罪之前能够存在的那种婚姻，就不必再除去其他东西了。谁可曾设想过婚姻没有任何身体的活动，不需要两性的？然而，我们说，守贞洁的，不论独身者，还是夫妻，在自身里经历的战争在犯罪前的乐园里绝不会存在。因此，即使是现在也存在同样的婚姻，但那时的婚姻不会使用任何恶来生育后代，而现在它需要适当使用淫欲之恶。婚姻并不因这种恶而丧失自己的善，这些善表现在对贞洁的信心上，在结合的契约上，在结晶即孩子上。在那时，为生育后代丈夫也与妻子合为一体。然而，他们肉体里不会有狂乱的情欲活动，只有平和的意志活动，我们通过这样的意志吩咐身体的其他肢体。

58. 你指控我说了这样的话：满了世界的婴儿——基督为他们死了是魔鬼的作品，他们生于疾病，从其出身传染了罪。就婴儿的实体来说，他们不是魔鬼的作品，但由于魔鬼的作为，他们通过出身的方式有了罪。所以基督也为婴儿死了，这是你自己也承认的事实，因为为赦免罪而流的血也适用于他们。你否认他们通过出身的方式传染罪，也就使他们远离了这血。此外，你不应对我说淫欲是疾病的话义愤填膺，因为你自己也承认已经为它提供了一种药方。婴儿的源头，就是他们要从中出来的地方，就是亚当。这源头被损坏了，因罪受到谴责，所以基督设定了另一个源头，使他们可以重生。

第二十六章

59. 你说:"如果在未有罪之前,上帝造了人出生的源头,而魔鬼造了激发父母的源头,那么我们要毫不犹豫地把圣洁归于新生儿,把罪归于那些生育者。"你说的激发父母是什么意思?如果他们是被虔诚的意志激发,使其产生生育孩子的愿望,那这也是上帝制定的。如果他们是被情欲之火激发,那这情欲之火,光靠他们意志的决定,既不能煽起,也不能除灭,这是本性的伤,是人的推诿造成的——魔鬼引诱人推诿。因此我有充分的理由说:"在那永生的身体里,孩子的繁殖可能不需要那种疾病,但在这死的身体里,没有它孩子是不可能生育的。"①

60. 你争辩说:"孩子与生育能力这种善相关,那是在情欲之疾出现之前,上帝祝福时规定的;他们不是与情欲之疾相关——如果情欲是人犯罪后增加的东西。因此,圣洁必然归于新生儿,而罪归于那些生育者。"你没有看到整个本性——孩子要从这本性而来——因那大罪而变坏了。根据你的论证,你也可以说,夏娃,而非其他女人,必然感受生育的痛苦,因为上帝的祝福——"要生养众多"②,也就是生儿育女——是在女性还未被诅咒惩罚之前赐给的。然而,如果你真的使用这样的论证,那肯定会有人反驳说,从诅咒开始,就如从罪开始,整个本性变坏了,由此就产生了原罪,重轭临到亚当子孙的头上。

61. 使徒说:"我也知道在我里头,就是我肉体之中,没有良善","不是我做的,乃是住在我里头的罪做的","有恶与我同在","我觉得肢体中另有个律和我心中的律交战"。你认为使徒这些话是在描述一个律法下的犹太人,这是不对的。他是在描述在这个败坏肉体里的人性,

---

① *De nuptiis et concupiscentia* 1. 1。
② 《创世记》1:28。

人性作为上帝的作品最初被造时并没有过犯，但是第一人的自愿选择导致过犯，从而损坏了人性。"我真是苦啊！谁能救我脱离这取死的身体呢？感谢上帝！靠着我们的主耶稣基督就能脱离了。"① 这是谁说的话呢？是犹太人说的话吗？断然不是。毫无疑问，它们是一位基督徒的话，因此，其他能推导出这一结论的话也是基督徒说的。他说："我觉得肢体中另有个律和我心中的律交战"，又说："上帝的恩典借着我们的主耶稣基督就能使我脱离这取死的身体。"

62. 或许你认为这些话是某个初信教徒说的，他仍然在盼望重生的洗礼，盼望洗礼之后他肢体上就不再有律与他心中的律交战。但是你本人，如你希望我们相信的，在重生的洗礼之后，仍然借着自制的善加入与淫欲之恶的战斗之中。想一想使徒对加拉太人——他们当然都受了洗——说的话："我说：你们当顺着圣灵而行，就不放纵肉体的情欲了。"他没有说他们不会再有情欲，因为他们不可能没有；他说："不放纵肉体的情欲"，也就是说，不要通过意志的认同实施它们的作为。他说："因为情欲和圣灵相争，圣灵和情欲相争，这两个是彼此相敌，使你们不能做所愿意做的。"想想他是否也同样写信给罗马人："我所愿意的，我并不做；我所恨恶的，我倒去做。"在写给加拉太人的书信里他补充说："你们若被圣灵引导，就不在律法以下。"② 看他写给罗马人时是否也说："不是我做的"，"按着我里面的意思，我是喜欢上帝的律"，"不要容罪在你们必死的身上作王，使你们顺从身子的私欲"。③ 淫欲必然存在于罪身，存在于这取死的身体，但人若不顺从淫欲，那他就不会放纵使徒禁止他放纵的，使徒说："不放纵肉体的情欲。"整个段落描述的作为产生令人吃惊的后果："情欲的事是显而易见的，就如

---

① 《罗马书》7：18、20、23、25。
② 《加拉太书》5：16—18。
③ 《罗马书》7：15、20、22；6：12。

奸淫、污秽、邪荡、拜偶像"①，如此等等。因此，虽然肉体的淫欲在它们的活动中体现出来，但如果意志不认同它们，它们就不能在作为中成全。由此可以说，如果情欲与圣灵相争，圣灵与情欲相争，如果我们所愿意的，我们并不做，那么肉体的淫欲没有一个得逞，尽管它们确实产生出来了；我们的善工也没有成全，尽管它们也确实形成了。因为正如肉体的淫欲要成全，唯有圣灵认同它的恶行，从而圣灵不是与情欲相争，而是渴望与它融合；同样，我们的善工要成全，也唯有当肉体不再与圣灵相争。这就是当我们渴求完全公义时希望实现的结果，我们应当始终坚持这样的目标。但是我们不可能在这败坏的肉体里获得这种完全，所以使徒对罗马人说："立志为善由得我，只是行出来由不得我。"（立志在我，但我找不到成全善的力量）或者如希腊法典所表述的："立志由我，成全善由不得我。"② 他没有说不能行善，而是说不能成全善，因为行善就是不顺从自己的情欲③，而成全善就是脱离淫欲。因此，他对加拉太人的告诫"不放纵肉体的情欲"对罗马人却倒过来表述："我找不到成全善的力量。"只要我们的意志不顺从淫欲，它们就没有在恶里成全；同样，只要它们的活动——虽然我们没有认同——始终存在，我们的意愿就没有在善上成全。受洗者也必然经历这种冲突，就如进行一场战争，情欲与圣灵相争，圣灵与情欲相争；如果圣灵不认同恶的淫欲，它是做了善工，但没有成全善，因为它没有毁灭恶欲本身；肉体虽然有恶欲，但没有成全它，因为既然圣灵没有认同它，肉体就没有成全可恶的事工——这种冲突不是犹太人的，也不是其他任何人的，显然就是基督徒的挣扎，他们凭着端正的行为在这场战斗中奋力抗争。使徒简洁地向罗马人表明了这一点，他说："这样看来，我以内心

---

① 《加拉太书》5：19、20。
② 《罗马书》7：18。
③ 参《便西拉智训》18：30。

顺服上帝的律，我肉体却顺服罪的律了。"①

63. 若说这就是我们这取死身体的状况（当然不是乐园里那永生身体的状况），那么毫无疑问，婴儿在属肉的出生上遗传了罪的债，唯有当他们得属灵的重生时才能免除。他们不是从上帝所造的人性传染这种债，而是从仇敌（魔鬼）加给人性的伤口传染；这仇敌也不是如摩尼教徒所说的，源于非上帝所造的恶之本性，而是一个敌对的天使，他作为上帝的作品，原是好的，但因自己的作为现在成了恶的。这个仇敌先是伤害自己，使自己堕落，然后使其他人也像他一样，被驱逐，通过恶意劝告引发推诿的创伤，人类就因此成了跛足的，甚至那些行在上帝道上的人也不例外。

64. 我说："这淫欲受到无耻之人无耻的赞美，其实是可耻的东西。"② 我的话把你给激怒了，于是你使用许多忿怒的语言，甚至更加无耻的自我吹捧，并说当你试图根据圣经并用最显见的理由表明本性里没有恶时，你的目的是劝告人们追求美德。你说没有哪种美德高到无法企及，一个信主的人在上帝的帮助下也不能获得。你说你之所以坚持认为肉体里没有哪种东西必然源于恶，是因为人是在尊贵里造的，他羞于过丑陋畸形的生活，因而"节制必荣耀与生俱来的高贵，对抗卑下的懒怠"，以及其他诸多动人的术语。你奋力驳斥我们，说没有人会怀疑，圣洁被推翻，贞洁被玷污，道德价值被破坏与我们的教训有关，甚至是我们的教训必然导致的。你以为我无法否认这一点，因为你论断说，我把卑鄙的恶行归于本性的缺点，使罪人不再心生恐惧。你认为我为减轻行淫人的罪行，不惜伤害众使徒和所有圣徒，因为我说那金制的器皿使徒保罗常说："我所愿意的善，我反不做；我所不愿意的恶，我倒去做。"③ 你的诽谤还远不止这些。

---

① 《罗马书》7：25。
② *De nuptiis et concupiscentia* 1. 1.
③ 《罗马书》7：19。

65. 但是你一方面吹捧自己、贬斥我们，另一方面却在与淫欲之恶争战，你用语言加以否认的，在这争战中用行动承认了。你希望让人觉得你已经站在美德的高峰，自以为就站在顶点上，从这顶点本身争战紧追不舍的淫欲，似乎从堡垒发出反击，所以，不论你站得多高，你从未停止对抗里面的仇敌。然而你无耻地赞美淫欲——如果它征服你，就会使你更加彻底地毁灭——反对主，他寻你这迷失的人，即使被淫欲征服了也要寻。最明显的证据是在你书的结尾处，你说我唯一的目的就是凭着邪恶的记号发誓争战美德；试图用一切狡诈和怒火毁灭上帝之城；恐吓那些与卑鄙作斗争的人，使他们对获得贞洁感到绝望；杜撰出一种不存在的情欲，谎称它有多大的力量，理性根本无法支配和克制它，甚至使徒军团也不能抵制它。彻头彻尾的毁谤！我没有争战美德，而是尽我所能争战邪恶，并宣称必须对它们宣战。如果你也这样做，那你为何赞美你所反对的事物？既然你不敢在语言上大声反对仇敌，我怎么可能相信你要用美德去征服它？如果我们双方都攻击淫欲，为何我们不是双方都斥责它？你夸口靠自制驱逐的，为何不用语言来定罪？你说我杜撰出一种不存在的情欲，谎称它有多大力量，连理性也无法支配和控制它。我没有说情欲的力量奇大无比，人的理性在神帮助和激发下，也不能支配和控制它。但是你——你为何否认恶如果不控制就会杀人？请注意，你说我否认，其实我尽我所能表明：使徒军团争战情欲，情欲其实也争战他们。你诽谤我们，看起来似乎义愤填膺，似乎我们伤害了使徒。但你为何荣耀他们的仇敌，赞美你的仇敌？捍卫使徒军团所反对的，除了使徒的仇敌，还会是谁？

66. 情欲难道应该既拥有你的友谊又被你声讨，从而你在自身里攻击它，但反对我时又捍卫它吗？你的声讨是潜在的，你的友谊是显然的；显然的使潜在的成为可疑的。既然我们看到你的友谊是公开的，你还能要求我们相信你隐藏地发动的战争吗？你既然在全书充满对情欲的赞美，又怎么能使我们相信你反对情欲的刺激？但我将说服自己相信，我相信你攻击你所赞美的，但我很遗憾地看到你在赞美你所攻击的。总而言之，人是从这恶并带着这恶出生的，通过重生得救——你否认这一点。这是已婚者正当使用的恶，独身者完全不用它，所以做得更好。如果使肉体争战圣灵的，你也承认使徒军团所征战的，就是恶，那么当已婚者正当使用它的时候，他们不可能是在使用一种善，而是在使用一种恶。孩子从这恶出生，并带着这恶，所以他们必须重生，这样才能脱离这恶。他们的父母出生时也因这原恶而有罪，但他们已经借重生脱离了这罪。从他们出生的源头，而不是从他们重生的源头，除了他们自己出生时所有的东西，我们能指望他们生出什么呢？因此，他们生育有罪者，由于他们从他们自己出生的源头生育，所以他们不可能生育与他们自己出生时的样子不同的事物。但是，他们从哪里重生，就从哪里脱离他们出生带来的罪。因此，得释放的父母生出的有罪的孩子必然因那同样的重生得释放，因为他从恶出生，生来有罪，但重生者正当使用那恶，使人出生，从而得重生。如果你不争战这恶，那就相信那些正在与它争战的人。如果你自己也争战，那就承认这仇敌，不要对疾病大唱赞歌，把争战的经历表明是敌人的事物视为朋友。

| 第 四 卷 |

第一章

1. 现在我们翻到第二卷开头,看看你试图驳倒我的其余论证是什么。根据我们的计划,我们只讨论真正的难题,避开多余的问题,免得篇幅太长,使读者没有信心读下去,也不能引起他们足够的注意。在前一卷里,我们说了很多,向那些有判断能力的人充分表明了:信实而良善的上帝是人的造主;婚姻是上帝对两性的关系和结合设立的一种好,他赐福婚姻生养多多;肉体的淫欲使肉体争战圣灵,它是恶的。婚姻的节制正当使用这种恶,而更圣洁的独身禁欲完全不用这种恶,所以是更好的。这恶不是在我们里面混合非上帝创造的另一实体,如摩尼所胡吹的,而是由于一人的悖逆产生并传递的,必然通过一人(one Man)的顺服得到赎清和医治。人出生时伏于这恶,要受到应有的惩罚,而重生时白白得到的恩典使人得自由。你赞美这恶,驳斥我,看起来似乎是我的仇敌,但是你在自身中又争战这恶,于是成为我的见证者;然而你若不争战它,你就是你自己的敌人。我想我已经对你的第一卷书做了充分的反驳,覆盖了整个问题,但是为了防止有人以为我们不能回答你的其他三卷书,我们也要思考这些书中的虚妄主张。

2. 你对我书中的某些话狂喜不已①，"根据使徒的证据，婚姻的节制是上帝的恩赐"，似乎使徒赞美了你所赞美的恶，就是使肉体争战圣灵的恶②，也是婚姻的节制恰当使用的恶。我在前一卷里回答了这个问题。这是上帝的大恩赐，因为这恶受到极大限制，不能用于任何非法之事，只用于生育要得重生的孩子。它的力量是不能自我调节、自我克制的，如果人跟从它的引导，那他就无法禁绝非法行为。因此，它之所以受到赞美，不是因它那令人不安的活动，而是因个人能克制它，有益地使用它。

3. 若说已婚信徒恰当地使用那个恶——他们已经借着救主的恩赐脱离了它的罪——那些借着同一位造主的恩赐出生的人，就不是"生来伏于魔鬼的王国"（这是你反对我所说的话），而是相反，预备从这里获救转向独生子（the Only-begotten）的王国。这就是并且应当是虔诚的已婚人的目标：使出生成为重生的预备。然而，这恶，就是父母在自己身上感受到的恶，用你自己的话说，"使徒军团争战"的恶，如果这恶不是与孩子相关，那他们出生就没有这样的恶。但是由于他们实际上带着它出生，所以他们必须重生，以便免除这恶的罪；或者脱离此生，解除这恶，或者作为自由人在此生与它争战，末了作为得胜者得到奖赏，对此你为何感到吃惊呢？

4. 谁曾提出"夫妻关系是魔鬼创立的"？谁曾相信"身体的结合是推诿之恶的结果"？因为没有这些因素，婚姻绝不可能存在；如果没有人犯了罪，就不会有这种恶。请对我真正说过的话提出异议，我会澄清；但如果你所反驳的，是我根本没有说过的话，那我们的讨论何时才能终结？

5. 你认为，"如果人与恶一同出生，那可以推出，上帝的恩赐是有

---

① *De nuptiis et concupiscentia* 1. 3.
② 参《哥林多前书》7：7，《加拉太书》5：17。

害的，因为没有人不是借着上帝的恩赐出生的。"那就听好，听明白。上帝的恩赐使人存在、生活，它不伤害任何人。但淫恶之恶若不在那存在并生活的人里面，就不可能存在。也就是说，恶可以存在于上帝的恩赐里，并借上帝的另一恩赐得医治。因此，在人——他借上帝的恩赐存在并生活——里面可以存在恶，这恶由生育传染而来，必然因重生而被清除。婴儿如果没有出生，他就不可能带着恶魔出生，我们也不能认为他的出生是恶的原因。他是借着上帝的恩赐出生的，但他又带着恶魔出生，这是出于上帝隐秘的判断——但这是不义吗？

第二章

6. 我说过："如果人不拥有婚姻的好，他应向主求要。"① （这人是谁呢，不就是对他来说婚姻必不可少的人吗？）但在你看来我好像是说"他应求要性交的能力"。然而我说的是，人应向上帝求要婚姻的节制，以合法的方式使用婚姻，而不是毫无节制地性交。如果有人不能性交，那他最好不要娶妻，因为当使徒说"倘若自己禁止不住，就可以嫁娶"② 时，他希望婚姻成为一剂药方，你也是这样想的，医治淫欲之病，但你不承认这一点，尽管你说必然有对付它的药方。这药方不是在淫欲不存在的地方生产出淫欲，而是阻止它发展为不法行为。这里我们也可以利用我们在主祷文里提出的请求："不叫我们遇见试探"，因为"各人被试探，乃是被自己的私欲诱惑"③，如使徒雅各所说，但是我们祈求："救我们脱离凶恶。"④ 已婚者祈求，救他们脱离他们心里的恶，叫他们恰当地使用肉体里的恶（因为他们知道在他们的肉体之中没有

---

① *De nuptiis* 1. 3.
② 《哥林多前书》7：9。
③ 《雅各书》1：14。
④ 《马太福音》6：13。

良善①），这样到后来，当整个败坏被清除，整个恶就将被消灭。你何必去争战一个已被挫败的敌人？倒应去征服你赞美的里面的敌人；如果你那边发动战争的是恶，那我必然战胜你，这是确定无疑的。你不敢说支持真理的人被支持错误的人击败。我说你所争战的淫欲是恶的，你却说它是善的。你的舌头以骗人的诡诈称之为善的，你的战斗表明是恶的，你还要谎上加谎，声称我也说它是善的。我不可能把肉体的淫欲称为善的，因为使徒约翰说过它不是从父来的②，我是把婚姻的节制称为善的，它抵制淫欲之恶，免得它受到激发之后，把人引向非法行为。

7. 但是因为意识到你的论点多么肤浅，你，不是我，"突然攻击另一部分陈述"，说："生殖的热情增加婚姻的荣耀，如果借着信徒的努力和恩赐的力量使这种热情不渗透到不当行为中，不是让它没有熄灭，而是通过恩典抑制它，那么它本身的类型和它自己的模式是可以接受的，只有当它过度时才是可谴责的。"你在说这些话时没有注意，已婚者为生育的目标结合之所以是一种可称颂的善，原因在于它为淫欲之恶设立合法的界限。那么，为什么承认婚姻的结合是恶，即使没有对恶的认同，并且承认它将来也是恶，直到我们到达再也找不到恶的地方——为什么这样不是更好的？我们不要试图思考有什么善是从肉体的淫欲来的，而要想它生产了什么恶。因为婚姻的节制允许合法夫妻有热切的情欲，抑制非法结合者的情欲，情欲总是求乐的。这是善的，不是淫欲之善，而是恰当使用淫欲者的善。淫欲本身所行的是恶，不论它引起人追求的目标是合法的，还是非法的。这是婚姻的节制恰当使用的恶，但童女的自制避免使用它，这是更好的使用。

8. 你说："生殖的热情是某种本性上为恶的东西，应该根除，而不是减轻。"看，你像以前一样，不愿意谈论克制，宁愿谈论减轻。你知

---

① 参《罗马书》7：18。

② 参《约翰一书》2：16。

道人若不与它争战，就不可能克制它；你改变措辞，你的担心已经承认了与善争战的恶。你称之为生殖的热情，因为你羞于称它为情欲，或者圣经里通常所称呼的，肉体的淫欲。你应当说："如果肉体的淫欲本性上是恶的，就应当根除它，而不是减轻它。"这样，那些只知道日常语言的人就至少能明白你在说什么。但是你说话的口气就仿佛所有已婚的人——他们结婚的理由不是结出包含在抵制恶的那种自制中的果子，他们宁愿选择恰当使用恶，而不愿选择更好的，即杜绝使用恶——即使能够也不愿意根除淫欲。但是如果说在这取死的身体里，这恶对已婚者是必不可少的，因为没有它生育的善就不能存在，那么就让独身禁欲者去根除肉体的淫欲。你本人，虽然滔滔不绝，但并不留意自己在说什么，你也应当在你的肢体上根除情欲。情欲对你不是必需的，它的欲望也不是善的，因为如果你认同或者顺服它们，就会毁灭。

9. 事实上，你在你里面与之争战的，你反对的，你战胜它之后将它驱逐的，如果那就是恶，那已婚者是恰当使用这恶，而你杜绝使用它是更好的，只是你认为在他们里面的这恶是一种善。这里，你或者在说谎，或者是错误的，因为你不是要说情欲在已婚者里面是善的，而在圣童女和独身者里面是恶的。我们注意到，你已经说过："凡是遵循顺性的情欲模式的，就是适当地使用一种好。凡是没有遵循这种模式的，就是恶意地使用一种好。而凡是出于对圣洁童贞的爱，连这种模式也鄙弃的，那是做得更好的，就是干脆不使用一种好，因为事实上，他倚仗自己的健康和力量，鄙弃任何药方，以便参与荣耀的战斗。"由此你明确地声称，肉体的淫欲既存在于已婚者身上，也存在于独身者身上。你说它是一种好，已婚者恰当地使用它，而独身者做得更好，完全不用它；我说它是一种恶，但在圣童女和独身者那里，肉体的淫欲表明它自身是一种恶，因为如你所说，他们"加入荣耀的战斗"征战它；因此，他们做得更好，禁止使用它，不是不用善，而是不用恶。已婚者的使用也同样如此，他们使用的不是好。整个争论（如果有什么争论）涉及这样的问题，在那些立誓向上帝守身者的人身上，我们争论的肉体的淫欲究竟是善的，还是恶的。对独身者所说的话也适用于已婚者，因为已婚者恰当使用的东西，独身者做得更好，完全不使用。因此，如果能够，请你以你敏锐的智力和平和的态度回答，"使徒军团征战"的事物——如你在第一卷里承认的——为何是善的；也就是，当你指责我，似乎我说过"情欲的力量如此之大，甚至使徒军团也无法抵制它"，请说明这情欲为何是好的。这份指责倒对我更有利，因为一个军团，不只是圣徒，而是使徒们亲自征战那恶——你说是善。谁会相信这恶可能从攻击它的阵营里得到赞美？上帝绝不允许它谋取哪个古人，哪个使徒或圣徒的赞同。但是令人瞩目的是，至少有一个新异端分子莫名其妙地自称同时是两者——既是情欲的敌人，也是情欲的捍卫者；这个人固守着佩拉纠的异端，试图表明他衷心赞美该事物——但如果不把它驱除，就会毁灭他的心和魂；同时又在努力把它从自己的灵魂中驱逐出去——但他若不赞美它，就会使自己的教义变得无效。

10. 作为一个人，我要问，难道罪是恶的，而犯罪的欲望却是善的？淫欲在独身者的肉体里唤醒的，除了犯罪的欲望，还是什么？但他们不答应这种欲望，于是"加入荣耀的战斗中"，如你所承认的。对宣称独身的人，就是求婚姻行为的欲望也是恶的。它在那里能做什么？无论它做什么，都是恶的；倘若还有对它的认同，那它又会成全什么？在不可能通过淫欲求什么善的地方，淫欲能成全什么？有人说它在已婚者那里没有任何不得体，因为只要他们达到最高程度的婚姻节制，他们所做的一切就不是为它本身的缘故，而是通过它成全某种善。我问你：你出于愚蠢所保护的对象，你出于智慧所争战的对手，既然就它本身而言，它在那里绝不能成全任何善，也没有任何善从它而来，那它究竟成全了什么？它在那些按照它不论求什么都是恶的人里面能成全什么；如果他们稍有认可，即使是在梦里的认可，他们一醒来就叹息又叹息，说:"为何我的心全是幻觉?"① 当梦境迷惑昏沉的感官,就是贞洁者也会陷入卑鄙的认同之中——我不知道为什么。如果至高的上帝要将这些认同归咎于我们,那谁能过贞洁的生活?

11. 所以我谈论的是恶。你只要不是对一切堂堂真理充耳不闻,以至于声称欲求恶是善的——这样的话,即使在聋子中间你也不能宣称——你就不会把这恶称为善。你问,为什么恶没有从独身者身上根除?为什么没有"借心灵的力量剔除整个事物"?你说:"如果它是恶,那情形就该是这样。"但因为它在已婚者身上没有被根除,而必须加以控制,所以你认为它是善的,尽管你注意到,只要有使用它的地方,即使是有限使用,它也存在;就它存在而言,它是有害的——倒不是说即使人不认同它,它也会使他丧失圣洁,但肯定会减损圣洁灵魂的属灵之乐,就是使徒说的:"按着我里面的意思,我是喜欢上帝的律。"② 当灵魂——即使没有跟从淫欲追求肉体之乐,而是相反,与它争战——加入荣耀的战斗时,这样的喜乐必定有所减损,战斗本身就使它无法享受理智之美。由于在我们目前的悲惨状态中,骄傲是更恶的敌人,需要持续注意,所以我们放胆说,或许在圣洁独身者的肉体里淫欲没有完全消失,这样,当灵魂在与淫欲作战时,它可能会留意自己的危险,从而避开虚假的安全。这样的状态必然要一直持续,一直到灵魂获得完全的圣洁,不再受到念头或者膨胀的骄傲所困扰。"能力在人的软弱上显得完全"③ ——战斗是软弱的表现。人越是能轻易地战胜,就越不需要战斗。如果自身里没有对立面,谁会在自身里面战斗呢?如果我们里面没有任何需要清除和医治的东西,自身里怎么会有对立面呢?因此,我们战斗的原因就是我们自身里有软弱。另外,软弱也能提防骄傲。没错,人在此生很容易骄傲自满,但美德使他不自傲,这美德,还有能力,就

---

① 《诗篇》36:8。(和合本无相应诗句,该经句为中译者按英文直译。)
② 《罗马书》7:22。
③ 《哥林多后书》12:9。

在软弱上显得完全。

12. 所以我们说,独身者不使用(这样更好)的东西,已婚者恰当使用。也就是说,已婚者恰当使用的恶存在于他们身上,只是他们恰当使用它;它也存在于独身者身上,只是他们做得更好,禁止使用它。它存在于这些人身上,这样他们就不会变得骄傲。"唯有过度的情欲是可指责的"——也就是说,在缺乏克制力的人身上,它们是可指责的——但是淫欲本身在它的活动中也是可指责的,所以必须加以抗拒,不然就会出现过度。所谓"对本性上有害的事物加以克制并不能增加人的清白"之话是不对的,事实上,只要不认同恶就能增加清白,只是我们不能因此说,不被认同的事物不是恶。它无疑就是恶,因为不认同它就是善。如果淫欲是善的,那么人认同淫欲怎么会是恶的呢?既然可以说,人经由婚姻行为——这行为中并非完全没有淫欲之恶——种下孩子,也就是上帝的良善作品,没有任何恶,那认同淫欲(如果它是善的)也不会有什么恶。你不可能说:"情欲产生种子。"是上帝创造了人的种子,也是他从种子造了人,但是写人出生的源头有很大关系。(这个源头包含恶)这个恶有隐秘而可怕的传染性,即使重生已经使一些人脱离它的罪,正如他们所生的那些孩子必然得救,也不能避免这恶的传染。

13. 你从我引用的关于婚姻节制的话,我确实说过,我并不为之懊悔:"既然这些恩赐确实源于上帝,我们就从他知道,如果我们不拥有这些恩赐,就当向他求拥有它们,当我们拥有它们之后,就当感谢他。"我们感谢他,不是如你说的,"为淫欲被发动了",因为发动淫欲的是人最初的恶,"而是为它得到控制"。这一点你自己也承认,因为你提到了两者"或者它被发动,或者它被控制"。因此,我们为淫欲得到控制而感谢上帝,只要它胆敢反抗,就把它制服。但是反抗善意的事物必定不是善,只能是恶。谁会否认这就是恶呢?除非他不拥有那种善意,但他也承认善意只可能受恶攻击。

第三章

14. 我在书中阐述了婚姻的节制是上帝的恩赐，并通过使徒的见证教导这一观点，然后我不愿意忽视关于某些不信者的问题，他们似乎也与配偶过着贞洁的生活，对于他们我们该说些什么。① 你从我书中的这一部分内容引用了其他一些段落。你否认使人行为正直的美德是上帝的恩赐，而认为它们属于人性的意志，不属于上帝的恩典，所以你常常争辩说，不信上帝的人有时也有这些美德，由此你企图使我们的论断无效，我们说，若不是借着我们的主耶稣基督，他是上帝与人类之间的中保，依靠信心，就没有人能正直地生活。你这样做最明白地表示你自己就是他的仇敌。我们不能离题太远，但我们要看看你对这些陈述的反驳是否证明我是错的。我写道："凡是没有与妻子守婚姻之信约，并且是为真上帝的缘故守信约的，不可能真诚地称为贞洁的。"我还说明了我是怎样证明这一点是正确的，提供了看起来应该非常重要的证据。"因为节制是美德，与它对立的恶是不节制；而所有美德，即使那些通过身体起作用的，也住在灵魂里，所以如果灵魂本身不忠实于真上帝，那凭什么正当理由说身体是节制的？"然后，为避免你们中有人否认不信者的灵魂是不忠实的，我提供了圣经里的证据："看哪，远离你的，必要死亡；凡离弃你行邪淫的，你都灭绝了。"② 但是你，虽然说过"凡是我认为显要的观点都要追击"，却完全略过了这个观点，似乎我认为它是枯燥乏味的。你必须决定你要否认哪个前提。你十分欣然承认婚姻的节制是美德；你也没有否认，所有美德，即使是那些通过身体起作用的，都住在灵魂里。而公开承认敌视圣经的人，可能会否认不信者的灵

---

① *De nuptiis* 1.4.
② 《诗篇》72：27。

魂背弃上帝。从所有这些我们推出，或者真正的节制可以存在于背离上帝者的灵魂里——你看这是多么荒谬——或者在不信者的灵魂里不可能有真正的节制。然而当我说这话时，你假装是个聋子。我没有像你所诽谤的"为了辱骂实体而赞美恩赐"。人的实体若不是善的，它不可能得到神圣恩赐；正是那实体的过犯本身证明它的本性是善的，因为过犯是令人不快的，它贬低或减少本性里令人愉悦的东西，减少到什么程度，就令人不快到什么程度。

15. 因此，当人得到神助时，他不只是"在帮助下获得完全"，如你自己所写的，由此暗示人不需要恩典，靠自己可以开始那借着恩典成全的事业，但是我们最好重复一下使徒的话，他说，那在你们心里动了善工的，必成全这工，直到末了。① 你希望人荣耀，不是在主里面，而是在他自己的自由意志上，因为你希望他"在高贵之心的激励下走向可称颂的事物"，这样他得先奉献，然后得到报偿。果真如此，恩典就不再是恩典②，因为它不是白白给的。你说："人的本性是善的，它应得这种恩典的帮助。"如果你这样说是因为人的本性是理性的，上帝借着耶稣基督赐给的恩典不是给石头、木头或牲口，那我会愉快地接受这一点。人作为上帝的形象配得这种恩典，不是因为人先有善意，不需要恩典，因而有某种东西先于恩典，应当给予回报，那样恩典就不再是恩典，因为它不是白白给的，而是作为某种应给的东西给的。你为何以你惯用的方式论断我"认定神圣恩赐在于意志的果效"，似乎人的意志不需要上帝的恩典，可以自行引向善，而上帝使他的意志有效，作为对他的回报。难道你忘了我们反驳你时从圣经引用的话？——"意志是主所预备的"③，或者说我们立志也是上帝在我们心里运行的结果。对上帝的恩典忘恩负义的人！对基督的恩典以及基督徒这个名称本身持敌视

---

① 参《腓立比书》1：6。
② 参《罗马书》11：33、6。
③ 《箴言》八章（七十子希腊本圣经）。

态度的人！难道教会没有为她的仇敌祷告？我问你：她为什么祷告？如果她祷告，愿他们得到报应，因他们实施了自己的意志，那他们必受到重罚。反对他们的事物是不会支持他们的。但她为他们的好祷告。因此，她为他们祷告不是因为他们的意志是善的，她祈求坏的意志能转变为好的意志，就如使徒所说："意志是主所预备的"，"你们立志……是上帝在你们心里运行"。①

16. 不敬神的人是恩典的死敌，你为我们提供了这些人的典范，你说，他们"虽然没有信仰，甚至被迷信束缚，但是不借助于恩典，仅靠良善的本性，就充满美德。这样的人仅凭他们与生俱来的自由力量，往往是仁慈的、端庄的、贞洁的、节制的"。你说这话，就已经把你原来认为属于上帝恩典的事物，即意志的果效，从恩典里取消了。你不是说那些人可以成为仁慈的、端庄的、贞洁的、节制的，但因为没有借着恩典成全意志，因而没有成为这样的人。如果他们既立志成为这样的人，实际上也成为这样的人，那么我们已经在他们里面看到意志和意志的果效。(如果这意志和意志的果效不是恩典) 那么在那些你说显然充满美德的人身上，还有什么东西是属于恩典的？如果你那么喜欢赞美不敬神的人，一定要说他们充满真正的美德——似乎你不曾听到圣经里说："对恶人说：'你是义人'的，这人万民必诅咒，列邦必憎恶。"② ——那你干脆承认这些美德是上帝对他们的恩典，岂不更好。根据上帝隐秘的判断，他的判断并非不公，有些人生来意志薄弱；有些人智力低下，思维迟钝；有些人则拥有两样恩赐，既有敏锐的思维能力，又能把所学知识贮存在非常强大的记忆宝库里。有些人天性温和；有些人动不动就发火；有些人介于两者之间，对复仇不温不火。有些人是阉人；有些人生性冷淡，几乎没有什么东西能使他激动；有些人好色

---

① 《腓立比书》2：13。
② 《箴言》24：24。

成性，几乎难以克制；有些人介于两者之间，有时候很容易激动，有时候懒散倦怠。有些人非常羞怯；有些人非常大胆，有些人既不那么胆小也不那么胆大。有些人快乐，有些人忧郁，有些人介于两者之间。我所提到的这些全不是源于设置或构想，而是出于本性，因此医学家敢将它们归因于身体的结构。不论在经过全面考察之后提供什么答案，即使所有可能的问题都得到了解决，我们仍然可以问，每个人是否都为自己造了身体，他或多或少忍受的这些本性之恶是否必须归于他的意志？没有人，不论以什么方式或者出于什么原因，能在此生逃避它们，不忍受它们。不论是最大限度的忍受，还是最小程度的忍受，没有人有权利对造他的那位说——尽管他是全能的，公义的和良善的——"你为什么这样造我呢？"① 除了第二亚当，没有人救人脱离压在第一亚当子孙身上的重轭。② 所以，把你所说的不敬者身上的美德也归于神圣恩赐，而不是只归于他们的意志，那要可接受得多；尽管他们对此一无所知，直到——如果他们属于预定的数目——他们领受从上帝来的灵，从而渐渐知道上帝赐给他们的事。③

17. 但是人若不是义人，上帝不会让真正的美德存在于他身上。④ 同样，人若不因信得生，上帝也不会让他成为真正的义人，因为"义人必因信得生"⑤。那些希望被人认为是基督徒的，除了佩拉纠主义者，或者在佩拉纠主义者中除了你，谁会把一个不信主的人称为义人，把一个不敬神的人称为义人，还说义人受制于魔鬼？——不论他是法布里西乌（Fabricuis），是斯西庇奥（Scipio），是莱古鲁斯（Regulus），你认

---

① 《以赛亚书》45：9；《罗马书》9：20。
② 参《便西拉智训》40：1。
③ 参《哥林多前书》2：12。
④ 奥古斯丁认为美德若不是靠信心形成的，就不是真正的美德，这一理论在这里比其他任何地方都讲得更加严格。这是一个简单的逻辑推理，是从两个真理推导出来的：没有洗礼谁也不能得救；上帝不会定罪善的事物。参圣托马斯对奥古斯丁含义的解释，尤其是在 *Summa theological*, 2. 2, q. 23, a. 7.
⑤ 《罗马书》1：17。

为这些名字能吓倒我，似乎我们是在古罗马的法庭上说话。你也可以诉求于毕达戈拉斯的学派，或者柏拉图的学派，但是最博学、哲学上造诣最深、也远比其他人高贵的人说过，除了那些以某种方式在心里留下那永恒、不变之实体——也就是上帝——的形式的人，那些学派中没有真正的美德。此外，我要以我神赐的虔诚和自由驳斥你："真正的公义不在那些人里面"，"义人必因信得生，信道是从听道来的，听道是从基督的话来的。因为律法的总结就是基督，凡信他的都得着义"。① 那些人怎么能是义的？对他们来说，真正义人的谦卑是庸俗的。骄傲使他们不跟从自己的理智，"因为，他们虽然知道上帝，却不当作上帝荣耀他，也不感谢他。他们的思念变为虚妄，无知的心就昏暗了。自称为聪明，反成了愚拙"②。那些没有真智慧的人怎么可能有真义呢？如果你把真智慧归于他们，那就没有理由不说他们到达了经上所论到的王国："追求智慧的欲望能把你带到王国。"③ 因此，如果不信基督的人通过其他途径或者通过推理的力量可以到达真正的信仰，真正的美德，真正的公义，真正的智慧，那么基督就是徒然死了。正如使徒关于律法说得一点不假："义若是借着律法得的，基督就是徒然死了。"④ 同样，我们可以真实地说，如果义是借本性和意志得的，那基督就是徒然死了。如果不论哪种义，是通过人的教导而得的，那么基督就是徒然死了，因为给予真正义的，也给予上帝的国。如果真正的义人不能被接入上帝的国，那上帝本身就是不义的，因为这国本身就是义，如经上所写："因为上帝的国不在乎吃喝，只在乎公义、和平并圣灵中的喜乐。"⑤ 如果不信者的公义不是真正的公义，那么不论他们拿哪种美德与之联合，他们的

---

① 《罗马书》10：4，17。
② 《罗马书》1：21，22。
③ 《所罗门智训》6：21。
④ 《加拉太书》2：21。
⑤ 《罗马书》14：17。

美德都不是真正的美德（因为没有把上帝的恩赐归于它们的造主，导致恶人不义地使用这些恩赐）。因而，就不信者的美德来说，无论是自制，还是节制，都不是真正的美德。

18. 但是你误解了使徒的话"凡较力争胜的，诸事都有节制"①，因为你声称吹笛子的和其他无名的普通人也有自制，而圣经说它是一种极大的美德，若不是上帝赐给，没有人能拥有自制。② 当那些人加入某种争斗中，他们为虚妄地追求冠冕而奉行克制。这种虚妄、颓废的贪求占据他们的心，克制了其他颓废的贪求，因此他们被认为是有节制的。但是令斯西庇奥们深感受伤的是，你尽管用动人的语言大力赞美他们的节制，却又把这种节制归给舞台表演者，忘了当使徒劝告人求美德时，使用了人的一种不健全的情感作为比喻。另外，圣经有一段经文劝告我们要爱智慧，说，就像追求钱财一样追求智慧③，难道我们必须因此认为圣经在赞美贪婪？众所周知，爱钱财的人怎样费尽周折，不辞劳苦，逆来顺受，克制怎样的大喜大乐，只求增加财富，或者防止财富减少；他们以怎样的精明追求赢利，以怎样的谨慎避免损失，通常害怕拿别人的财产，有时候甚至看轻自己的损失，免得在对它的调查和诉讼中损失更多。因为这些特点是众所周知的，所以可以用这样的比喻劝告我们爱智慧，叫我们视智慧为财富，热切追求它，获得越来越多的智慧，忍受许多考验，克制欲望，思考未来，这样我们可以保存清白和恩惠。无论何时我们这样行为，我们就拥有真正的美德，因为我们的目标是真实的，就是与我们的本性相一致的救赎和真正的幸福。

19. 有些人说："美德是灵魂的一种习性，与理性和适度的本性相一致"④，这样的美德定义并没有错，但是这些人不知道与必死者的本

---

① 《哥林多前书》9：25。
② 参《所罗门智训》8：21。
③ 参《箴言》2：4。
④ 西塞罗，*De inventione* 2。

性相一致的，就是要得自由和幸福的本性。并非所有人仅凭自然本能就会盼望成为不朽和幸福的，除非他们能够获得这种不朽和幸福。这种最高的善只能借着基督，钉十字架的主临到人；死本身因他的死被征服了，我们的本性因他的伤而治愈了。因此，义人因信基督而得活。因为借着这信心，他谨慎、勇敢、节制、公义地生活，并由此在所有这些美德上正确而智慧地生活，因为他按信心生活。如果美德不帮助人获得那种真正的幸福，真正的基督里的信应许我们这幸福是不朽的，那它们绝不可能是真正的美德。如果我们说守财奴的美德是真正的美德——他们谨慎地思考赢利的各种途径，为谋求钱财勇敢地忍受残忍而痛苦的经历，节制而清醒地斥责人们迷恋的各种欲望；他们不抢夺别人的财产，常常对自己的损失嗤之以鼻，看起来似乎与公义相关，但他们这样做是为了避免陷入讼案遭受更大的损失——说这是真正的美德，你是否就开心了？如果谨慎地、勇敢地、节制地、公义地完成了某事，我们就有了四大美德，按你的观点它们是真正的美德，也就是说，如果我们只考虑做了什么事，而不考虑为什么做，那么它们都是真实的。我要引用你自己的话，免得说我是在诽谤你。你说："整个美德的源头在于理性灵魂，所有使我们或有效或无效地成为好人的情感（affections）都在我们心里，如同在它们的主体里；它们是谨慎、公义、节制、坚毅。虽然追求这些情感的能力天生就在所有人里面，但它们并非在所有人里面都谋求同样的目标，而是根据意志的论断——它们顺服意志——或者被引向永恒的事，或者被引向世俗的事。此时它们的区别不在于它们是什么，不在于它们做什么，只在于它们该得什么。无论是它们的名称，还是它们的类型，都不能忽略；它们的区别只在于，当它们追求伟大的奖赏时，就使人丰富多彩；如果它们的追求微不足道，就令人灰心丧气。"我不知道你从哪里了解到这些事，但我相信即使现在你也可以看到，如果是这样，那我们就得把守财奴思考各种利益的谨慎看作真正的美德；他们有时候因担心自己的财产遭受更大的损失，而看轻小的损失——就得把这样的公义看作真正的美德；他们克制对奢侈的欲求，因为那要花费很多钱，所以只满足于必需的食物和衣物——也得把这样的自制看作真正的美德；得把他们的坚毅，如贺拉斯所说"他们跨越海洋，攀越岩石，上刀山下火海，逃避贫困"[①] 看作真正的美德；我们还知道，有些人在野蛮人入侵时，敌人的任何折磨都不能迫使他们放弃自己拥有的东西，那我们也得把这样的坚毅看作真正的美德。若此，这些美德用于这样的目的显得如此卑贱，如此丑陋，因此绝不可能是真实而真正的美德，但是在你看来却是真实的、美丽的，甚至"无论是它们的名称，还是它们的类型，都不能忽略，只是由于它们的追求太微小，才令人灰心丧气"，也就是说，你是根据属地利益的果子来判断，而不是通过属天的奖赏来判断。（所以在你看来）卡提林（Catiline）的公义不是别的，是真正的公义：他有很多朋友，他侍奉他们，保护他们；他与众人分享财物；他的坚毅是真正的坚毅，能够忍受饥渴寒冷；他的忍耐是真正的忍耐，在斋戒、寒冷、守夜中具有不可思议的忍受能力。[②] 除了愚拙人，谁能成为这样的智慧人？

20. 但是我们看到，你，一个学者，被这些恶的表象蒙骗，以为是真理。它们看起来接近美德，与美德毗邻，但它们与美德的距离，如同邪恶与美德的距离。坚定不移是美德，它的对立面是反复无常；然而，可以说，有一种恶与这种美德接壤，那就是顽梗，看起来与坚定很相像——当你认识到我所说的是对的，但愿你没有这种邪恶，不然，你仿佛热爱坚定，却完全可能是顽梗地坚守错误。因此，不仅有邪恶与美德相反，与它们截然对立，比如鲁莽与谨慎相对，还有邪恶看起来与美德很相近，很相似，但并非真的如此，那只是蒙人的表面。我们发现，与谨慎相邻的，不是鲁莽或者不谨慎，而是精明，但那是一种恶——尽管

[①] 贺拉斯，*Epistolae* 1. 1. 46。

[②] Sallust, *De Catilinae conjuratione* 15。

圣经的话"要灵巧像蛇"①应当在好的意义上理解,而在乐园里说的"蛇比田野一切的活物更狡猾"②,要在坏的意义上理解。要找出所有这些与美德相邻的邪恶之名称并不容易,但是即使我们叫不出它们的名字,我们也必须当心它们。

21. 你知道,美德必然与邪恶相区别,不是看它们的功能,而是看它们的目的。功能就是它所成全的事物;而目的是为什么成全。就算人做某事时看起来没有犯罪,但他做这事如果不是出于他应该做这事的原因,他就是犯罪。你不注意这一点,把目的与功能分开,说离开目的的功能可以称为真正的美德,结果你陷入了这样的荒谬之中,甚至得把以贪婪为情妇的事物称为真正的公义。如果你只考虑功能,那么拒不拿别人的财产看起来也像是公义。但是,如果有人问他为什么这么做,回答是:"为了不在争讼中丧失更多的钱财",这样的作为,为贪婪服务的作为,怎么可能属于真正的公义呢?伊壁鸠鲁把美德作为快乐的使女引入,这样的美德,不论它们做什么,都是为了获得或者拥有快乐而做的。上帝禁止真正的美德侍奉除了主之外的任何人,就是我们对他呼告的:"美德之主啊,求你使我们回转。"③因此,美德若侍奉肉体快乐或者任何世俗利益或者属地的奖赏,不可能是真正的美德。但是不给予任何事物帮助的美德也不是真正的美德。人里面的真正美德侍奉上帝,它们是上帝赐给人的;天使里面的真正美德也侍奉上帝,它们也是上帝赐给天使的。人所做的任何良善,如果不是为了真智慧吩咐的目的而得以成全的,从它的功能看可能是好的,但因为目的不正当,所以就是罪。

22. 因此,即使那些行为者不是以恰当的方式行事,也有可能作出好的行为。帮助危险中的人是好的,尤其是帮助清白的人。但是如果人的行为是为了爱人类的荣耀,而不是爱上帝的荣耀,那他就不是以好的

---

① 《马太福音》10:16。
② 《创世记》3:1。
③ 《诗篇》79:8。(参和合本《诗篇》80:7:"万军之上帝啊,求你使我们回转。")

方式行好事，因为只要他的行为不是以好的方式做的，他就不是良善的。一个意志如果荣耀别人，或者荣耀它自己，而不是荣耀主，那上帝不允许它是善的，或者被称为善的。它的果子也不可能被说成善的，因为坏树不能结好果子；相反，好的作为属于上帝，他甚至借着恶人行善。因此，你所说的"所有美德就是使我们或者有效或者无效地成为善人的情感"，这观点错得多么离谱，简直没法说。我们不可能无效地成为善人，不论我们无效地成为什么，从那一点说，我们都不是善的，因为好树结的是好果子。上帝给那些不结好果子的树预备了斧子，要把它们砍下来，丢在火里；但我们绝不能说良善的上帝为好树预备了斧子。① 所以，人绝不可能无效地成为好的；只是在那些不好的人中，有些恶少一点，有些恶多一点。

23. 我不明白回想使徒的话里描述的那些人对你有什么帮助："没有律法的外邦人，……自己就是自己的律法，显出律法的功用刻在他们心里。"你试图通过这些外邦人证明，即使那些基督信仰外的人也可以有真正的公义，因为使徒说他们"顺着本性行律法上的事"。在这一段落里你清楚地表达了使你成为上帝恩典之仇敌的教义，这恩典是借着我们的主耶稣基督赐给的，就是带走这世界的罪的那位②。你引入一个族类，他们可以通过自然之法而没有基督的信仰使上帝悦纳。这是基督教会之所以憎恶你的主要原因。那么你希望他们成为什么样的人呢？他们是否要拥有真正的美德，但只是无效地成为善的，因为不是为了上帝的缘故？或者他们中有些要被上帝悦纳，要从他得永生的报偿？如果你说他们是无果效的，那美德对他们有什么用？因为根据使徒，"就在上帝审判人隐秘事的日子"③，他们自己的念头将为他们辩护。如果那些有自己的念头为自己辩护的人不是无效地成为善的，因为他们按本性做律

---

① 参《马太福音》7：17、18；3：10。
② 《约翰福音》17：29。（和合本无对应章节。）
③ 《罗马书》2：14—16。

法之工,因此从上帝领受了永恒的回报,那么不可否认,他们之所以为义,原因在于他们因信得活。

24. 我从使徒引用的证据——"凡不出于信心的都是罪"——你高兴地接纳了,但你并不是按它自己的意思解释,而是按你加给它的意思解释。使徒先是在谈论食物,但当他说:"若有疑心而吃的,就必有罪,因为他吃,不是出于信心"时,他希望对所论及的这种罪做一般性陈述,同时得出结论说:"凡不出于信心的都是罪。"① 我不妨暂且同意你,把它只理解为对食物的论述。那我在同一个段落里引用的另一则证据怎样呢?你没有质疑,因为你发现根本无法将它歪曲以迎合你的观点。我从《希伯来书》引了经句:"人非有信,就不能得上帝的喜悦。"② 为得出这一陈述,保罗讨论了人的整个生命,义人因信得活的生命。然而,纵然没有信就不可能得上帝的喜悦,但没有信的美德却使你喜悦,所以你说它们是真正的美德,它们使人成为善的。③ 然后同样,你似乎懊悔赞美它们,所以毫不犹豫地说它们是无果效的。

25. 因此,那些按本性之法成为义的人得上帝喜悦,并且是因信而得上帝的喜悦,因为人非有信,就不能得上帝的喜悦——他们得喜悦凭的是什么样的信心呢?不就是基督的信心吗?如我们在《使徒行传》里读到的:"上帝叫他从死里复活,给万人作可信的凭据。"④ 之所以说他们没有律法,仅凭本性做了律法的事工,是因为他们从外邦人来到福音面前,不是从割礼而来,割礼是有律法的,而是凭着本性而来,好叫他们相信,他们的本性就是因上帝的恩典获得修正。你不可能通过他们来证明你想证明的东西——即,即使不信者也有真正的美德——因为

---

① 《罗马书》14:23。
② 《希伯来书》11:6。
③ 奥古斯丁纠正了最初陈述这一命题时给人产生的刺目印象,尤其是当他解释不信者的善工时,并声称有各种不同程度的永罚。
④ 《使徒行传》17:31。

那些人是信徒。如果他们没有基督的信心，那他们既不是义的，也不能叫上帝悦纳，因为没有信心，就不能得上帝的喜悦。因此到了审判的日子，他们的念头将为他们辩护，使他们得到比较容易忍受的惩罚，因为在某种意义上他们按本性做了律法的事工，把律法的工刻在了心上，甚至能做到己所不欲，勿施于人。但是那些没有信心的人就犯了罪，因为他们没有将他们的事工指向应该指向的目标。法布里西乌受到的惩罚肯定比卡提林轻，不是因为法布里西乌是善的，而是因为卡提林更恶。法布里西乌比卡提林少一点邪恶，不是因为他有真正的美德，而是因为他偏离真正的美德还没有那么远。

26. 或许你将提供一个介于地狱和天国之间的处所，那些未得上帝喜悦的人——人非有信，就不可能得上帝的喜悦，他们在自己的事工上没有信心，在心里也没有信心——就住在那里，但不是处在悲惨境状中，而是处在永恒福祉中？你是否要为那些对自己属地的祖国表现出巴比伦式的热爱的人构想这样一个处所？他们以公民道德侍奉魔鬼或属人的荣耀，但那不是真正的美德，只是看起来类似于真正的美德——是不是为法布里西乌、莱古鲁斯、法比乌（Fabii）、斯西庇奥、卡米利乌（Camilii），以及其他诸如此类的人①，设计出这样的处所？就如你为没有洗礼就离世的婴儿所做的那样？我不相信你自己的毁灭状态还能卖弄这种轻率行为。你问："难道那些有真正公义的人会陷于永恒的地狱？"轻率至极的话！他们里面没有真正的公义，如我所宣称的，因为功效不应只按行为衡量，而要看它们的目的。

27. 你这位风度翩翩、彬彬有礼的绅士带着优雅和智谋断言："如果不信者的贞洁不是真正的贞洁，那么同样的理由必然可以说，异教徒的身体不是真正的身体，异教徒的眼睛没有视力，长在异教徒田地里的庄稼不是真正的庄稼，以及许多其他荒谬至极的结论，会让明智的人大

---

① 这些人都是罗马的爱国英雄，为他们的国人所热爱，以他们的生平和成就而闻名。

笑不已。"你的笑不是使明智的人笑，而是使他哭泣，就如疯子的笑使他们健康的朋友哭泣。你要与圣经相反，否认不信者的灵魂犯通奸罪？你还笑，你还是健全的吗？这是从哪里出现的，怎样出现的，为何会出现？这既不是真正的贞洁，也不是真正的明智。事实上，我说，犯通奸罪的灵魂的贞洁不是真正的贞洁，而笑说这可耻之事的人的疯狂是真正的疯狂。我们绝不会说异教徒的身体不是真正的身体，如此等等。我们不能这样推导：如果不敬之人夸口的美德不是真正的美德，上帝所造的身体就不是真正的身体。我们可以明确地说异端分子的眉毛不是眉毛——如果我们不是指上帝所造的肢体，而是指羞耻。如果我没有在我的书里预料到你对"凡不出于信心的都是罪"这话的解释甚至包括不信者身上那些上帝恩赐的事物，不论它们是灵魂的好，还是身体的好，那会怎样呢？正是在你的解释里我们发现你徒然唠叨着身体、眼睛以及其他肢体。长在异教徒田地上的庄稼也属于这一类。它们的创造者是上帝，不是异教徒。你没有将我的以下这话与我的其他话一起引用："因为灵魂、身体，以及灵魂和身体中合乎人性的任何一种善，都是上帝的恩赐，甚至在罪人中也是这样，因为创造它们的是上帝，而不是他们。至于'凡不出于信心的都是罪'这话，指的是罪人自己做的事。"① 如果你真的记得我这段简短而清晰的陈述，我想你不至于会不诚实到这样的地步，竟断言我们会说这样的话："异教徒的身体不是身体，异教徒的眼睛没有视力，长在异教徒田地上的庄稼不是庄稼。"我要不断重复我对你说过的这些话，就仿佛你刚从睡梦中醒来，因为它们可能已经从你心里溜走了。我说："这些是上帝的恩赐，甚至在罪人身上也如此，因为创造它们的是上帝，不是他们。至于'凡不出于信心的都是罪'这话，指的是罪人自己做的事。"当你说出疯话，发出大笑，你的行为就像一个精神错乱的人，但是当你毫不注意并且忘掉那些真理，如我所

---

① *De nuptiis* 1. 4.

说的，我不久前刚刚说过，并且它们就写在我那篇你似乎要反驳的作品里，此时你更像一个懒鬼，而不是疯子。

28. 你说你很惊奇，"这么杰出的人"——用嘲笑的方式指我——"竟然没看到当他论断有些罪被另一些罪征服时，帮了我多大的忙"。你接着说："无论如何，一个人通过自己向圣洁的努力，加上上帝的帮助，可以没有罪。因为，"你说，"如果罪可以被罪克服，那罪被美德克服岂不是更加容易得多？"你说这话仿佛我们会否认上帝的帮助至大无边，只要他愿意，我们就能在今日完全剔除我们无可避免地要与之争战的邪恶淫欲。但即使是你，也不会承认这样的事会发生，至于它为什么不发生，那是因为"谁知道主的心？"① 但是我确实知道，不论什么原因，在上帝隐秘而崇高的计划里总有某种东西可以解释，为什么只要我们活在这必死的肉体里，我们里面就有某些东西是我们的心灵必须与之争战的，知道这点可以说是一种大知识了。所以我们要说："免我们的债。"② 我对你说，作为人对人说，并且是作为一个"属地习性压迫心灵，使它承担很多事情"③ 的人，我说，就神创造的各种本性的优点而言，在造物中没有什么东西比理性思维更优秀的。因此，一个好的心灵在自身中比在其他任何造物中享有更多的快乐和满足。然而这种自我喜悦是多么危险，多么有害，因为它在得意忘形中可能引发高烧，生出错觉之疾。只要它没有看见——到了末了它必然看见——至高的、不变的善，这种危险就始终存在；只有与那至善相比，它才会鄙薄自己，并且出于对至高者的爱，它就会发觉自己可恨；它将完全充满他伟大的灵，从而选择至善，舍弃自己，不仅以它的理性，而且以永恒的爱。我们需要花很长时间来证明这一点；那被饥饿折磨得精疲力竭的人醒悟过

---

① 《罗马书》11：34。
② 《马太福音》6：12。
③ 《所罗门智训》9：15。(此节乃中译者根据英文直译。)

来，意识到了这一点，说："我要起来，到我父亲那里去。"① 于是我们知道，我们必须生活在每日求罪得赦免之中，生活在这虚弱之地，这样我们才不会活在骄傲之中。当骄傲之恶不再能够试探灵魂，没有任何事物我们必须与之争战，到那时，灵魂必充满至善的异象，燃烧对它的炽烈之爱，在这种对至善的炽爱中，它不可能堕落，再次沉湎于自我喜悦之中。由于这种骄傲之恶，就是使徒保罗，也不敢把自己交托给自己的自由意志，因为他还没有获得对至善的完全分有；为了防止他自高，上帝就让撒旦的差役去攻击他。②

29. 不论原因是这样的，还是其他我远不能理解的事物，我不能怀疑，无论我们在这可朽身体的负担之下取得了多大的进步，"我们若说自己无罪，便是自欺，真理不在我们心里了"③。因此圣教会就算是为她肢体中那些既没有罪行的玷污，也没有错误的皱纹④的人，也鄙视你目空一切的反驳，从不停止向上帝恳求："免我们的债。"不知道你教义的人不会意识到你的傲慢有多大，对个人美德多么自以为是，你说："无论如何，人凭自己向圣洁的努力，再加上上帝的帮助，可以完全没有罪。"你的意思是想说，先有人出于自己的意志向圣洁的努力，不需要上帝的帮助，而上帝的恩助不是无偿的，而是完全应得的。由此你认为一个人可以在这可悲的生命中做到没有罪，所以他没有任何个人的原因需要祈求上帝说："免我们的债。"你似乎说得比较含蓄，因为你没有说他可以没有所有罪，也没有说只是某些罪，而非所有罪。你挖空心思地斟酌所说的话，使它在字面上既不会受到我们的攻击，又留有自我辩护的余地，似乎你对自己冒昧的论断也感到脸红。如果你在佩拉纠主义中间，你就可以说你之所以没有说只是某些罪，是因为人可以完全没

---

① 《路加福音》15：18。
② 参《哥林多后书》12：7。
③ 《约翰一书》1：8。
④ 参《以弗所书》5：27。

有所有的罪。如果是在我们中间讨论，你可以说你之所以没有说所有罪，是因为你希望我们明白，你的意思是说每个人都必须为某些罪祈求宽恕。但是我们这些知道你的意思的人，不会洞察不到你的企图。

30. 你说："如果一个外邦人给一个赤身露体的人穿上衣服，因为这不是出于信，所以就是罪吗？"就它不是出于信而言，它确实就是罪——不是就事情，也就是给赤身露体者穿上衣服这件事本身而言是罪；而是说，一个不敬神的人不会承认，在这样的事工中不把荣耀归于主这就是罪。为使你明白这一点我们已经说得很多了，但是由于这个问题很重要，请再稍作留意。是的，我要引用你自己的话："如果外邦人"，他不是因信而活，"给赤身露体的人穿上衣服，救人脱离危险，为伤者包扎伤口，出于真诚的友谊捐助钱财，或者即使备受折磨也拒不作伪证"，那我要问你，他做这些好事是出于好意，还是恶意？如果他是以恶的方式做这些事的，那么尽管这些事本身是善的，你也不能否认凡是以恶的方式做的，都是犯罪，不论他做的是什么。但是你不希望他做这些事是犯罪，所以你必会肯定地说，他是行善，是出于好意做的。那么坏树就结出好果子了，而根据真理，这是不可能的事。不要急于表达观点，先仔细想一想你的回答。你是否把一个不信神的人称为好树？若是，那他必然得上帝的喜悦，因为好人必得至善者喜悦。那么圣经上为何说："凡不出于信就不能得上帝的喜悦？"① 你是否会回答说，他是好树，并非就他不信神而言，而是就他是一个人而言的？但是我们的主岂不是说过："坏树不能结好果子？"② ——无论他是谁，是人，或者是天使。如果是人，就他是人而言，是好树，那么可以肯定。一个天使，就他是天使而言，也是好树，因为天使是上帝的作品，上帝是一切好本性的造主。因此，就不会再有经上说不能结好果子的坏树了。完全没有

---

① 《希伯来书》11：6。
② 《马太福音》7：18。

信心的人会怎样想？因此，说某人是坏树，不能结好果子，不是就他是人而言的——人是上帝的作品——而是就他是有恶意的人而言的。那你还要说一个不信主的意愿是好意吗？

31. 或许你会说一个怜悯的意愿是好的。如果怜悯无论如何都是好的，就如基督的信心，就是使人生发仁爱的信心①始终是好的，那这话没错。但是有一种怜悯是恶的，就是在争讼的事上偏护穷人②，扫罗王也因这样的怜悯最终罪有应得地受到上帝的惩罚，因为他出于人的情感，违背上帝的诫命，宽恕了被俘的王。③ 仔细看看，唯一好的怜悯完全有可能就是出于这好信心的怜悯。为了使你彻底明白，请回答你认为不信的怜悯是否为好的怜悯。如果以恶的方式拥有怜悯是过错，那不可否认，以不信的方式拥有怜悯也是过错。怜悯就其本身来说，出于本性同情，是好的事工，但不信地使用这种善工的人是以恶的方式使用它，以不信的方式行这善事的人就是以恶的方式行善事；而凡是以恶的方式行事的就是犯罪。

32. 我们从这些话可以得出，不信者的行为，即使是善工也不是他们自己的善工，而是那使用恶人作善人的上帝所做的工。但他们的罪是他们自己的，他们以恶的方式行善事就是罪，因为他们行这些事，不是出于一个相信的意志，而是出于不信的意志，也就是说，出于愚蠢而有害的意志。没有基督徒会怀疑，只能结出坏果子，也就是生出罪的树是坏树。因为不论你愿意与否，"凡不出于信心的都是罪"④。因此，上帝不可能爱那些树，如果他们始终保持原来的样子，他就计划把他们砍去，因为"人非有信，不能得上帝的喜悦"。但是我在这里停住了，似乎你本人没有说过那些树不结果子。我问你，当你赞美不结果子之树的

---

① 参《加拉太书》5：6。
② 参《出埃及记》23：3。
③ 《列王记上》十五章。(查和合本《旧约》，应为《撒母耳记上》十五章。)
④ 《罗马书》14：23。

果子时，你是否在开玩笑或者在胡言乱语？树或者不结果子，或者结的是坏果子，两者都不应当受到赞美；或者结的是好果子，那树就不是不结果子的，而结好果子的树是好树，应得上帝的喜悦，好树不可能得不到悦纳。否则圣经里的话"人非有信，就不能得上帝的喜悦"，就是错的。最后一句话怎么与前面的话统一呢？

33. 你的回答还能是什么，不就是徒劳无益的话吗？你说我曾断言"人如果没有为上帝的缘故行善，从而不能从他得永生，那他们往往是无效地成为善的"。那么公义而良善的上帝难道要把好人送到永死去？我很遗憾地注意到，当你思考这样的事，说这样的事，并且把它们记载下来，然后又转过来指责我，因为我没有犯同样的愚蠢之罪，你这样做会引出多少错误的结论。简而言之，你虽然在这些问题本身上确实犯了错，人能犯错到什么程度，你就错到了什么程度，但是为了防止有人以为我只是在文字上对抗你，请理解我们主所说的话："你的眼睛若昏花，全身就黑暗。你的眼睛若了亮，全身就光明"[①]，并从这话知道，人若不是出于好的信心——就是使人生发仁爱的信心——行善工，他的全身，可以说那是以各样事工为肢体构成的，就会变得黑暗，也就是充满罪的黑暗。不信者的事工在你看来是他们自己的善工，但你至少会同意，他们的事工不会引导他们获得永恒的救恩和王国。要知道，我们说人的这种善，这种善意，这种善工若没有上帝的恩典——这恩典是借着上帝与人之间的一位中保赐给的——就不可能给予任何人，并且只有通过这种善，人才能被引向永生和上帝的国。所有其他在人看来是可赞美的工作，在你看来可能是真正的美德，它们看起来可能也是善工，没有任何罪地成全了，但就我来说，我知道：它们不是根据善意行出来的，因为一个不信神的、不敬神的意志不是一个善的意志。你称这些意志为好树，但是我只要

[①]《马太福音》6：22、23。

说它们不结上帝的果子,所以不是善的,这就足够了。它们依赖你的话,你的赞美,以及如果你愿意,以你为种植者,可能与那些也视之为善的人结果子。然而,不论你愿意与否,我的论点必然得胜:对世界的爱——人借此成为这世界的朋友——不是从上帝来的;只享受造物,无论是哪种造物,而不爱造主的,这种爱不是从上帝来的;而对上帝的爱引导人走向上帝,这种爱只能借着耶稣基督连同圣灵从上帝来。借着对造主的这种爱,每个人甚至对造物也能正当使用。而没有这种对造主的爱,任何人都不能正当使用任何造物。这种爱是需要的,它能使夫妻间的节制也成为一种有福的善;肉体结合的意图不是情欲之乐,而是生育子孙的渴望。然而,如果求乐占据上风,迫使一种行为以自身为目的,而不是为了生育孩子,那么这就是罪,只是鉴于这是基督徒的婚姻,这种罪将得到宽恕。

第四章

34. 我没有写过你所引用的话,即所谓的"孩子之所以伏在魔鬼的权势之下,是因为他们是由肉体的结合出生的"。说"肉体结合所生的人"与说"因为他们是由肉体的结合所生的"不是一回事。这里,恶的原因不是他们由肉体结合所生,因为即使人性不曾因第一人的罪而被损坏,孩子也必须通过肉体结合才能生育。那些由肉体结合所生的人之所以在还未借着圣灵得到重生之前伏在魔鬼的权势之下,是因为他们是通过使肉体与圣灵争战也迫使圣灵与肉体争战的那种淫欲出生的。[①] 如果不曾有人犯罪,善恶之间就不会有这样的争斗。正如在人犯罪之前没有任何争斗,同样,在人治好疾病之后也不会有任何争斗。

---

① 《加拉太书》5:17。

第五章

35. 你详尽地驳斥我的这段话："因为我们是由不同等善的元素构成的，所以灵魂应当支配身体。一者是我们与诸神共有的，另一者我们与群兽共有的。因此，较好的一者即灵魂赋有美德，应当支配身体的各肢体和它的诸欲望。"你没有注意到支配欲望并不是像支配肢体一样。欲望是恶，我们靠理性克制它们，用我们的心灵征战它们；肢体是善，我们通过意志的决定使它们运作，只有生殖的肢体除外，但它们也是上帝的作品，也是善的。它们被称为 pudenda（可羞的），因为情欲有比理性更大的力量推动它们，尽管我们不允许它们做它们引诱我们做的事，因为我们可以轻易控制其他肢体。那么，人何时恶意地使用他好的肢体？不就是当他认同他里面的邪欲吗？这些欲望中，情欲比其他欲望更卑劣，如果不加以克制，它就会干出可怕的罪行。唯有婚姻的节制能善意地使用这种恶。这种情欲在兽类却不是恶，因为在它们，它不与理性争战，它们没有理性。你为何不相信，在没有罪之前，上帝可能已经将它按神圣的方式给予乐园里的人，让他们可以通过平静的行为和结合或者身体肢体的交合生育孩子，而没有任何情欲；或者至少他们里面的情欲是这样的：它的行为既不先于意志，也不越过意志？或者你认为赞成情欲不算什么，除非把它作为引诱不愿意的人甚至与它争战的人的东西赞成？这就是佩拉纠主义者所夸口的那种情欲，他们甚至夸口它的争斗，仿佛他们夸口的是一种善。但是圣徒们叹息着承认情欲，以便从恶中解脱出来。

第六章

36. 你诽谤我，说我说过这样的话："在可笑的自相矛盾中，有些人从好的行为获得罪,有些人因恶的行为成为圣洁的",因为我说过:"不信者没有信心地使用婚姻的善,把它变为恶,变为罪;同样,信徒的婚姻将淫欲之恶转变为公义的使用。"① 我没有说有些人从好的行为获得罪,而是说从恶的行为,也就是他们以恶的方式使用善的行为获罪;没有说有些人通过恶的行为成为圣洁,而是说从好的行为即善意地使用恶的行为。如果你不愿意明白或者假装不明白,就不要把它弄得别人难以理解,就是那些既愿意也能够理解的人。

第七章

37. 你说:"如果有人生而有恶,他就绝不可能靠洗涤变成善。"按照同样的推论,你可以说生来必死的身体绝不可能变成不朽;如果第二个推论是错的,那第一个也同样是错的。上帝创造人时并没有创造恶;相反,他创造的善从并非他创造的罪获得了恶。他虽然没有创造恶,但他治愈了他所创造的善里面的这种恶。

38. 我们没有说"魔鬼设立了婚姻的结合和两性生殖的结合",或者"已婚者为生育的目的结合是一种魔鬼行为",因为所有这些都是上帝制定的,如果不曾有魔鬼造成的推诿之伤——从中产生肉与灵的不和——所有这些可以不沾染淫欲之恶而存在。为何不想想你的立场,不为你竟然能从喋喋不休的絮叨中引出这样的奇谈怪论"魔鬼在夫妻结合中抓住他们,阻止他们生育必因重生得自由的孩子"而脸红?——仿佛鬼魔一看到原本不敬神的人决定成为基督徒,就不能再继续扼制仍然处在他权势之下的这些人,他不是能随心所欲吗?也不能如你想象的那样推论说,当父母为生育将来要重生的孩子而同房时,魔鬼就带着威胁和恐吓反对他们。因为孩子是借着上帝的创造权能,通过魔鬼造成的

---

① *De nuptiis* 1. 5.

伤口生成的，人类就因这伤口而成了跛足的；这孩子要从亚当转移到基督。但是如果基督不同意魔鬼之军的要求，就是对猪群，他们也没有控权制。① 因此，那知道怎样为殉道者从逼迫本身——逼迫也是他允许魔鬼发动的——中获得冠冕的，为了善人的利益善意地使用每一种恶。即使在那些或者不思考使自己的孩子重生，或者甚至恨恶它的夫妻之中，两性为生育的目的合法结合也是一种好的婚姻行为，因为这种行为的果子就是有序地生育孩子，尽管有些父母以邪恶而有罪的方式使用这种善，夸口生育了不敬虔的孩子，或者夸口所生育的不敬虔的孩子。不论人怎样沾染或遗传了罪，变得污浊，就他们是人而言，他们是好的；而因为他们是好的，所以他们出生是好的。

39. 以下的说法是不对的："通奸和一切不正当性行为都应当提倡，这样就有子孙后代。"你以为自己能够将这种荒谬的结论强加于我们，因为我们说，婚姻从情欲之恶引出繁衍子孙之善。我们的论断正确而合理，绝不可能推导出这种有悖常理的错误结论。我们主的话"要借着那不义的钱财结交朋友"②，并不意味着我们应当增加自己的不义，去偷盗、抢夺，以便扩大我们的怜悯，从而照顾更多的圣洁穷人。我们应借不义的钱财结交朋友，他们可以接我们进入永恒的居所；父母应当从罪的伤口生育要得重生进入永生的孩子。正如我们不应通过恶，通过偷盗、欺诈、掠夺增加我们的财富，供给更多贫困的公义朋友，同样，我们也不在我们与生俱来的恶上再增加通奸、强奸、奸淫，以便从这个源头生育更多的后代。恰当使用已经存在的恶是一回事，引出另一种新的恶则完全是另一回事。一者是从源于父母的恶中生出一种自愿的善，另一者是在源于父母的恶之外增加个人的自愿的恶。当然两者之间必然有分别。使用不义的钱财为贫困之人服务，这是可赞美的行为，但是借着

---

① 参《马太福音》8：31、32。
② 《路加福音》16：9。

自制的美德克制肉体的淫欲,比使用婚姻的果子更可赞美。肉体的淫欲之恶实在太大,如果能克制不用,那比恰当使用更好。

第八章

40. 接下来你引入我的另外一些话,说了很多无关紧要的事反对我,重复我已经在前面的论证中反驳了的观点。如果我沉湎于重复同样的话,那争论何时能结束?你提出你的追随者常常用来反对基督恩典的无谓论断,你说我们借着恩典之名,说人因注定的必然性而成为善的,但是那些还不能说话的人以声音和舌头强烈抗议你。你不厌其烦地唠叨,要使人们相信佩拉纠在巴勒斯坦主教面前谴责的教义,即"上帝的恩典按照我们的功绩赐给",但你没有提到婴儿有什么功绩,可以使那些被收为上帝儿子的人与那些没有接受那种恩典就死去的人之间相区别。

41. 你诽谤我说过我们不应指望人的意志作出任何努力,因为那会与福音书里的话相矛盾,我们的主在那里说:"你们祈求,就给你们;寻找,就寻见;叩门,就给你们开门。因为凡祈求的,就得着;寻找的,就寻见;叩门的,就给他开门。"① 这里,你似乎已经把这祈求、寻找、叩门看作先于恩典的功绩,所以应有相应的报偿给予这样的功绩,于是我们只是徒劳地谈论恩典,似乎没有恩典在先,感动心灵,从而向上帝祈求、寻找这种圣福,我们就叩门,一直叩,门就开了。如果反对的、敌对的心灵皈依向主不是恩典的作为,那么经上写的话"他的怜悯引领我"② 是徒然的;为我们的仇敌祷告的命令是徒然的③。

---

① 《马太福音》7:7、8。
② 《诗篇》58:11。(和合本无对应经文,故此句为中译者按英文直译。)
③ 《马太福音》5:41。

42. 你引用了使徒的一个证据，说上帝愿意万人得救，明白真道①，所以叩门的人，他就给他们开门。你想要用你的教义让我们明白，之所以并非所有人都得救，都明白真道，其原因在于，虽然上帝愿意给，他们却不愿意祈求；虽然上帝愿意提供，他们却不愿意寻找；虽然上帝愿意开门，他们却不愿意叩门。婴儿不能说话，他们的沉默就驳倒你的观点，因为他们既不祈求，也不寻找和叩门——实际上，在他们受洗时，有时甚至还尖叫、吐口水、挣扎反抗——然而他们接受并发现门向他们打开了，他们进入上帝的国，拥有永恒的救恩和真道的知识。更多的婴儿没有得到那"愿意万人得救，明白真道"的上帝的恩典。你不能对他们说："我愿意，只是你们不愿意。"② 如果上帝早就有定意，他们这些还没有按自己意志作出决定的能力的人，谁会抵制他万能的旨意？那么我们为何不接受这话"他愿意万人得救，明白真道"，如我们接受同一位使徒所说的"因一次的义行，众人也就被称义得生命了"③？因为上帝愿意凡是借着一人的义行得到恩典，被称义得生命的人都得救，明白真道。另外有人可能会问我们：如果上帝愿意所有人都得救，明白真道，但他们没有明白，因为他们不愿意明白，那么为什么这么多没有洗礼就夭折的婴儿没有进入确定有真道的上帝之国？是否他们不是人，所以"万人"这个词并不包括他们？既然他们还不知道在这样的事上如何愿意或者如何不愿意，那能不能说，上帝诚然愿意，但他们不愿意？即使是受洗后夭折的婴儿，他们借着洗礼的恩典，明白在上帝的国里完全确定的真道，即使是这样的婴儿，进入上帝的国也不是因为他们自己想要借基督的洗礼获得更新的生命。如果前者不受洗的原因是他们不愿意，后者受洗的原因也不是他们愿意，那么为何上帝虽然愿意所有人都得救，都明白真道，却不允许这么多人——他们并没有出于任何自己意

---

① 参《提摩太前书》2：4。
② 《马太福音》23：37。
③ 《罗马书》5：18。

志的决定抵制他——进入他的国,明白那确定的真道?

43. 或许你会说,婴儿之所以不应算在那些上帝愿意他们得救的人数中,原因在于,婴儿是根据你在这里理解的救恩种类得救的:你说,因为他们没有传染任何罪。由此,你就推导出一个更为荒谬的结论,认为上帝对十分不敬、可耻的人比对非常清白、几乎没有什么罪之污点的人显出更大的仁慈。因为他愿意前者全部得救,他也必然愿意他们进入他的国,只要他们得救,就可推导出这一点;而他们中间那些不愿意的人就阻断了自己的道路。另一方面,上帝不愿意大量没有受礼就死去的婴儿进入他的国,尽管他们,如你所认为的,没有被任何罪阻挡,也没有人怀疑他们不可能以自己的意志抵制他的旨意。那么是否可以作出这样的推论:他愿意所有这些人都成为基督徒,但他们中许多人不愿意;他不愿意所有那些人成为基督徒,但他们没有一个人不愿意。这是与真理格格不入的。主知道谁是属于他的①,他愿意他们得救并进入他的国,这是确定无疑的。因而,"那愿意万人得救,明白真道的"这话应当像我们所解释的那样理解:"从一人的义,众人都被称为义而得生命。"

44. 如果你认为使徒的证据可以这样解释,"万"这个字的意思是在基督里称义的许多人(事实上,其他许多人没有被引入基督的生命),那么可以这样驳斥你,"那愿意万人得救,明白真道的"中的"万"是指上帝愿意其获得恩典的许多人。这样说要恰当得多,因为除了他愿意的,没有人能来。子说:"若不是差我来的父吸引人,就没有能到我这里来的。"② 因此,所有得救并明白真道的人都是经他愿意的,所有来的都是出于他的意愿。像婴儿那样的人,还没有使用自由意志,是按他的旨意重生的,也借他的创造权能生成;那些已经实际使用自由

---

① 参《提摩太后书》2:19。
② 《约翰福音》6:44、66。

意志的，若不是借着他的旨意和协助——意志是由他预备的——就不能发挥自己的意志。

45. 如果你问我他为何不改变所有不愿意的人的意志，那我也要请你回答：他为何不通过重生的水洗接纳所有要死的婴儿，因为他们的意志是沉寂的，根本不可能反抗他？如果你觉得这个问题对你来说太深奥无法考察，那我得说，对我们双方，这两个问题都太深奥难测了。也就是说，无论是成人还是婴儿，上帝为何愿意帮助一个，而不愿意帮助另一个。但是我们认为，上帝没有任何不公平的①，这一点是确定的，并且永恒不变，所以他可以谴责任何不曾做错事的人；上帝是圣善的，因此他释放许多没有任何个人功绩的人。在那些他所谴责的人中，我们看到众人应得的报应，叫那些他所释放的人从中知道，他们应得的惩罚给他们解除了，他们不应得的恩典赐给了他们。

46. 你不知道怎样按照恰当的基督教精神来思考这些问题，所以你才会说它们是注定要发生的。"不是出于功绩的，就是出于命运"，这是你的话，不是我们的话；但为了避免有人根据你的界定得出这样的结论，无论对人发生了什么，只要不是由于功绩发生的，就必然是命运使然，你尽最大的努力主张既有好的功绩，又有恶的功绩，免得否定了功绩之后，你就只剩下命运了。因此有人可以用以下的论点反驳你。首先，你说，如果人没有个人功绩而得到事物，那必然是出于命运。因此我们必须承认功绩，你说，因为如果没有功绩，就必然是命运。而婴儿没有任何功绩，所以他们受洗是出于命运，进入上帝的国也是出于命运；再者，婴儿没有过失，他们不受洗是出于命运，没有进入上帝的国也是出于命运。看哪，乳儿不能说话，无法宣告你犯了宿命论之罪。然而，我们认为功过应归于被损坏的源头，根据这一理论，我们说，一个婴儿进入上帝的国是出于恩典，因为上帝是善的；另一个婴儿没有进入

---

① 参《罗马书》9：14。

上帝的国是罪有应得，因为上帝是公正的；无论哪种情形，都不是命运问题，因为上帝随己愿行事。我们虽然知道一个受谴责是根据他的审判，另一个得释放是出于他怜悯，他的怜悯和审判我们都满怀信心地称颂①，但我们是谁，敢问上帝他为何谴责这个，而不是那个？受造之物岂能对造它的说："你为什么这样造我呢？"用泥土做器皿的窑匠难道不是从同一个团块——它的源头已被损坏且被定罪——根据怜悯拿一块做成贵重的器皿，又根据审判拿另一块做成卑贱的器皿？② 因此，被定罪的没有权利报怨他所得的惩罚，白白得到恩典的也不能夸口自己的功德。相反，当他认识到白白给予他的东西，在同样条件下要求另一人偿还，他应当谦卑地献上感恩。

47. 你声称我在另一卷里说过："如果赞同恩典，就否认自由意志；同样，如果赞同自由意志，就否定恩典。"你诽谤我，这不是我所说的话，尽管由于这个问题很难，可能看起来并被认为是这样说的。我不反对完整地引出我的话，好让读者看看你怎样误解我的作品，又怎样利用无能者或无知者，他们把你的喋喋不休误以为是振振有词。我在致圣皮尼亚努（Pinianus）的名为《论恩典驳佩拉纠》（De gratia contra Pelagium）第一卷末尾处说："自由意志的问题涉及极难描述的特点，以至于如果捍卫自由意志，似乎就否认了上帝的恩典；如果主张上帝的恩典，似乎就否认了自由意志。"③ 你这个诚实而真诚的人，（在引用时）剔掉了我的一些话，添加上你自己的阐释。我说，那个问题很难理解，但没有说不可能理解；更没有说你谬传的那些话："如果赞同恩典，就否认自由意志；同样，如果赞同自由意志，就否定恩典。"如果你是准确地陈述我的话，那就不存在诽谤了。只要把我的话放在它们的上下文中理解，我说"似乎"，我还说"被以为"，你在这个重大问题上的欺诈就

---

① 参《诗篇》100：1。（和合本无相应经文，此句为中译者直译。）
② 参《罗马书》9：20、21。
③ De gratia Christi 52.

昭然若揭了。我没有说否认恩典，而是说似乎否认恩典。我没有说否认或者失去自由意志，而是说以为失去。你许诺说只要把几卷书本身检查一番，我陈述中的不敬虔就会一目了然，就可以摧毁。如果人们看到说谎者是真实可靠的，那谁还会在争论中寻求智慧呢？

48. 你说："人若说罪给予不敬者的东西，恩典也给予它自己，那他不是称颂恩典。"你这是指婚姻的节制，你认为不敬者拥有这种节制。你这好争论的人，真正的美德，不是杜撰的或者不存在的东西，是借着恩典赐给的。只是你为何将节制和童贞合在一起，似乎它们是同一类事物？节制属于灵魂；而童贞属于身体。身体可能在暴力下失去童贞，但节制在灵魂里不受伤害；同样，身体上的童贞可能毫发未损，但灵魂里的节制被淫欲所败坏。因为这个原因，我说的不是真正的婚姻或寡居或童贞，而是真正的节制："不论是夫妻的、寡妇的或童女的，若不是与真正的信心结合，我们就不可能谈论真正的节制。"① 当他们通过受损的意愿行奸淫之事，或者淫猥地想象放荡行为，他们诚然可以是夫妻、寡妇或童女，但不可能是节制。你说即使他们心里奸淫，也可以有真正的节制，按照圣经，所有不敬者都在心里犯有奸淫罪。

49. 如果婚姻为繁殖子孙的目的正当使用淫欲之恶，那谁能说"恶存在于夫妻的肢体里"？如果引发淫欲只为生育的唯一目标走向合法结合，那淫欲就不会是一种恶；但事实上，婚姻的节制抵制这种恶，成为它的界限，并因此是一种善。你说"它的罪因信仰而不受惩罚"，这是造谣，因为如果有人借着源于信心的善正当使用情欲之恶，那就没有犯罪。这里也不能说，如你所认为的："我们可以作恶以成善。"② 因为婚姻作为婚姻，里面没有恶。在那些父母所生的人中，婚姻并没有生出他们里面的恶，而是发现里面的恶，这恶不属于婚姻本身。就第一对夫妻

---

① *De nuptiis* 1.5.
② 《罗马书》3：8。

来说，他们没有父母，所以不和谐的肉体淫欲之恶，也就是婚姻正当使用的恶，是罪的结果，不是婚姻的结果，婚姻不应从那恶被定罪。你为何问，我是把基督徒夫妻的交配之乐称为节制还是称为不节制？请听我的回答：称为节制的，不是快乐，而是对那恶的正当使用，而因为这种正当使用，恶本身不能被称为不节制。不节制是可耻地使用那种恶，正如童女的节制是克制不使用它；因而，恶丝毫不损害夫妻的节制，它是从出生的恶传染的，要在重生中得到洁净。

50. "但是，如果连基督徒夫妻生的孩子都因为情欲之恶而沾染过错，那么唯有童女的节制才能拥有幸福，而在不敬神的人中就可以看到这种节制"，如你所说，"所以那些在节制这一美德上修炼到极致的不信者，将胜过被情欲之瘟疫毁掉形象的基督徒"。事实不是如你所说的，你大错特错了。那些正当使用情欲的人没有被情欲毁掉形象，只是他们确实生育了那些被情欲之瘟疫毁掉形象并因而必然要重生的人。在不敬神的人中也没有显现出童女的节制，尽管身体上的童贞可能在他们身上有所表现。真正的节制不可能存在于犯奸淫的灵魂里。因此，不应选择不敬者的童贞之善，而舍弃信徒的夫妻之善。夫妻若是正当使用这恶，就胜过以邪恶方式使用它的童女；因此，只要已婚者正当使用情欲之恶，就不会如你诽谤的："他们因为信就免于惩罚。"因为他们的信，他们的贞洁是一种真正的而非虚假的美德。

51. 你指控说，摩尼教徒声称："人如果意识清醒地威胁说要杀人，那他是有罪的，因为他知道自己在说什么；如果他吹牛说要做某件违法之事，虽然他要以恶的方式做，但他相信自己是出于信心才这样做的，那他就无罪。"我们要怎样关注你的这种指控？我从没听说过摩尼教徒说这样的话。但是就算他们确实说了，或者你又在诽谤他们，那又怎样？大公教信仰——我们所坚持的信仰，我们也极力向你陈述它的力量所在——没有说过这样的话。我们说，看起来是善工的事工没有信，就不是真正的善，因为真正的善工必然是上帝所喜悦的，而没有信是不可能使他喜悦的。① 因而，没有信不可能存在真正的善工。而在事工中生发仁爱的信心不会做显然是恶的事，因为爱是不加害于人的。②

52. 你说："因此，合性的淫欲是善的（你羞于称之为肉体的淫欲），只要以适当的方式保持它，它就不会被任何邪恶的诽谤所贬损。"我问你怎样才能以适当的方式保持它？若不抵制它，还能怎样保持它？若不是为了避免它贯彻恶的欲望，为什么要抵制它？那么它怎会是善的？

第九章

53. 你提到我第一卷里的那些话："上帝赐福给第一对夫妻的婚姻，说：'要生养众多'，难道他们不是赤身露体，却并不害羞？"③ 那么为什么犯罪之后那些肢体使人感到尴尬呢？不就是因为那里有不雅的活动吗？如果人不曾犯罪，那不可否认，婚姻里就不可能存在这样的活动。④ 我这些话是根据圣经里的记载写的，凡是读过《创世记》这一部分的人都会毫不犹豫地认同我的话。但是你看了我的话，却费了很大劲喋喋不休地做了一番反驳，只是你缺乏真诚。尽管经验向你表明你不可能推翻我的真理性论断，但你依然停留在自己可恶的论断中。你在反驳中装腔作势，刻意歪曲，就像一个人喘着气，没有能力到达自己的目标，就把尽其所能仍然无法达到目的，便在自己造成的模糊烟幕中假装已经到达目标。但这些我都要略过，在主的帮助下，我要抓住并驳倒你论证的主要部分，这样，不论谁仔细读了你的作品和我的作品，都会看到整个主体溃不成军——尤其是因为你以如此多的形式不断重复的事被

---

① 参《希伯来书》11：6。
② 参《加拉太书》5：6；《罗马书》13：10。
③ 参《创世记》1：28；2：25。
④ *De nuptiis* 1. 6.

我们如此频繁又充分地驳倒。

54. 除了其他事，你说，我以为我能表明上帝创立了一种天上的婚姻，因为第一对人因感到羞愧把产生情欲的肢体遮盖起来。如果没有情欲的婚姻必然是天上的，那么根据你的理论，身体必然是天上，那里不会有情欲。或者你是否深爱情欲，以至于强迫复活的身体也接受情欲，就如你也把它置于犯罪前的乐园？我不否认，尽管你可能会让我否认，"合性的东西就是没有它本性就不存在的东西"；在目前，没有那种过错，人性就不能出生，所以那过错是合性的，但是我得说，起初并不是这样规定的。因而，这恶的源头不是本性的最初设置，而是第一人的恶意；但它不会永远留存，而是必然或者被定罪，或者被治愈。

55. 你把我的观点比作那样的虫子，它们"被压碎之后放出一股臭气，正如活着时是一种令人讨厌的东西"，似乎你——如你所说——以压碎我、制服我为耻，或者你"憎恶注视并毁灭"我所藏身的"污物"。你所给出的理由是，你的节制"就如圣殿的看守者，禁止"在完全可能压倒我并毁灭我的论证部分"随意说话"，否则你就得谈论可耻的事情。你为何不选择谈论你所称颂的好事呢？你为何不随意谈论上帝的作品——如果它保持尊贵未受损害，也没有罪，没有必要从中引出节制，克制自由言论？

第十章

56. 你说："如果没有情欲就没有婚姻，那么总的来说，不论谁谴责情欲，就必然也谴责婚姻。"你同样可以说，所有必死者必然受到谴责，因为死必受到谴责。但是，如果情欲属于婚姻本身，那在婚姻之前或之外就不会有情欲。你说："没有它就没有婚姻的东西不能称之为疾病，因为没有罪也可以有婚姻，而使徒说疾病就是罪。"我们回答说，并非每一种疾病都可称为罪。这种疾病是对罪的惩罚，没有它，尚未得到全面医治的人性就不可能存在。如果仅仅因为没有情欲不可能有婚姻之善，就可以说情欲不是恶的，那么反过来，身体就不可能是善的，因为没有肉体就不可能有通奸之恶。但这显然是错的，因此另一者也是错的。每个人都知道，使徒是对已婚者说话，吩咐各人要知道怎样守住自己的器皿，也就是自己的妻子，不可像不认识上帝的外邦人那样放纵欲望之疾。① 无论谁读了使徒关于这个问题所说的话，都会对你的话置之不理。你把那种疾病，那种情欲，那种你自己也羞愧地承认其存在的东西，引入乐园，归于犯罪前的夫妻，难道你不脸红吗？你岂不是被污秽覆盖，可以说，给自己顶上属血气的情欲之冠，如同浸淫于乐园一朵玫瑰红的花里？并且你似乎乐于被那种颜色染红，虽然脸色羞红，却大加赞颂。

第十一章

57. 是不是因为喋喋不休给你带来莫大的快乐，所以你要用大量冗余的话来试图证明我们所信并教导的事，似乎我们并不承认它？谁不承认，即使罪不在婚姻之前，婚姻也会存在？但它将这样存在：生殖肢体由意志推动，就像其他肢体一样，而不是受情欲刺激；或者（不是要让你为情欲忧伤）它们不是由现在存在的情欲所激发，而是被顺服于意志的情欲所激发。你为你的被保护者如此忠心耿耿地操劳，宁愿忍受暴力，也不愿不让情欲——如现在的样子——在乐园占据一席之地；不是主张它源于那里的罪，而是认为即使没有人犯罪，它也可能已经存在。因此，情欲在那平安里应该早就受到反对，如果没有反对，那就应该早已满足它的要求。悲哉，乐园里圣洁的喜乐！悲哉，众主教头上的冠冕！悲哉，所有贞洁之人的信心！

---

① 参《帖撒罗尼迦前书》4：4、5。

第十二章

58. 你为了力图表明并非所有被遮盖的事物都应认为因罪而可耻，你论到我们身体上有许多天生就被遮盖的部位，提出了大量徒劳无益的议论，似乎它们也是在罪之后被遮盖的，因为你说，第一对夫妻在罪之后，把犯罪之前既不可耻也无遮盖的部位遮盖起来。你说："在塔利（Tully）① 的书里，巴尔布（Balbus）和科塔（Cotta）真诚而认真地讨论了这个问题。"② 你说你记下几个观点，让我感到羞愧，因为我在圣律法的指导下，竟然不明白外邦人仅凭理性就能理解的概念。你从西塞罗引用巴尔布的话，告诉我们斯多亚学派对不说话的动物中的雌雄之别，对身体上的生殖器官和肉体交合中包含的令人吃惊的情欲持什么观点。然而，你在还未引用这些话之前，不论它们是图利的或者别的什么人的，你非常小心地写了前言："他讨论兽类时为了适宜起见，只简单提及性别，而描述人时就把它省略了。"你说为了适宜起见是什么意思？难道在人的性别上礼仪是混乱的吗？上帝岂不是使它更为高贵，因为存在于更优秀的本性之中吗？斯多亚学派教导你怎样讨论所隐藏的事物，但他们没有教导你应对可耻之物感到脸红。你说："他对人本身作了字面上的描述，表明胃受制于食道，是食物和水的接收器，而肺和心从外面吸气。他列举了重重叠叠又弯弯曲曲的肠胃的许多奇异功能，包括强化、容纳和保存所接收的东西，不论是干的还是湿的"；以及其他诸如此类的话，最后谈到怎样"通过肠的伸缩把废物排出去"的部位。由于他也可以描述兽类中的这些过程，他这里为何要选择人，除非是因为这些事不可耻，正如生殖器官的事在兽类也不可耻，但它们在人身上

---

① 西塞罗（Marcus Tullius Cicero）的英语名。——中译者注
② *De natura deorum* 2.

是可耻的——这正是犯罪后要用无花果树叶把它们遮盖起来的原因。当他对人体的描述接近排泄部位时，他说："谈论这事怎样发生并不困难，但我们略过它，免得话题多少令人不快。"他没有说免得令人尴尬或者多少有点羞耻，而是说"免得话题多少令人不快"。有些东西令感官不快，因为它们畸形；有些使心灵羞愧，即使它们很美。前者损害愉悦感，后者产生情欲，或者被情欲激发。

59. 这些议论对你有什么帮助呢？你说："因为我们的造主看不出他的技艺中有什么过失需要他如此仔细地隐藏我们的重要肢体。"上帝禁止如此伟大的工匠在他的技艺中看出什么过失。但是你自己刚刚告诉我们，他之所以遮盖它们是因为"免得这些肢体灭亡或者令人不快"。但是第一对夫妻遮盖的肢体并没有灭亡的危险，当他们赤身露体而不感到羞愧时，这些肢体也不令人不快。① 现在出于谨慎和节制，我们避免看见那些肢体，不是因为看见了会感到不快，而是因为看见了会令人快乐。指望斯多亚学派的证据能对你的被保护者有帮助，那是徒劳，那根本不是他们的朋友，因为他们认为肉体的愉悦中没有一点属人的善。此外，他们也像你一样，选择称颂兽的情欲，而不是人的情欲。塔利与他们的观点完全一致，他在某处说，他不相信公羊的善与普布利乌·阿夫里卡努（Publius Africanus）的善是一样的。在就人的情欲你应当主张的观点上，你最好跟随他的论断。

60. 讨论这样的作品让我们感到快乐，因为里面可以找到一些真理的痕迹。同时，我想你现在也承认，你引用的话根本无益于反驳我们。请注意，我以下的回答将怎样摧毁你的观点。上面这位塔利在他的《共和国》（Republic）第三卷说，"人由自然创造生命，不像是母亲所生，倒像是后母所生；赤身露体，易受伤害，软弱不堪，灵魂被各种恐惧折磨、挫伤，在各种劳苦中软弱无力，易受情欲控制。然而，在他里

---

① 参《创世记》3：7；2：25。

面有一种神圣的品性和理智之光，就如同隐藏在他内心。"你对此说什么呢？塔利没有说这种结果源于他们的恶行；相反，他指责本性。他看到了现实，但不知道原因。亚当的子孙之所以从他们离开母亲的肚腹之日起，一直到他们葬入众人共同的母亲之日止，都背负沉重的轭①，其中的原因是他所不知道的，因为他不曾得到圣经的教导，他不知道原罪。然而，如果他早已感知到你所捍卫的情欲是好的，那他就不会对灵魂易倾向于情欲感到不快了。

　　61. 如果你把这些东西作为小善捍卫它们——灵魂既是出于更高处，就不应倾向于这些东西，不是因为情欲是过错，而是因为它只是一种小善——那么听听塔利说得更清楚的话，他在同一本书的第三卷谈到统治的科学。他说："我们岂没有看到，对每个至善的事物，本性亲自赋予它统治权，以便对最卑微的事物有最大的好处？为何上帝命令人，要灵魂支配身体，理性控制情欲、忿怒以及灵魂里其他邪恶力量？"你没有从他的教导中看出，他必然承认你作为善来捍卫的东西是灵魂里的邪恶力量？再听听更多的话。稍后他说："我们应当辨别各种不同的命令和服从。据说灵魂控制身体，还说它控制情欲。它控制身体就如同国王命令自己的臣民，或者母亲命令自己的孩子。它命令情欲就如同主人命令仆人，因为它强迫并且毁灭情欲。君王、帝皇、导师、父亲，这些人统治自己的臣民和对应者就如同灵魂统治身体。主人烦扰自己的仆人，就如同灵魂里最好的部分，即智慧扰乱该灵魂里邪恶而软弱的部分，比如情欲、忿怒以及其他烦人的力量。"你还能从世俗作者的书里找到更多的证据反驳我们吗？如果你还要寻找什么东西来捍卫你的错误（愿上帝不让你做这样的事），反对论及圣灵的著名主教，如果你想要抵制这些圣人，你岂不是得说塔利是愚蠢的、精神错乱的疯子？闭上你的嘴，不要谈这些书籍，不要无礼地试图从他们的话教导我们什么；否

---

① 参《便西拉智训》40：1。

则，你以为能支持你的证据实际上将毁灭你。

第十三章

62. 你为何愚蠢地以为你能谈论女人里面的活动——连女人自己也感到羞愧的活动？这不是一种可见的活动，当女人在这肢体上感到某种隐秘的、与男人的感觉可相提并论的东西时，她把它遮盖起来，她们对彼此的吸引感到脸红，这种吸引是相互的或者是彼此的。你"恳求节制的听众对这种必然性宽恕和叹息，而不要对它生气"，这是徒劳无益的话。为何讨论上帝的作品让你觉得尴尬？你为什么要对此请求原谅？你请求宽恕本身难道不是在指控情欲吗？你说："如果男人的肢体在罪之前也一直是活动的，那么罪过并没有引入任何新的东西。"它原先当然很可能也是活动的，但那时它并不是不雅的活动，以至于产生羞愧，因为它只是根据意志的命令活动，不是根据与圣灵相争的肉体的情欲活动。这里我们发现你的新理论无耻捍卫的新奇性是多么可耻。我从未如你所说的那样，"一心一意地"指责生殖肢体的一般活动，但我指责由淫欲——它使肉体与圣灵争战——引起的活动。当你的错误把情欲作为善加以捍卫时，我不知道你的灵怎样将情欲作为恶与之争战。

63. 你说："如果这情欲在那树的果子里，那它必然出于上帝，必然可以作为善的东西加以捍卫。"我们回答你，情欲不属于那树的果子，因此树是好的，而情欲之不顺服是恶的，它源于人在关于树的诫命上的不顺服，上帝就弃他而去。绝不能说上帝会把这样一种来自好树的益处在任何时候给予任何年龄的人，使他们在自己的肢体上拥有一个对手，必须修炼节制与之争战。

64. 我们知道"使徒约翰并没有指责世界，也就是天地和里面作为实体的一切事物；它是由父借着子造的；因为他说：'凡世界上的事，就像肉体的情欲，眼目的情欲，并今生的骄傲，都不是从父来的，乃是从世界来的。'①"我们知道这点,我不希望你来教导我们。但是你想要解释他所说的不是从父来的肉体的情欲,说应该把它解释为放荡、淫乱(licentiousness),那我问你,如果有淫乱,人认同的是什么,或者说它若不存在,人争战什么;于是我们就面临你的被保护者。你将继续称颂这样的事物吗?要知道,当你认同它时就有淫荡,当你反对它时就有节制。我很奇怪,你必定仔细想过,是将它连同由于认同它而产生的淫荡一起痛斥呢,还是将它与自制一起称颂——但自制与它争战,在战斗中,节制是自制的胜利,而淫荡是情欲的胜利。你如果赞美自制,痛斥淫欲,那你就会是一位未被收买的诚实的法官,但事实上,你对淫欲一方表现出偏心(你应问问自己为何害怕冒犯它),所以你将它与它的敌人一起称颂而毫不脸红,你也不敢痛斥它的胜利。上帝禁止任何属上帝的人因留意到你对淫乱的蔑视,就赞同你对淫欲的称颂;凭自己的亲身经验知道是恶的东西,也不会因你的话就相信是善的。凡是征战并征服你卑鄙地加以赞美的淫欲的,必然不拥有你恰当斥责的淫荡。如果我们爱肉体的淫欲,那我们怎么能遵守使徒约翰的话呢?你会说:"我没有赞美那种淫欲。"那约翰说不是从父来的是怎样的淫欲呢?你说:"是淫荡。"但我们若不爱你所称颂的淫欲,我们就不可能是淫荡的。因此当他说"不要爱肉体的淫欲"时,他希望我们不要成为淫荡的。既然禁止我们淫荡,也就禁止我们爱你所赞美的肉体的淫欲。而禁止我们拥有的,就不是从父来的,因此你所赞美的淫欲不是从父来的。从父来的两个善物不可能彼此冲突,但自制和淫欲彼此不一致。请回答你想说哪个是从父来的。我看到你很困惑,因为你喜爱淫欲,为自制羞愧。但愿你的节制得胜,让你的错误被它征服。既然自制——它与肉体的淫欲相对——是从父来的,那么,就从父领受自制,你就会对你不当赞美的淫欲感到羞愧,就会克服它。

---

① 《约翰一书》2:16。

第十四章

65. 你认为应当把所有感官的快乐都召来帮助你，似乎没有这种辅助力量，生殖肢体的快乐就不能充分地为自己辩护。你说："我们如果承认我们通过自制与之争战的肉体的淫欲犯罪之前不存在于乐园，它是从魔鬼引诱人犯的罪而来的，那么我们就得承认视觉、听觉、味觉、嗅觉、触觉都不是上帝而是魔鬼给予我们的。"你不知道，或者假装不知道通过身体的某个感官获得的感觉的性质、用途和必然性不同于对这种感觉的欲望。感觉的性质使人能够根据自己的能力获得有形事物的真理——与它们的样式和本性相对应，能够多少比较准确地区分真假。感觉的用途使我们能够通过赞成或反对，接受或拒绝，追求或避免的方式判断事物，与我们的身体和我们的生活方式相关。如果我们不渴望的事物天生就存在于我们的感官之中，那么就产生感觉的必然。我们这里所涉及的对感觉的欲望通过肉体的淫欲强迫我们去感受某物，不论我们心理上是认同还是抗拒。这与爱智慧相反，与美德相抵触；关于两性结合所需要的它的那一部分，它是恶的，但当夫妻借助它生育孩子时，婚姻正当使用了它，但完全不是为了它本身的缘故。如果你希望或者能够将它与感觉的性质、用途及必然相区分，你就会明白你说了多少无益的东西。我们的主没有说："凡看见妇女的"，而是说："凡看见妇女就动淫念的，这人心里已经与她犯奸淫了。"① 想一想，他简洁而清晰地区分了视觉这种感官与对感觉的淫欲，如果你不是那么顽梗，就会明白这一点。当上帝给人装备身体时，他造的是这个人，当魔鬼引诱人犯罪时，他是为另一个人播下种子。

66. 让敬神的人称颂天地和天地间的一切，但要鉴于它们的美，而

---

① 《马太福音》5：28。

不是出于狂热的情欲。信徒和守财奴以不同的方式赞美金子的荣光；一个虔诚地敬仰造主，另一个贪婪地想要拥有造物。灵魂听到圣歌，诚然会受感动，产生虔敬感，但即使在这里，如果它贪求声音，而不是意义，也不能赞同它；更何况对空洞甚至令人讨厌的小曲表现出喜悦，岂非更不能赞同？其他三种感官更像身体，某种意义上极为粗俗，它们的行为在身体里面完成，不投身到外面。气味不同于嗅它的器官，味道不同于品尝它的器官；触觉基本上也不同于感触的器官，光滑、粗糙不同于冷和热，它们都不同于软和硬，重与轻与以上所有这些都不相同。如果我们的行为是避免所有这些可感知事物中有害的东西，那我们是在寻求对我们有益的事物，不是贪求享乐。我们可以恰当地接受这些讨厌物的对立面，只要它们不损害我们的健康，或者不干扰我们避免痛苦的努力，但那些事物如果没有，我们不可欲求它们，尽管它们出现的时候我们带着某种喜悦接受它们。欲求它们不是好事，因为这样的欲望必须加以控制和医治，不论欲求的对象是什么。一个人，不论他如何认真地克制肉体的淫欲，当他进入充满香气的房间时，若不是捏住鼻子，或者用非常有力的意志行为使身体上的感官无效，他怎么能阻止鼻子不闻芬芳之气呢？但是当他离开那个房间，他还会在自己家里，或者他去过的其他地方欲求这种香气吗？如果他欲求香气，是否应当满足这种欲望，而不是克制欲望？若此，他是否要发动圣灵与欲求的肉体相争，直到他恢复健康状态，不再欲求这种事物？这其实是最小的事情，但"凡是轻视小事的，将一点一点堕落"①。

67. 我们生存需要食物，但如果吃在嘴里的东西不香甜，就留不住，往往还会因反胃而把它吐出来；我们也必须警惕有害的洁癖（动不动就呕吐）。因此，虚弱的身体不仅需要食物，还需要有食物的味道，不是要满足欲望，而是保护健康。当自然本性以它的方式要求所

---

① 《便西拉智训》19：1。

缺乏的补充物时,我们不说这是欲望,而是饥渴。当需要得到满足之后,对吃的爱好引诱灵魂,于是我们就有了欲望,就有了人必须抵制、不能屈服的恶。诗人对这两者,饥饿和贪吃做了描述,当他判断埃涅阿斯(Aeneas)及其同伴在遭遇海难,与风浪搏斗,在海上漂泊得精疲力竭之后,吃到了足够的食物,足以恢复体力,于是他说:"肚子已经填饱,饭菜就撤去了。"① 但是当埃涅阿斯本人成为厄瓦德尔(Evander)王的客人时,诗人认为应当表明王室宴席丰盛奢侈,远不只是满足饥饿的需要。所以,他并不满足于说"肚子已经填饱",还要补充说:"贪吃的欲望压住了。"② 我们更应分辨营养的需要,将它与贪吃的欲望区分开来,因为我们要在灵上与肉体的情欲争战,按照里面的人以上帝的律法为乐,而不是用充满贪欲的享乐来玷污我们对律法的恬静喜乐。因为贪吃不可能靠吃来控制,而要靠克制欲望。

68. 头脑清醒的人,如果能够,哪个不宁愿仅仅只是吃喝,干的或稀的,而丝毫不刺激身体的享乐,就如他一呼一吸吐纳周围的空气？空气这种食物,我们通过嘴和鼻持续不断地消耗,既不尝也不闻,但没有它我们一刻也活不成,而没有食物和水我们还能活上一段时间。平时我们感觉不到对空气的需要,除非有什么障碍物堵住了我们的嘴和鼻,或者在障碍物允许的范围内,我们主动遏制肺的功能,在肺部,就如同拉一个风箱,通过一拉一推的运动吐纳生命之气。如果我们能够在很长一段时间内——就像我们现在所做的——或者能在更长一段时间内,只吃只喝而没有对甜味的任何渴望,从而消除大量有害而危险的东西,那岂不是要幸福得多吗？那些在此生适度进食的人,被认为是有节制的,健康的,他们该为此受到称颂;有一些人只吃自然需要的量,甚至更少,

---

① 维吉尔《埃涅阿斯》1. 216。
② 同上书,8. 184。

万一对需要的量估计有错，宁愿吃少一些，而不是多一些。那么我们岂不更应相信，真诚的进食方法——也就是满足需要，但绝不超过自然需要的量——存在于那种尊严之中，我们相信最初的人在乐园里就生活在这种尊严之中。

69. 虽然有些研究圣经的人——这样的人绝不是少数——主张这样的观点，最初的人根本不需要这样的食物，所以唯有使智者的心灵喜悦并得到鼓舞的快乐和滋养可能存在于乐园，但另一些人想到经上的话"他就造了他们，有男有女，说，要生养众多，遍满地面"，认为这话的意思是指可见的、形体上的性别。我赞同他们的观点。因此，鉴于接下来的话："上帝说：'看哪我将遍地上一切结种子的菜蔬，和一切树上所结有核的果子，全赐给你们作食物。至于地上的走兽和空中的飞鸟，并各样爬在地上有生命的物，我将青草赐给它们作食物。'"他们认为这意思是说，两性都为身体使用其他动物所使用的食物，从它得到适当的维生手段；这对动物的身体来说是必不可少的，免得它遭受匮乏；但这是以某种不朽的方式获得的，并且从生命之树获得，免得它们因年老而死去。我绝不会相信，在一个充满大福祉的地方，肉体会与圣灵相争，圣灵会与肉体相争，而没有内在的平安；或者那灵不与肉体的欲望争战，而卑贱地侍奉情欲，它建议什么，就实施什么。因此我们得出这样的结论，或者在那个地方根本没有肉体的淫欲，那里的生活是这样的，所有需要都通过肢体的特定功能给予满足，丝毫不引发欲望（因为地不是靠欲望播种，而是农夫双手自主行为播种的，这一事实并不能证明地自身没有孕育它所长出的果实）；或者如果对那些无论如何都要为身体的快乐辩护的人看来，我们似乎太过冒犯，那么我们可以认为，在那个地方有肉体感官的欲望，但是它各方面都顺服于理性意志，只有当人为了身体的健康或者为了族类的后代而必须认识它时，它才存在；那时它绝没有使心灵离开对高尚念头的喜悦，它没有任何无意义或纠缠不休的骚扰，它只对他们有利，不论做什么，没有一样是完全为它自己的缘故。

70. 那些专门争战情欲的人知道情形已经发生了怎样的变化。不论谁听到或看到什么，虽然听或看是为了另外的目的，但即使在没有意识到任何触觉快感的时候，也不得不认识到，一个淫逸的念头会突然出现在并非本质上与快乐相连的事物里。就算眼前没有看到诱人的东西，耳中没有听到声音，这种念头——因为它绝不会休眠或者陈腐得令人不感兴趣——岂不会力图唤醒与卑鄙享乐相联系的令人不安的记忆，并带着污浊障碍物的某种喧嚣向纯洁而圣洁的意图蜂拥而来？一旦我们开始使用恢复我们身体精力所需要的快乐，谁能用语言描述它怎样不让我们寻找需要的尺度，谋求健康的界限，而要隐藏它们，略过它们，只要出现使人愉快的事物，不论是什么，都引诱我们趋向它们；于是，足够的东西我们以为不够，随意跟随它的刺激，在健康的幻觉下暴饮暴食？醉酒证明了我们所行的这种恶；酒瘾极大的人常常吃得很少，不足填饱肚子。因此贪婪不知道需要的界限在哪里。

71. 如果我们尽可能鼓起最强的意志力量，宁愿吃少，也不吃过度，那么在吃喝上的享受还是允许的。我们通过禁食和节食来反对这种贪欲；只要我们使用它不为别的，只为对健康有利的事，那么我们就是正当使用这种恶。我说这样的享乐可以允许，因为它的力量并没有大到阻碍我们并使我们离开智慧的思想——如果我们正沉醉于这样的思想喜乐之中。我们在宴席上往往不仅思考甚至讨论重要问题，哪怕只有几口饭，几滴酒；我们在听与说时注意力高度集中；我们了解想要知道的事，或者回想是否有人读给我们听过。但是你咄咄逼人地与我争论的那种享乐，难道它不是吸引了整个身心，难道它的极致不是导致心灵本身被湮没？即使接近它是带着好的目的，即为了生育孩子，（也不能改变它的本性）因为它一旦发动，就不允许人思考——我且不说智慧，就是一般的事物，人也无法思考。当它征服已婚者，使他们不是为了生育，而是为了肉体的快乐而同房，尽管使徒说这是准许的，不是命令的①，但是在那种混乱之后，心灵显现，并且可以说吸进思想之气，那么可以得知，如有人恰当概括的，它必懊悔于享乐如此亲密接触。热爱属灵之善的人，结婚只为了生育子孙，如果能够，怎么会不愿意选择不要它或者不靠它这种巨大的冲动而繁殖后代呢？于是我想，我们应当认为乐园里生活就是那种生活，不论圣徒般的夫妻在此生愿意选择怎样的生活，那种生活都要比此生的生活好得多，除非我们能想出更好的事物。

72. 我恳请你，不要让外邦人的哲学比我们基督教哲学更真诚，我们的哲学是真正的哲学，它的意思就是追求或者热爱智慧。想一想对话 *Hortensius*② 里塔利的话，那比巴尔布的话更应该让你高兴，后者扮演斯多亚学派的角色。他说的话没错，但涉及的是人的低级部分，也就是人的身体，这对你不可能有帮助。看看他对心灵的性质如何对抗身体享乐所说的话。他说："柏拉图说得非常真诚，一点没错，身体是恶的诱因，人难道应该追求身体的享乐吗？享乐所引发的是对健康怎样的伤害，性格和身体怎样的残缺，怎样可怕的损失，怎样的不齿？凡是身体活动猖獗的地方，就是对哲学最有害的地方。身体的享乐与伟大的思想格格不入。当人处于这种狂乐势力的控制之下时，谁还能注意或者遵循推论，或者思考什么？这种享乐的漩涡如此巨大，它日夜奋斗，没有丝毫间歇，以便激发我们的感官，将它们拖入深渊。高雅的心灵难道不希望自然一开始就根本不赐给我们任何享乐？"这就是没有关于第一人的生命、乐园的幸福、身体的复活这些信念的人说的话。而我们这些已经在真正敬虔的圣哲学上受过训练，知道情欲与圣灵相争，圣灵与情欲相争的人，当我们听到不敬神者作出真理性的论断时，能不脸红吗？西塞

---

① 参《哥林多前书》7：6。
② 这一作品已经佚失。

罗不明白这一点,但他不像你那样喜爱肉体的淫欲,事实上,他猛烈谴责它。而你不仅没有这样做,甚至对那些这样做的人大为恼怒。正是你,就像一个胆小的士兵,既称颂圣灵的情欲,又称颂肉体的淫欲,而这两者在你里面是相互冲突的,似乎你害怕以情欲为敌,但你不以肉体的情欲为敌,它就要战胜圣灵的情欲。不要害怕,而要行动,要称颂圣灵的情欲,越是热心地争战,这战斗就越是贞洁的。你必须毫无惧色地谴责与你心里的律相争的律,借助心中的律与外面的律相争。

73. 思考美,即使是外形的美,不论是可见的色彩和形状之美,还是可听的歌曲和旋律之美,这是唯有理性思维才能胜任的思考,它与情欲的悸动不一样,情欲是必然由理性加以克制的东西。使徒约翰说,与圣灵相争的情欲不是从父来的[①]。谁也不会说这是善的,除非他的灵不喜欢与之相争。如果生殖器官的活动和情欲不是这样的,圣灵必然不会与它相争,否则,与上帝的恩赐相争,岂不显得忘恩负义?相反,无论它欲求什么,都得满足它,因为它是从父来的。如果我们不能满足它的欲求,那我们就要诉求父,不是要除去它或压制它,而是求他满足他所赐予的淫欲。如果这种智慧是愚拙的,我们怎么能把淫欲比作食物、酒,并且当我们说"醉酒不谴责酒,贪食不谴责食物,淫秽不羞辱淫欲"时,认为我们是在谈论某种可感知的东西?因为如果肉体的淫欲被与它争战的圣灵征服,就不会有醉酒、暴食、淫秽。你说:"它的过度是可谴责的。"你不明白,如果你比我更加热切地想要征服它,你就会很容易看到,要避免过度之恶,你必须抵制淫欲之恶本身。这里有两种恶,一个与我们同在,如果我们不抵制与我们同在的那一个,我们就导致另一个产生。

74. 我上面说过,这不是兽类中的恶,因为在它们,它不与灵相争。兽类没有理性能力,不可能通过克制情欲使之顺服,或者通过争战

---

① 参《约翰一书》2:16。

来拖垮它们。谁告诉你"犯罪源于对兽类的模仿"？你费了九牛二虎之力驳斥这个命题，但没有人提出这样的命题来反对你的观点。你还徒劳地收集许多医学上使用的关于野兽的观察资料。虽然在野兽淫欲是好的，使那不能欲求智慧的本性得到愉悦，但谁也不能因此就认为肉体的淫欲不是一种恶。我们说它对兽类来说是好的，使它们的灵感到愉悦而没有任何对抗，但对人却是一种恶，在人里面它与圣灵相争。

第十五章

75. 你还援引大量哲学家，指望即使兽类的灵巧本性不能帮助你的被保护者，至少有学识之人的错误可能有所帮助。但是谁没有看到，当你列出博学之人的姓名和不同学派时，你是在追求极度的虚荣，因为你仔细读读的话，我们发现它们与我们的问题无关。我们不妨来读读你所收集的名单："米利都的泰勒士，七贤之一；阿那克西曼德、阿那克西美尼、阿那克萨戈拉、色诺芬、巴门尼德、留基伯、德谟克利特、恩培多克勒、赫拉克利特、梅利苏、柏拉图和毕达戈拉斯学派"——每一个都附上各自关于自然现象的教条。听到这个名单的，如果只是普通百姓，而不是学者，谁能不被这些鼎鼎大名、这些学派的标识吓倒，并且认为你竟然能知道这些事，必然是十分重要的人物？那正是你想要的结果，你所寻求的赞美，但是你提到所有这些名字却没有说出任何与我们思考的问题相关的话。你在这段话前面有话说："所有这些哲学家在讨论其他问题时诚然与普遍人一样崇拜偶像，但当他们试图理解物理原因时，在许多错误观点中，也抓住了一些真理，我们完全可以选择这些真理，而不是我们所反对的这种虚枉而含糊的学说。"为证明这一点，你列出了我刚刚提到的自然哲学家的名单，以及他们关于物理原因的观点；但是你没有把所有名单全部一一列出，或者是你不愿意，或者是不能够。这里你欺骗的不是有学识的人，而是没有经验的人。你提出证据表明"我们完全可以选择所有力图明白物理原因的哲学家,而舍弃我们所反对的这种学说"。当你提到阿那克西美尼和他的弟子阿那克萨戈拉时,没有提到许多其他名字,你对他的另一名弟子狄奥根尼完全不提,他与老师和其他同学的观点不一,对事物的本性提出了自己的学说。如果他的理论使他没有资格成为胜过我们的人,那所有那些对事物本性作哲学思考的人怎样呢,根据你的说法,他们所有人都比我们更值得选择?你完全可以表明这一点,你无益地列出哲学家的名字和学说,岂不是在愚蠢地显示你的虚妄?有一个名字你原本应当提到,不论是与他的老师一同提到,还是与他的同学一同提到,但你略而不提。或许你担心你的读者会认为他是犬儒学派的狄奥根尼,想到这个名字,他们可能会想起后者比你更好地保护了情欲,因为他不耻在大庭广众之下践行情欲,因此那一学派就被称为犬儒学派。然而,你尽管自称为情欲的捍卫者,却又对你的被保护者感到羞愧;这种疾病成了保护人的忠诚和自由。

76. 我问你,如果你宁愿选择哲学家,而不是我们,那你为何不提那些直接讨论道德的哲学家?那部分哲学他们称为伦理学,我们称为道德哲学。他们认为身体的享乐是人的诸善之一,这可能更适合你,尽管你承认这种善低于心灵的纯粹的善。但谁看不出你所面临的前景?你害怕在我们讨论享乐时,被那些更为合理的哲学家挫败,因为他们的合理性,西塞罗称他们为一类执政官式的哲学家,还被斯多亚学派本身挫败,他们对享乐充满敌意,你原以为可以从西塞罗的书里引用他们的证据——体现在巴尔布的话里,但那些话对你毫无帮助。① 然而,你想要掩盖他们的观点,身体的享乐对人不是善,你不愿意提到讨论道德问题的哲学家的名字和学说,尽管如果有什么是从哲学家得到证明的,那这必然具有至关重要的意义。我不引用伊壁鸠鲁,他认为人的整个善就在

---

① 见本卷十二章 58 节。

于身体的享乐，因为你不认同他；我们不妨举狄诺马库（Dinomachus）的例子，他的学说你很喜欢。① 他教导应当将享乐与道德上的正当结合起来，这样，快乐就像道德正当一样，完全可以是因其本身而是可欲求的，正如道德正当本身是可欲求的；② 但是当你注意到他的道德讨论是你所厌恶的，你就不敢触及它。你看到外邦人中伟大而著名的哲学家的数量和品质，他们必然比你更值得选择，特别是在我们的争论中，尤其如此。首先是柏拉图本人，西塞罗毫不犹豫地称他为哲学家中的神。③ 即便是你，当你攻击我们的教义，或者认为我们的教义不如哲学家的自然学说，而不是道德学说时，你也不可能略过他的名字。柏拉图恳切而真诚地说，身体的享乐是恶的诱惑和诱因。④

77. 难道你不认为你的目标需要你多少谈谈你所列出的哲学家对人的生产是怎么想的吗？因为这也包括在对本性的探究中。你没有说什么，这是恰当的。他们怎么会知道或者谈论亚当，第一人和他的妻子呢？关于他们的第一次推诿，蛇的狡诈，他们犯罪前赤身露体却毫不尴尬，犯罪后总是尴尬，他们能说什么呢？他们怎么可能听过像使徒这样的话："罪是从一人入了世界，死又是从罪来的，于是死就临到众人，因为众人都犯了罪？"⑤ 对那些作品和这一真理一无所知的人，怎么可能知道这个问题？于是你决定——正确的决定——不从那些憎恨我们的圣经的人的学说中引用任何关于人的起源的话；至于他们关于这个可感知世界的开端的论述，更不可能对你有所帮助——我们现在不讨论这个问题。没错，你的心已经被你虚妄的自夸腐蚀了，似乎你从哲学家的作品学到了什么重要的东西。

---

① 西塞罗（*De finibus* 5. 8）和亚历山大里亚的克莱门（*Strom.* 2. 31）对这个哲学家及其教义有讨论。
② 参西塞罗 *De finibus* 5；*Tuscul. Qu.* 5。
③ *De natrua deorum* 2；*Ad Atticum*, Ep. 16.
④ 见本卷十五章72节。
⑤ 《罗马书》5：12。

78. 有一点看起来似乎很有意义，他们中有些人接近基督教真理，因为他们感到此生充满欺诈和不幸，唯有靠神圣判断才能存在，他们还将公义归于创造并管理世界的创造主。西塞罗在对话 Hortensius 最后部分列出的那些人，他们关于人的产生观点似乎是靠事物本身的证据得出来的，比你的不知要好多少，也更接近真理。他提到许多事物，我们在人的虚妄和不幸中看到并悲叹的事，然后他说："根据人类生活的那些错谬和艰辛，古人，不论他们是占卜者还是诠释神圣心灵的人，时时会产生异象，如在神圣事物和源头所看见的；他们说，我们生来就要受到惩罚，以赎我们在高级生命中所犯的罪。我们在亚里士多德笔下发现一个说法，大意是说我们遭受了惩罚，它类似于一次性惩罚一大群人，这些人落入伊特鲁里亚（Etruscan）海盗手里，被精心设计出来的残忍方式杀死，他们的身体，手对手，脚对脚，整齐地堆积起来，活的与死的叠在一起。同样，我们的灵魂与我们的身体似乎也这样联合起来，就如同活人与死人叠放在一起。"思考这些事的哲学家岂不是比你更清楚地感受到压在亚当子孙身上的重轭，上帝的大能和公义，尽管不知道为了解救人而借着中保赐给的恩典？所以，根据你的建议，我在外邦哲学家的作品里发现了一种完全可以胜过你的教义，但你不能在它们里面发现这样的教义；你不愿意保持自己的平和，反而为我提供机会，发现问题来反驳你。

第十六章

79. 你是否认识到，你以为使徒的证据支持你，其实却是反对你的；当你说犯罪前裸露却丝毫不觉得尴尬的肢体是可羞的，你不知道自己在说什么吗？使用使徒证据的应该是我，而不是你："不但如此，身上多肢体，人以为是软弱的，更是不可少的"，如此等等。但值得思考的是，你为何恰好说到这些事。你说："除了本性的证据之外，该是我们使用律法权威的时候了，以表明我们的肢体之所以这样形成，是为了让有些需要节制，有些享受自由。"你接着说："为确证这一点，我们不妨引用外邦人的教师，他在写给哥林多人的信里说：'但事实上，肢体虽多，仍是一个身子。'"使徒对身体各肢体的统一与和谐做了精彩的解释，然后你又补充说："出于得体的考虑，也因为他只提到整个身体的某些肢体，所以他不愿意直接提到生殖的肢体。"你这不是自己打自己嘴巴吗？也就是说，上帝认为造得体面的，你却认为不能直接提及；法官不羞于判决的，传令官却羞于宣告。若不是我们因犯罪，把上帝创造时造为体面的变得不体面了，情形怎么可能是这样的呢？

80. 你加上使徒以下的证言："不但如此，身上肢体，人以为软弱的，更是不可少的。身上肢体，我们看为不体面的，越发给它加上体面；不俊美的，越发得着俊美。我们俊美的肢体，自然用不着装饰；但上帝配搭这身子，把加倍的体面给那有缺欠的肢体，免得身上分门别类，总要肢体彼此相顾。"①你就像一个征服者那样对这些话惊呼："看哪，真正理解上帝作为的人；看哪，忠实传讲上帝智慧的人。"你接着说："他说，俊美的肢体得着更俊美的装饰。"你肯定以为你的整个案子与你误解为"俊美肢体"的话密切相关，但如果你读到过"我们不体面的肢体"，你就很可能不敢引用这段经文作证据了。因为上帝绝不会也肯定没有在罪之前使人体的各肢体有任何不体面的东西。那就听听你不知道的知识，因为你不愿意认真探究。使徒说"不体面"，但有些译者，我想，你读到的就是其中一个，因为感到有点尴尬，就在他说"不体面"的地方译为"俊美"。这有钞本为证，你就从那个钞本译了使徒的话。你读到的"俊美"在希腊文里是"aschemona"。但接下来的"越发给它加上体面"，希腊文是"euschemosynen"，完全翻译过来

---

① 奥古斯丁这里引用的经文与某些现代版本一致，但它与 Confraternity 版多少有些出入。参《哥林多前书》12:12、22、25。

就是"体面"的意思。显然，用"aschemona"修饰的肢体是说它不体面，或者用拉丁语说就是"inhonesta"。最后，"我们俊美的肢体"对应于希腊文"euschemona"。但是，即使不考虑希腊文，你也应当知道，得着更多体面的肢体在用布遮盖时是不体面的，而那些不需要遮掩的肢体则可以说是体面的。试想，"我们俊美的肢体，自然用不着装饰"是什么意思？不就是说需要装饰的肢体是不俊美、不体面的吗？因此，当人出于体面意识把肢体遮盖起来，不体面的肢体也可以说是体面的。它们的体面和俊美在于它们的装饰：装饰越多，它们本身就越是不体面的。使徒描述的如果是人赤身露体而不觉得羞愧时所拥有的身体，那他肯定不会说这样的话。

81. 看看，你怎样无耻地宣称："人一开始是赤身露体的，因为自我装饰的技艺是人发明创造出来的，当时他们并不知道这门艺术。"这意味着我们必须相信他们在犯罪之前是懒惰的，而罪倒使他们变得善于发明，勤劳刻苦起来。你凭着修辞和诡辩得出许多虚妄的结论，说："最初的人不是因为犯了罪所以认为生殖肢体是可恶的，相反，因为他们害怕，他们就把还留着他们最初俊美的肢体遮盖起来。"我说，肢体就其实体、形状、性质来说，是上帝所造，不是可恶的；但是如果那些肢体还留有先前的俊美，那使徒为何说它们是不体面的？你承认肢体先前的俊美，这很好，但你不亵渎神圣就不可能说出其他观点。使徒确实把上帝造为体面的称为不体面的，请问是什么原因？如果不是因为罪，那是什么原因？是什么使上帝俊美的作品失去了体面，导致使徒称它们为不体面的？是它们的位置吗？但我们在那里发现的是造主的大能；是情欲吗？我们在情欲里拥有对罪人的惩罚。即使现在，上帝创造的那个部位的肢体仍是体面的，而因出身传染的，是不体面的；然而，为了使身体里没有不和，神圣恩赐赋予本性本能，叫各肢体彼此相顾，淫欲使其丧失体面，端庄和羞涩将它遮盖。

82. 你问："当亚当和他妻子听到上帝行在乐园的声音时，他们为何要躲藏起来？如果他们是为自己的生殖肢体赤裸而羞愧，那他们当时腰上围的东西已经足以遮羞了。"① 既然你没有话可说了，你为何又说这话？你没有看到，他们心里害怕主的面，甚至寻找更隐蔽的藏身之处；他们腰间的遮盖物掩盖他们在那里感到令他们羞愧的骚动。如果说他们在赤身露体时不觉得羞愧，那么可以说他们是因为羞愧而把自己遮盖起来。毫无疑问，不体面的东西引起羞愧。经上之所以说："当时他们赤身露体，并不羞耻"②，是要表明，后来他们要把可羞部位遮盖起来，是因为感到羞耻。因此，当他们藏到乐园树丛中后，亚当回答说："我在园中听见你的声音，我就害怕，因为我赤身露体。"一者是显现的羞耻，另一者是深处的良知，它内在的失败产生这种显现的羞耻。节制产生一者，畏惧产生另一者；可耻的淫欲产生一者；良知知道要受到惩罚，就产生另一者——有点像一个疯子，以为把自己的身体藏起来就可以逃避只存在于他心里的东西。主说："谁告诉你赤身露体呢？莫非你吃了我吩咐你不可吃的那树上的果子吗？"③ 这话是什么意思呢？为何他们的赤身露体通过尝禁果来预示？不就是表明恩典所遮盖的，罪将它揭开了？当属地的、动物的身体里没有情欲时，上帝的恩典确实是强大的。因此，当他被恩典包裹时，赤身露体没有任何可羞之处，但当他失去恩典之后，就觉得要有所遮盖。

83. 你说："我们绝不能认为魔鬼与产生人的肢体或者与肢体的活动有什么关系。"你何必提出如此放肆的异议？这完全是徒劳的。人的本性没有任何东西归属于魔鬼。但魔鬼引诱人犯罪，败坏了上帝造为良善的东西，于是，由于两个人的自由选择造成的创伤，整个人类成了跛足的。想一想渗透在你理论中的人类的不幸。你是一个人，凡是与人相

---

① 《创世记》3：8、7。
② 《创世记》2：25。
③ 《创世记》3：10、11。

关的，没有哪一样与你无关。① 对那些必须忍受你所避开之物的人，要心怀同情；然而，不论你享受多大的属地幸福，你也必然每日都要对付内在的冲突——如果你真正践行你所宣称的生活。如果从已经回顾的内容还不能清楚地明白这一点，那么看看婴儿，看看他们忍受的恶有多少，又有多大；他们成长过程中遇到怎样的空虚、痛苦、错误、恐惧。错误试探成人，甚至那些侍奉上帝的人，欺骗他们；劳作和痛苦试探他们，压垮他们；情欲试探他们，点燃他们的欲火；忧愁试探他们，使他们崩溃；骄傲试探他们，使他们自负。谁能轻易解释重轭怎样处处压迫着亚当子孙的身心？我们的悲惨显而易见，这些证据迫使异教哲学家，既不知道也不相信第一人的罪的哲学家，宣称我们生来要受惩罚，以补赎在高级生命中所犯的罪，我们的灵魂与我们的败坏身体结合，所受的折磨就如同某些伊特鲁里亚海盗对俘虏施行的刑罚，就如同将活人与死人叠在一起。但是使徒已经使以下这种观点作废，即个别灵魂根据前世的功德与不同的身体结合。于是，我们必须主张，这些恶的原因或者是上帝的不义或无能，或者是对最初的原罪的惩罚。但上帝既不是不义的，也不是无能的，那么答案唯有后者，这是你不得不勉强承认的原因。如果不是先有借出身而来的罪该受惩罚，亚当的子孙自出母腹之日起直到在万物之母里面埋葬之日，压在他们身上的重轭就可能不存在。

---

① 泰伦斯（Terence），*Heaut.* 1. 1. 25。

第五卷

第一章

1. 我们已经驳斥了你的第一和第二卷书。按照顺序，现在我们要看看第三卷的内容，并在主的帮助下，对你有害的结论作出有益的反驳。根据我们的计划，我们将略过无关的问题，使读者了解我们的立场，获得益处，不浪费时间。你的书开头照例是那些自负的话，说你如何关心真理的目标，如何缺乏你乐于取悦的所谓的智慧人，对这些我又何必说什么呢？这是所有异端分子，不论是古代的，还是近代的，是他们共同的叫喊，并且有点拙劣，用滥了。你极端傲慢，所以你所扮演的角色，采取的态度必将导致你毁灭。没有必要再次反驳你的侮辱和诽谤——看似针对一个人，针对我，但你其实是不点名地向一大群大公教老师发泄你的怒火，或者毋宁说展示你的愚昧。我想我已经对你的前两卷书做了令人满意的驳斥。

2. 你夸大圣经知识的难度，说以下这些知识只适合极少数博学的人：上帝是人和宇宙的造主，他是公义的，信实的，良善的；他的恩典慷慨地给予人。如你所说："众人之所以追求善，其中一个且最好的原因是，上帝是可敬的。"而你对他的尊敬就是否认他借着基督耶稣，也就是救主解救婴儿，因为你说他们借他的洗礼受洗，却没有从中获得救恩，似乎他们不需要基督这位医生。朱利安精明地检查人类起源的血脉，但最终宣称它们是清白的。与其通过所谓的律法知识再加上你不恰当的夸口——肯定不是在上帝律法的指导下，而是全凭你自己的自负——得出这个不敬的推定，既有害于基督教信仰，又有害于你自己的灵魂，那倒还不如根本什么都没学过，反而要好得多。

3. 你说我的教义是畸形的，没有根据的，以至于试图把不义归于上帝，把人的被造归于魔鬼，把实体归于罪，毫无知识的良心归于婴儿。我简单地回答说，我们的教义不是畸形的，因为它宣称俊美胜过世人的那位要成为众人的救主①，因而，也是婴儿的救主。它不是没有根据的，因为它说人好像一口气（虚空），他的年日如同影儿快快过去②，这不是毫无理由的，而是因为先前的罪。它没有把不义归于上帝，而是认为上帝是公义的，因为即使婴儿也遭受我们时常看到的许多大恶，这并非不公正。它没有把人的被造归于魔鬼，而是把人起源的败坏归于魔鬼；它不认为罪有实体，而是说它在最初的人里面有行为，在他们的后代中有遗传。它也不认为婴儿有毫无知识的良心，婴儿既没有知识也没有良心；在一人里众人都犯了罪，那一人知道自己在做什么，而每个人就从那个源头传染了恶。

4. 但是你其实阻挡了无知民众的路，你说他们是单纯的人，忙于其他事务，没受什么教育，仅凭信就应让他们进入基督的教会，免得他们一下子就被晦涩的问题吓倒了。让他们相信上帝是人真正的造主，坚定地主张他是良善的，信实的，公义的，让他们保守关于三一体的这一论断，不论听到什么，只要与之相一致的，就拥护、赞美；不要让任何论证的力量毁掉他们的信念；相反，凡是有权威和团体试图让他们相信相反的教义，他们就要表示憎恨。如果你思考一下你自己说的这些话，就会发现它们几乎就是在反驳你，基督信众——他们的论断是无经验

---

① 参《诗篇》44：3。（参和合本四十五篇2节。）
② 参《诗篇》143：4。（参和合本一百四十四篇4节。）

的，你向我们提到极少数几个你认为最有知识最博学的人——之所以讨厌你的新颖观点，一个原因在于他们相信至公至义的上帝是人的造主。因为他们看到自己的婴儿受苦，知道如果没有原罪，至公至善的上帝不会让他的形象在婴儿里遭受这些恶。如果他们中有个人带着自己襁褓中的孩子，来到你面前，在没有人能听见，你也不再恶意叫嚷的地方，指责你说："就心灵、理智和理性来说，我是按着上帝的形象造的，凭着这些我确实深爱上帝的国，所以认为如果有人永远不能进入他的国，那就是重罚。"而你不属于无知的群氓，属于极少数富有智慧的人，是爱那国的人，你的爱受到极少数人的热情影响，不会因不冷不热的民众而冷却，那你难道回答这个人说，永远不能进入上帝的国根本不是什么惩罚？我不相信你敢说这样的话，即使对一个其能力和见证并不足以令你惧怕的人。因此，当你给出某种回答或者保持沉默（不要说基督徒，就是一个普通人也需要诚实）时，难道他不会强迫你看他襁褓中的孩子，并对你说："上帝是公义的。如果不是借一人进入世界的罪①，哪种恶能禁止他清白的形象进入他的国呢？"我想你找不到比这更大的智慧了，即使在那些非常博学的人中。其实，如果你放下你的厚颜无耻，就会发现你自己比婴儿更无话可说②。

第二章

5. 你在这前言里把无知者撇在一边，面向极少数博学者，但在前言之后你的论证转了方向，我们就来思考一下你的转向。我不知道你在第二卷里遗忘的某事使你产生了什么热切的念头——在第二卷里，你详尽讨论了可耻的肢体，犯罪之后，害羞的理性本性用无花果树叶把它遮

---

① 参《罗马书》5：12。
② "infans"这个拉丁词是个双关语，既有"婴儿"的意思，也有"不能说话"的意思，所以很可能暗示像《所罗门智训》十章 21 节那样的圣经经文。

盖起来，你还在那里试图徒劳地驳斥我的结论"犯罪之后这些肢体可能让人产生尴尬，只是因为它们有一种不体面的活动"[1]。什么东西使你那么高兴，使你不能忽略，甚至在这卷你好不容易停止无休止的唠叨之后，仍要再提？你说经上写着："他们为自己编做裙子。"[2] 你说这个词我们译为"腰带"，而这里是另一种译法；裙子可以理解为全身穿的衣服，你又说，这是"节制"的表示。我怀疑你读到的这个译者是不是佩拉纠主义者，故意把希腊文"perizomata"译为"裙子"。如果节制——你说它与衣服有关——也可表现在这里，那你就绝不会试图告诉我们，第一对人以罪为老师得知节制的功能，因而在犯罪之前，清白（无罪）和无耻在他们里面和谐共住。根据你的论证，当他们赤身露体而不觉得害羞时，他们是放纵无耻的，而他们深切的害羞源于本性的羞耻感；犯罪使他们纠正这种败坏状态，当推诿的无耻感成为节制的老师时，邪恶使那些人羞耻，而公义倒使他们无耻。然而，你的话实在卑鄙无耻，丑态毕露，不论你将多少语言之树叶缝制在一起，都不可能掩盖它们。

6. 你想要嘲讽我，说画家已经告诉我亚当和他的妻子遮盖了可羞的肢体；你又让我听经常被引用的贺拉斯的话："以同样的方式尝试各种虚构之物的能力始终属于诗人和画家。"[3] 我不是从虚构人物的画家而是从圣经的作者那里得知，最初的人在犯罪前是赤身露体的，他们并不以为羞耻。上帝不容他们里面如此伟大的清白使他们羞耻。但他们犯了罪，他们注意到了；他们脸红了，他们就把自己遮盖起来。[4] 然而你说："他们没有感到任何不体面和新奇。"上帝不容我说使徒或先知，甚至哪个诗人或画家教导你这种不可思议的厚颜无耻。就是那些人，如

---

[1] *De nuptiis et concupiscentia* 1.5.
[2] 《创世记》3：7。
[3] 贺拉斯，*De arte poetica* 9 – 10.
[4] 参《创世记》2：25；3：11。

诗人用优美的诗句说的，总是拥有以同样的方式尝试各种虚构之物的能力，对于你恬不知耻地拿出来作为信念的东西，他们很可能羞于作为一种玩笑构想出来。这两者，清白和无耻，一个是最善，一个是至恶，却能和谐一致地共处一起，这是没有哪个画家敢画的，没有哪个诗人敢写的；他们没有一个会对人的论断绝望到这种程度，以至于以为他拥有同样的能力去尝试这种虚构，而不是出于一种愚蠢的空虚才去这样做。

7. 你说，如果选择"perizomata"，也就是"praecinctoria"作为译文，那么被遮盖的是两肋，而不是两股。首先，我很遗憾看到你如此滥用那些不识希腊语的人的无知，而不提供那些认识希腊词的人的观点。但是事实上，拉丁习语已经把我们在希腊钞本中看到的"perizoma"采纳为它自己的词。当你说"perizoma"所遮盖的不是双股而是两肋时，我想你是在自我取笑。无论有知的，无知的，谁不知道"perizomata"所遮盖的是身体的哪些部位？这是对妇女嫁妆名单里所列的某些服饰的通俗称呼：束腰的腰带。这一点只要问一下就能搞清楚，我想也是你已经知道的事；即使你不知道，我希望你不要歪曲，不是歪曲人的话语，而是人的服饰，把"perizoma"上提到肩，或者说"perizomata"遮盖的是那两人的肋部，而让生殖器官、腰部的中心区域以及两股赤裸着。既然不论下身的遮盖物是从上身的哪个部位垂挂下来的，两人都感受到与心里的律相争的肢体上的律①，这律因相互看见而彼此激发，以它自己新奇的不顺服挫败不顺服者的邪恶，那它怎么可能对你有帮助，而不是对我有帮助呢？如果肉体——它的视觉刺激这律——需要更宽敞的遮盖物，那么这律的活动越是狂乱，它必然越是可耻。因而，不论这遮盖物是从腰部还是从两肋挂下来，总之遮住了可耻肢体。如果罪的律没有充满敌意地攻击心里的律，这肢体可能不会成为可耻的。事实本身一清二楚，我们不应对圣经的意思添加我们自己的观念，否则就不只是人的

---

① 参《罗马书》7：25。

无知，而是不当的推测了。"perizomata"这个词令人满意地表明了亚当和他的妻子犯罪之后马上遮盖的是身体哪个部位，尽管他们犯罪之前赤身露体而不以为耻。我们明白他们盖住的是什么，再深究就愚不可及了，而仍然否认他们感受到的东西，就是极端无耻。尽管你顽固地反对，但你也知道答案只有一个：那两人对生殖肢体的淫欲活动感到羞愧，希望把它遮盖起来。当你力图把 perizoma 提升到两肋时，你要遮盖了一个无须遮盖的部位——你说过罪人并没有在那个部位经历恶，要么卑鄙地露出你承认更需要遮盖的部位。

第三章

8. 你从我的书里引了一段话："不顺服者的肉体也是不顺服的，这完全是罪有应得，如果不服自己主人的人却得到自己奴仆，也就是自己的身体的服从，那倒是不公平的了。"① 于是，你试图表明，肉体的不顺服如果是对罪的惩罚，那必然是值得称道的，并且似乎这不顺服是一个人，有意地折磨罪人，你用崇高的语言修饰它，称之为"报仇雪恨者，就此而言也是上帝的执事"，认为它是一种大善。你没有看到，根据你的推理，你可以赞美恶的使者，事实上，他们就是不敬神的推诿者，然而，上帝通过他们惩罚罪人，如圣经所证实的："他把他忿怒的报应降给他们；通过恶的使者降下义愤和怒气。"② 那就赞美他们吧；赞美他们的王撒旦，因为当使徒把一人交给他，败坏那人的肉体时③，撒旦也是罪的复仇者。你完全公开地诽谤基督的恩典，对撒旦和他的使者歌功颂德，你正是合适的人选，而上帝通过他们施行审判，强调对罪人的惩罚，按他们的作为报应他们，使极其卑劣而可恶的灵成为那些该

---

① De nuptiis 1. 7.
② 《诗篇》77：49（根据英文直译）。
③ 参《哥林多前书》5：5。

受惩罚的人的折磨，无论恶的还是善的，都合理使用。既然你称颂肉体的淫欲，因为这种不顺服是为了报复罪人的不顺服而赐给的，那也称颂那些极其邪恶的权势吧，因为通过它们使恶人得到恶报。赞美恶王扫罗吧，因为他也是对罪人的一种惩罚，如主所说："我在怒气中将王赐你。"① 赞美那王所遭受的鬼吧，因为它也是对罪的惩罚②。赞美降到以色列人心上的愚昧吧，不要对经上何以说"等到外邦人的数目添满了"③ 沉默不语，尽管你或许会否认这是一种惩罚。如果你爱里面的光，你就会叫喊说，它不只是一种惩罚，而且是一种极其重大的惩罚。犹太人的这种愚昧是因他们不信的大恶，是他们治死基督这罪的一大原因。如果你否认那愚昧是一种惩罚，你就在遭受同样的惩罚。如果你说它是惩罚，但不是因罪，那你承认同一件事可以既是罪，又是惩罚；但如果不是因罪，它必然是一种不公正的惩罚，那你就使上帝或者成为不公的，竟然命令或者允许这样的事发生，或者是无能的，这样的事发生了，他竟然没有阻止它。如果你承认它也是因为罪，免得因不承认这一点而显得自己心里是瞎的，那么看看你不愿意看到的结果，因为你提出的问题现在有了答案。魔鬼、他的使者以及邪恶的王不仅自己是罪人，而且借着上帝的公义，还是罪人所遭受的痛苦；公正的刑罚借着他们加在那些罪有应得的人身上，这不能使他们成为可赞美的。因此，我们不能推导说，因为与心里的律相争的肢体的律是对做了恶事的人的公正惩罚，所以这律本身的行为就是正义的；心里的愚昧唯有上帝的光才能除去，这种瞎不仅是罪，使人不相信上帝，而且也是对罪的惩罚，使傲慢的心受到应有的惩罚；另外还是罪的原因，因为由于那愚昧心灵的过错，坏事就干下了。同样，善灵所争战的肉体的淫欲不仅是罪，因为它不顺服心灵的支配，而且也是对罪的惩罚，因为它可算为对不顺服的报

---

① 《何西阿书》13：11。
② 参《列王纪上》16：14。
③ 《罗马书》11：25。

应——另外也是罪的原因，或者在于认同它的人的疏忽，或者在于出生的遗传。

9. 尽管你滔滔不绝地讨论你愚昧而不经思考的观点，但完全可以肯定，当你说这肉体的淫欲——我们认为它是对罪的惩罚——不仅不是可指责的，而且甚至是可称颂的，你的论点是毫无根据的。当你说"如果情欲是对罪的惩罚，那么节制就必须抛弃，免得贞洁背叛上帝，被认为削弱了他所作的判断"以及其他虚妄的结论时，同样的话也可以谈论心里的愚昧，并且一字不差——就好比说，如果心里的愚昧是对罪的惩罚，那教导必须抛弃，免得心灵的教化背叛上帝，被认为削弱了对上帝所作的判断。如果这个结论是荒谬的，那你的论证也同样是荒谬的；然而，情欲——也就是肉体的不顺服——是对罪的惩罚。因为知识争战心里的愚昧，自制争战情欲，而忍耐承受惩罚，那既不是过错，也不是情欲。因此，如果人带着上帝的恩赐靠信心活，上帝亲自显现启示心灵，克服淫欲，也忍受试探，直到末了。当人无须承担义务地爱上帝，也就是说，爱上帝的这种爱只能从上帝本身而来，那么整个工作就顺利成就。然而，如果人只求自己满意，依靠自己的力量，放任自己傲慢的欲望，那么随着其他欲望停止，恶开始滋生，当他克制其他欲望时，倒像是可称道的人，但其实是为了这个傲慢的欲望。

10. 你读了我的另外一些小品文，徒劳地试图反驳："有不少的罪也是对罪的惩罚。"① 但是，如果你能忘掉对得胜的热切欲望，仔细留意自己说的话，你就会发现以上这种说法完全正确，就如我们关于"心瞎"所看到的。如你所读到的，我在另外的讨论中提到使徒论到某些人："上帝任凭他们放纵邪恶的意识，让他们行不适宜的事"②，我引用使徒这话是为了证明这一点，那么请问，你引用使徒的话是为了成全

---

① *De natura et gratia* 25.
② 参和合本《罗马书》1：24："上帝任凭他们逞着心里的情欲行污秽的事。"——中译者注

什么，证明什么？你试图表明，这是使用了夸张法，夸大事物的真相，以触动人的心灵；你毫不犹豫地指出，这必然就是使徒的目的。你断言，为了痛斥不敬者的罪行，他说在他看来他们更像是已经被定罪的人，而不是有罪的人，由此突出他们的罪行，把这些罪行称为惩罚。然而根据他自己的话，而不是你转述的他的话，他表明他们不仅是被定罪的，而且是有罪的；不只是从过去行为而来的罪——他们已经因此被定罪——也因他们的定罪而有罪。他先是说："他们去敬拜侍奉受造之物，不敬奉那造物的主。主乃是可称颂的。阿们！"这是表明他们有罪。接着他表明他们因这罪而被定罪，他说："因此，上帝任凭他们放纵可羞耻的情欲。"你听到他说这话是为这个原因，而你愚蠢地问我们该怎样理解上帝任凭他们，并且费九牛二虎之力表明他任凭他们就是抛弃他们，如你所主张的。但是不论他怎样任凭他们，他是为这个原因任凭他们，也是为这个原因放弃他们。你还看到他任凭他们的结果，不论这种任凭是什么类型或者什么方式。使徒想要表明任凭他们逞可羞耻的情欲是重大的惩罚，不论这种任凭是放弃他们，还是其他方式的任凭，不论是可解释的，还是不可解释的，不论至善和不可言说的公义以何种方式使之发生。他说："他们的女人把顺性的用处变为逆性的用处，男人也是如此，弃了女人顺性的用处，欲火攻心，彼此贪恋，男和男行可羞耻的事，就在自己身上受这妄为当得的报应。"① 还有比这更清楚的吗？还有比这更直接的吗？还有比这更明确的吗？他说他们就在自己身上受这当得的报应；可以肯定，这报应就是他们注定要犯这么大的罪恶。然而这定罪也是罪，使他们更深地陷入其中；因此那些行为既是罪，也是对先前罪的惩罚。甚至更为引人注目的是，他声称他们在自己身上受这报应是当得的。紧接这话的前一段话也有同样的宗旨："他们将不能朽坏之上帝的荣耀变为偶像，仿佛必朽坏的人和飞禽、走兽、昆

---

① 参《罗马书》1：23、24、26、27。——中译者注

虫的样式。所以，上帝任凭他们逞着心里的情欲行污秽的事"①，如此等等。你再次看到之所以放任他们的不可否认的原因。他先是列举了他们所做的恶，然后说："所以，上帝任凭他们逞着心里的情欲。"因此，它确实是对前罪的惩罚；然而，它也是罪，如他下面所解释的。

11. 你在论证相反结论时，自以为找到了对使徒的话——上帝任凭他们放纵自己的情欲——所存疑问的答案。你说他们已经被行污秽之事的欲望激动，又说："我们怎么能认为他们是借着上帝——他已经放任他们——的权能陷入这样的行为的呢？"那我问你，如果不知怎的他们已经被心里的邪欲支配，那上帝放任他们的目的是什么，为何使徒说："上帝任凭他们逞着心里的情欲？"这是否可以推出，因为有人心里有邪欲，他就认同他们做那些恶事？显然，我们看到，心里有邪欲不等同于任凭他们逞邪欲。认同邪欲就会被邪欲控制，而当神圣审判任凭人放纵邪欲时，人就会认同邪欲。如果人只是感到它们在涌动，想引诱他行恶，但他没有跟随它们，没有任意地放纵它们，而是加入荣耀的战斗中与它们对抗，如果他因此有罪，即使活在恩典里，也仍然是有罪的，那我们就是徒劳无益地读着经文："你不可跟随你的情欲。"经上写着："如果你放任你心里的欲望"（这是指她的邪欲），"她将使你成为你仇敌和那些嫉妒你的人的笑柄"。② 如果有人遵守这样的话，你怎么说？一个人仅仅心里有那些他不应任凭灵魂放纵的情欲，免得她成为魔鬼和他的使者，以及嫉妒我们的仇敌的笑柄，他就有罪吗？

12. 当说任凭一个人放纵他的欲望时，他就从这些欲望得了罪，因为他被上帝放弃，受制并认同于欲望，被它们征服、抓俘、吸引、控制。"因为人被谁制伏，就是谁的奴仆"③；接着发生的罪是对他前罪的惩罚。我们读到："耶和华使乖谬的灵掺入埃及中间，首领使埃及一切

---

① 《罗马书》1：23、24。——中译者注
② 《便西拉智训》8：30、31。
③ 《彼得后书》2：19。

所做的都有差错，好像醉酒之人受到诱惑一样。"① 这里，罪不也是对罪的惩罚吗？先知对上帝说："耶和华啊，你为何使我们走岔离开你的道，使我们心里刚硬不敬畏你呢？"② 这里罪不也是对罪的惩罚吗？先知又对上帝说："看哪，你曾发怒，我们仍犯罪；因而我们犯了错，我们所有人都像不洁净的人。"③ 这里，罪不也是对罪的惩罚吗？我们在《约书亚记》（Jesus Nave）里读到外邦人奋力反抗，因为耶和华使他们的心刚硬，来与以色列人争战，好叫他们尽被杀灭④，这里，罪不也是对罪的惩罚吗？罗波安（Roboam）王不肯依从百姓的好建议，因为如经上所说："这事乃出于耶和华，为要应验他借先知所说的话。"⑤ 这里罪不也是对罪的惩罚吗？犹大王亚玛谢不肯听从以色列王约阿施不要去打仗的好建议，这里罪不也是对罪的惩罚吗？我们读到："亚玛谢却不肯听从，这是出乎耶和华的旨意，好将他们交在敌人手里，因为他们寻求以东的神。"⑥ 我们可以举出许多其他事物，清楚地表明，刚硬反常的心出于上帝的隐秘判断，其结果就是拒不听从真理，导致犯罪，这罪也是对前罪的惩罚。因为相信谎言而不相信真理，就是罪，但它源于心的愚昧，而这愚昧根据上帝隐秘又公正的判断也是对罪的惩罚。我们还在使徒对帖撒罗尼迦人说的话里看到这一点："因他们不领受爱真理的心，使他们得救。故此，上帝就给他们一个生发错误的心，叫他们信从虚谎。"⑦ 看，对罪的惩罚就是罪。他说的每一部分都很清楚、简洁，不论你怎样努力想要歪曲成你自己的意思，都是徒劳。

13. 你说："即使当经上说任凭他们放纵自己的情欲时，我们也要

---

① 《以赛亚书》19：14。（和合本末句为"好像醉酒之人呕吐的时候，东倒西歪一样"。）
② 《以赛亚书》63：17。
③ 参《以赛亚书》64：5、6。
④ 参《约书亚记》11：20。
⑤ 参和合本《列王纪上》12：15。——中译者注
⑥ 《历代志下》25：20。
⑦ 《帖撒罗尼迦后书》2：10、11。

明白神的忍耐放弃了他们,但神的权能并没有强迫他们犯罪。"你这话是什么意思?该位使徒既说:"倘若上帝要显明他的忿怒,彰显他的权能,就多多忍耐宽容那可怒、预备遭毁灭的器皿"①,岂没有把忍耐和权能这两者放在一起提及吗?你在以下经文里看到的是哪一者呢?是忍耐还是权能?"先知若犯错说一句预言,是我耶和华任那先知犯错,我也必向他伸手,将他从我民以色列中除灭。"②不论你选择什么,即使你承认两者,你也必然明白,这个先知的假预言既是罪,也是对罪的惩罚。你是否还会说"我耶和华任那先知犯错"这话应解释为:上帝抛弃他,让他受迷惑,以报应他过去的错事,从而犯错?你愿怎样说,你就说,他因罪受到这样的惩罚,结果是他犯了说假预言的罪。听听先知米该雅的话:"我看见耶和华坐在宝座上,天上的万军侍立在他左右。耶和华说:'谁去引诱亚哈上基列的拉末去阵亡呢?'这个就这样说,那个就那样说。随后有一个神灵出来,站在耶和华面前,说:'我去引诱他。'耶和华就问他说:'你用何法呢?'他说:'我去要在他众先知口中作谎言的灵。'耶和华说:'这样,你必能引诱他,你去如此行吧!'"③你能怎样解释这些话?王相信假先知,他自己就犯了罪,但这本身也是对罪的惩罚,是派来邪恶使者的上帝的判断决定的,使我们更加清楚地明白《诗篇》为何说他借着邪恶使者降下他义愤的怒气④。当他降下忿怒时,他做错了吗?做得不公吗?太草率了吗?上帝断乎不会。"你的判断如同深渊"这样的话不是徒劳说的。使徒呼喊:"深哉,上帝丰富的智慧和知识!他的判断何其难测!他的踪迹何其难寻!谁知道主的心?谁作过他的谋士呢?谁是先给了他,使他后来偿还呢?"⑤

---

① 《罗马书》9:22。
② 参《以西结书》14:9。(和合本里"犯错"为"受迷惑"。)
③ 《列王纪上》22:19—22。
④ 参《诗篇》77:49。
⑤ 《罗马书》11:33—35。

他的话也不是虚妄的。他选择的,没有一个是有价值的,但他一旦选择,就使他们成为有价值的。但是,他所惩罚的,没有一个不是当得的。

第四章

14. 你告诉我们使徒说:"上帝的圣善是要引导你悔改。"这话一点儿没错;但他引导的是他所预定的,即使那人自己不悔改,心里刚硬,为自己积蓄忿怒,以致上帝震怒,显他公义审判的日子来到,他必照各人的行为报应各人。① 不论上帝显示的忍耐有多大,若不是他本身允许,谁会悔改呢?你难道忘了同一位老师说过"或者上帝给他们悔改的心,可以明白真道,……可以醒悟,脱离魔鬼的网罗"②? 而上帝的判断如同深渊。我们知道,如果我们允许我们所统治的人在我们眼前犯罪,我们将与他们同样感到有罪;而上帝允许人在他眼前犯的罪数不胜数,如果你不愿意人这样做,就绝不会允许这些事成全;然而上帝是公义的,良善的。他显示忍耐,留出悔改的空间,不愿有一人沉沦③,因为"主认识谁是他的人"④,"万事都相互效力",叫那些"按他旨意被召的人得益处"⑤。因为并非所有被召的人都是按他旨意被召的。"被召的人多,选上的人少。"⑥ 那些选上的,就是按他旨意被召的。因此他在别处说:"总要按上帝的能力……上帝救了我们,以圣召召我们,不是按我们的行为,乃是按他的旨意和恩典;这恩典是万古之先在基督耶

---

① 《罗马书》2:4—6。
② 《提摩太后书》2:25,26。
③ 参《彼得后书》3:9。
④ 《提摩太后书》2:19。
⑤ 参《罗马书》8:28。
⑥ 《马太福音》22:14。

稣里赐给我们的。"① 另外，在说了"万事都互相效力，叫那些按他旨意被召的人得益处"之后，又说："因为他预先所知道的人，就预先定下效法他儿子的模样，使他儿子在许多弟兄中作长子。预先所定下的人又召他们来；所召来的人又称他们为义；所称为义的人又叫他们得荣耀。"② 这些就是按他的旨意被召的人，因此他们就是创立世界之前——使无变为有的上帝③创立世界之前——被拣选的人④；他们之被拣选是借着拣选的恩典。因此该位老师论到以色列说："照着拣选的恩典，还有所留的余数。"为防止有人以为他们之所以在世界创立之前被拣选，是出于预先知道的作为，他又说："既出于恩典，就不在乎行为，不然，恩典就不是恩典了。"⑤ 在被拣选和预定的人数中，即使是那些生活极其堕落的人，也借着上帝的圣善引向悔改，借着他的忍耐他们没有因犯罪被剥夺此生，以此向他们及与他们同为后嗣的人表明，上帝的恩典把人从怎样恶的深渊里解救出来。他们没有一人灭亡，尽管年事已高；也从来没有说预定得生的人会没有中保的圣礼而终结生命。因为这些人，我们的主说："差我来者，即父的意思就是：他所赐给我的，叫我一个也不失落。"⑥ 其他必死者，不属于这个数目的，虽然与这些人同属一团，但被造为忿怒的器皿，生来是为了叫这些人得利益。上帝造他们没有一个是轻率或者偶然的，他也知道可以从他们得到什么益处，因为他在他们里面人性的恩赐里做善工，通过他们装饰现世的秩序。基督里的人通过健全而属灵的悔改与上帝和好，但对其他人，他不引导他们中任何人走向这样的悔改，不论他对他们的忍耐是否更加大量，还是完全相等。因此，虽然所有人出于同一个毁灭和被定罪的团

---

① 《提摩太后书》1：8、9。
② 《罗马书》8：28—30。
③ 参《罗马书》4：17。
④ 参《以弗所书》1：4。
⑤ 《罗马书》11：5、6。
⑥ 《约翰福音》6：39。

块，因他们心里的刚硬不悔改，为自己在忿怒的日子积蓄忿怒，每个人都将按各自的事工得报应，但是上帝出于慈爱的圣善，引导有些人悔改，根据他的判断对有些人不引导其悔改。我们的主说上帝有能力引导并吸引人："若不是差我来的父吸引人，就没有能到我这里来的。"① 他难道不曾引导渎圣的、不敬的亚哈王悔改，或者至少向那王显明耐心、宽宏和长期忍耐，尽管那王早已被说谎言的灵迷惑误入歧途？他被迷惑的结果不是在他死后立即在他身上成全了？② 谁能说他信说谎言的灵不是犯罪？谁能说这罪不是对罪的惩罚，不是上帝的审判？上帝选了说谎言的灵来执行审判，不论那灵是受他差遣的，或者只是经他允许的。除了那个说自己想说的而不愿意听真道的人，谁会说这样的话？

15. 听到《诗篇》里唱着："耶和华啊，求你不要放弃我，任我的欲望偏向恶人"③，谁会愚蠢地认为这个人是在祈求上帝不要对他忍耐，似乎就如你所说："上帝若不是要显示他忍耐的圣善，就不会放弃人，以至于让恶得逞？"我们岂不是每日恳求："不要叫我们遇见试探"④，免得我们放纵自己的情欲？因为各人被试探，乃是被自己的淫欲牵引、诱惑的。⑤ 因此，难道我们是求上帝不要显示他忍耐的圣善，而不是求他的怜悯吗？健全的人怎么理解这一点？甚至，疯子会对此说什么？因此，上帝任凭人放纵可羞耻的情欲，让他们行不适当的事；但是他适当地放任他们，这些行为不仅是罪，也是对过去的罪的惩罚，而且它们还需要将来的惩罚，正如他任凭亚哈相信似先知的谎言，任凭罗波安接受错误的建议⑥。上帝不仅知道怎样在人的身体里运作他公义的审判，也知道如何在他们的心里运作，他的作为总是充满奇妙，难以言说；不是

---

① 《约翰福音》6∶44。
② 参《列王纪上》二十二章。
③ 参《诗篇》139∶9。（和合本没有对应译文，故本节根据英文直译。）
④ 《马太福音》6∶13。
⑤ 参《雅各书》1∶14。
⑥ 参《列王纪上》十二章。

要引起恶的意愿，而是随已愿使用它们，因为他不可能决定任何不义的事。他可以和善时听，发怒时不听；也可以反过来，和善时不听，发怒时倒听。同样，他可以和善时就宽恕，忿怒时不宽恕；又可以倒过来，和善时不宽恕，忿怒时倒宽恕。在一切事上都始终是良善的和公义的。谁能领会这些事呢？人处于可朽肉体的压力之下，即使他已经拥有圣灵的担保，又怎能领会和猜测上帝的判断呢？

16. 而你这个极聪明又机智的人却说："如果通过不顺从情欲惩罚不顺从上帝的人，那我们必须宣布情欲是正义的，可赞美的。"如果你真的聪明，你就会明白，人的低级部分必然通过邪恶征战高级和良善部分；然而对一个恶人来说，受到他自己肉体的恶的惩罚是公正的，就如那恶王受到邪恶之恶的惩罚。难道你要赞美邪灵吗？说出来吧，为何要犹犹豫豫？你这个敌视上帝无须回报的圣善的人，成了一个说谎言之邪灵的赞美者。你轻而易举就能找到可说的东西。你以为从我所说的"如果不服自己主人的人，得到自己奴仆，也就是自己的身体的服从，那倒是不公平的了"① 可以推导出对情欲的赞美，如果你把这赞美用到那邪灵上，那你对它的赞美简直就是信手拈来。当然你否认我的这一观点，嘲笑它是错误的，想要表明如果我的话是对的，那可以推导出荒谬的结论，赞美情欲是"罪的复仇者"。你肯定不会否认说谎言的灵是邪恶的报复者，因为它迷惑那不敬神的王，把他引向他该得的死。想一想，如果对此我也说："如果不信真上帝的人被虚假迷惑，那倒是不公的"，那会怎样？赞美虚假的公正吧，说赞美情欲时所说的话吧："如果对恶的报应就是放纵情欲；如果情欲为报复而侮辱上帝；如果它可以与罪毫无关联，以便胜任报复者的职责，那没有什么能比它更值得赞美的。"凭着这样聪明的解释，你所有的话正好用来赞美不洁的灵。为了一以贯之，你要么在这里做说谎言的灵的先令官，要么拒绝为悖逆的情

---

① *De nuptiis* 1. 7.

欲辩护。

17. 你为何拿最晦涩的灵魂问题作为挡箭牌？① 在乐园里，悖逆当然始于灵魂，灵魂开始认同违背诫命，所以蛇说："你们将如神一样。"② 但整个人犯了罪，正是从那时起，肉体成了罪身，他的过犯只有同样的罪身才能医治。为了使出生的通过重生得洁净，灵魂和身体都同样要受到惩罚；既然它们从人而来，那就都有过错，或一者在另一者里是败坏的，就如在有瑕疵的器皿里，而这包含着神圣律法的隐秘正义。我倒更愿意知道两者哪个是对的，而不是发表我自己的观点，免得对我不知道的事物妄下论断。但是有一点我是知道的：它们中有一个是对的，是正确、古老的大公教信仰，也就是相信并主张原罪的那种信仰所拥护的，认为它不会有错。而这一信仰绝不可否认。关于灵魂的隐秘事或者可以在闲暇时间讨论，或者就像此生中许多其他事物一样，不了解也不影响我们得救。至于灵魂是在婴儿身上，还是在成人身上，我们必须更关心使灵魂得医治的帮助，而不是使它受损坏的过犯；但是如果我们否认它被损坏，那它也不可能得医治。

18. 你引用了使徒的话："他们无知的心就昏暗了。"③ 然后你说："我们要注意，他说无知是一切恶的原因。"我无法解释你的注释。使徒是否说了这个意思并不能确定，但我现在不争论这一点；相反，我要问你为什么说这样的话。是不是因为说婴儿无知（愚蠢）④ 是不恰当

---

① 这个灵魂的晦涩问题是指人通过肉体繁殖而产生的问题。佩拉纠主义似乎否认灵魂本身是通过人的种子靠繁殖传递的可能性，并把这作为他们反对大公教原罪论的重要部分，因为他们认为灵魂是直接由上帝创造的，否认它可能在罪下面出生。奥古斯丁并没有解决人的灵魂究竟如何产生的问题，但是他耐心地证明，不论这个问题的答案是什么，都不可能影响原罪论。参 *De peccatorum meritis et remissione* 3. 10. 18; *De anima et ejus origine*; 以及 St. Thomas in *Summa theological* I, q. 118 提供的回答。

② 《创世记》3：5。

③ 《罗马书》1：21。

④ 这里的无知其实是指愚蠢（foolish），与智慧相对，所以才说婴儿并不是无知的（愚蠢的），只是还不能分有智慧。——中译者注

的，因为他们还不能分有智慧，所以你希望人们相信婴儿里没有任何恶，以为如果无知（愚蠢）是一切恶的原因，就可以推出婴儿无恶的结论？我们需要非常精细而详尽的考察才能知道，最初的人是由于无知而变得骄傲，还是骄傲使他们变得无知，但目前我只问，是否有人不知道所有人——不论谁变得聪明——都是从无知渐渐变成聪明的。或许借着中保伟大而非同寻常的恩典，他的有些信使不是从无知走向智慧，而是直接从婴儿时期就成为有智慧的。如果你说不需要对中保的信，仅凭本性就可以成全这样的事，那你就暴露了你异端的隐秘之毒，因为我们清楚地看到，你捍卫、赞美本性的唯一结果是，基督徒然地死了，而我们说，他的信，通过爱做工的信①，甚至大大给予那些天生弱智的人。有些人生来智力迟钝，看起来更像牲畜，而不像人。弱智在他们显然是天生的，因为智力实在低下，你这个认为没有原罪的人就无法在他们身上找到与之相称的东西。我们岂不是从人类活动的日常经验中得知，最初婴儿一无所知，长大了他明白一些虚妄之事；然后，如果他住在智慧部分里，就明白真道。因此人从什么都不明白的婴儿时期通过中间的愚蠢走向智慧。所以你看，人性——你赞美婴儿的人性，认为它不需要救主，似乎它是健全的——结出无知（即愚蠢）的果子比结出智慧更早；但你不愿意看它根部的毛病，或者更为糟糕——你看到了毛病，却不承认。

第五章

19. 你引用我的另外一些话，诽谤说我自相矛盾，因为我先是说身体不顺服是对不顺服之人的惩罚，然后立即举出身体的部位，说它们服

---

① 参《加拉太书》2：21；5：6。

从意志的吩咐。① 但要知道,我在陈述第二个命题时,所说的"身体"是把生殖器官排除在外的。因此,一点没错,在其他肢体活动中,身体服从意志,而在生殖肢体的活动中,身体不服从意志。我的话没有自相矛盾,只是你没有理解它们或者阻止其他人理解它们,所以你把我变得自相矛盾。如果身体的一个部位不能称为"身体",使徒就不会说:"妻子没有权柄主张自己的身子,乃在丈夫;丈夫也没有权柄主张自己的身子,乃在妻子。"② 他说的身体是指身体上区分性别并且实行两性结合的肢体。如果你认为使徒的话是指由所有肢体组成的整个身体,那你怎么能说人对自己的身体有权柄?根据使徒的用法,我也可用"身体"这个词指生殖肢体,那些不像手脚一样受意志支配,而是受情欲推动的肢体。如常识所承认的。常识嘲笑你把不证自明的事情混淆,迫使我们没完没了地谈论可耻的事物,这样的事物要迂回提及才是庄重之道。读者读到我这些你想要驳斥的话,明白你会怎样歪曲它们,知道我的"身体"是指什么意思,这对我来说就足够了。

20. 任何人,虽然听到你指责我自相矛盾,但只要读到我写的话,想起使徒也把生殖肢体称为"身体",就会明白你的指责是错误的。你在我的论证里发现矛盾,对它们大肆攻击,那么你必须保证自己是前后一致的。你开始时说:"等到要繁衍子孙时,为此目的创造的肢体只要接到意志的命令就彼此合作,它们顺从理智,除非遇到阻碍,或者是由于衰弱,或者是由于过度,"但后来你主张:"身体的这种活动必然被包括在许多秩序和部署都隐而不显的活动中,需要的不是命令,而是意志的应允。"这里你部分承认明显的真理,但你应当收回前面说过的话。如果按你第二句话说,那些肢体需要的"不是命令,而是意志的允许,就如饥饿、干渴和消化一样",那么它们怎么能按你第一句话所

---

① *De nuptiis* 1. 7.
② 《哥林多前书》7:4。

说的，"只要接到意志的命令，就彼此合作"？你费尽九牛二虎之力找到一点可说的东西，但是这一点驳斥的是你，而不是我。然而，如果有节制，在这个问题上就根本不需要费力。既然必须谈论这样的事物，那么——如你所说——羞愧难当并且震惊得无以言表对你有什么益处呢？因为你不耻作出书面论断，如果被不证自明的真理干扰，那就立即作出另一判断，来反对这一判断。即使你在提到羞耻时也是毫无羞耻之心的。然而，说到这里已经够了，因为它揭示你虽然不耻赞美情欲，却表明你羞于讨论情欲的作为。

21. 我先是说："它得赐能力，以便推动其他肢体，"然后又说："当身体脱离阻碍，处于健康状态时"，这是一个重要发现吗？睡眠和睡意违背人的意志压倒他们，就是阻碍，使敏捷的肢体受到妨碍。当你说"如果我们指望肢体特定的能力所不具备的东西，那它们就不顺从我们的意志"时，你没有注意到，正是出于这个原因我才在开始时说："推动它们作出适当的行为。"如果我们希望它们做它们的本性不允许的事，它们当然不顺从我们的意志去做不适合它们做的事；然而，当我们用意志推动它们，它们就顺从而行时，我们不需要情欲的帮助。当我们希望停止推动它们时，我们就立即停止，情欲也没有与意志作对，激发它们。

22. 当你说"生殖肢体也顺从灵魂的命令"时，你谈论的是一种新的情欲，或者可能是一种极其古老的情欲。如果没有人犯罪，它甚至可能存在于乐园里。但是我何必在这里讨论它呢？因为你下面的话把它排除在思考之外。你说："这样的情欲不是被灵魂的命令推动，而是等候它的允许。"然而，不能因为这个原因就将情欲与饥饿和其他苦恼相比。没错，没有人出于意愿忍饥挨饿、感到干渴或者消化食物，这些都是人体恢复或者排泄的需要，我们必须帮助它满足这些需要，否则它可能受到伤害，或者衰竭。但是如果对情欲没有认同，身体会衰竭或者受伤吗？所以，要将我们凭着耐心忍受的恶与我们凭着自制克制的恶区分

213

开来，前者也是我们在这死的身体中能经验到的恶。谁能明确地知道或者恰当地解释在幸福的乐园里我们的能力有多大，有多平静，即使是在咀嚼和消化食物这样的活动上？我们绝不会认为有哪种感觉能引起我们内在或外在的痛苦，有什么费力的感受能使我们的感官疲劳，或者羞耻的感觉使我们尴尬，热的感觉烧灼我们，冷的感觉冻伤我们，害怕的感觉使我们厌恶。

23. 因此，你不耻炫耀你美丽的使女，而我即使在指责中也羞于说出她准确的名字；你不耻说你认为："因为身体的其他肢体都侍奉它，所以它越是受到赞美，就越可能被激发热情；它是眼波传情，是其他肢体的亲吻和拥抱。"当你重复西塞罗在他的 Counsels 里讲述的故事时，你找到了一种方式使人的耳朵受它控制，复兴一个古老而极其显赫的题目："就如时常发生的那样，喝醉的年轻人被笛声激动，准备闯入贞女的家门，此时，据说毕达戈拉斯让笛子演奏家唱一首扬扬格。当她唱的时候，那舒缓的节奏和庄严的曲调使他们狂热的情欲平息下来。"你看我说得多么恰当，在某种意义上，情欲有一种人的权利，能让其他感官为它服务，不论在它开始作为的时候，还是在它认为应当停止骚动的时候。我说这话的理由是，如你所承认的，"人应允它，而不是命令它"。即使事实上"它可以由其他刺激物，而不是被自己的欲望唤醒，或者因智谋而变弱，甚至安静下来"，如你后来说的，但如果它服从人的意志，自然不可能会是这样。我承认，妇女——你可能认为她们对这种活动有免疫能力——也可以受制于男人的淫欲，即使在她们没有感到自己的欲望时；然而我们可以请教约瑟，妇女受情欲攻击的影响有多深。[①] 你，属于教会的一个人，应当受到教会音乐的熏陶，而不是毕达戈拉斯的教导，这样更适合。想想大卫的琴声对扫罗所起的作用，扫罗受到恶

---

① 《创世记》三十九章。

灵骚扰，当这位圣人弹起他的竖琴时，扫罗就从这种骚扰中解脱出来①；想到肉体淫欲时小心翼翼，这是一种善，只是因为这种念头时时受到音乐声的遏制。

第六章

24. 你惊呼："耶利米和众先知及众圣徒呼喊说：'谁将把水赐给我的头，把泪的泉源赐给我的眼'②，这是多么合适啊"，好让他为愚拙人的罪哭泣，而这是因为基督的教会把犯有佩拉纠错误的老师驱逐出去了。如果你希望放松地哭一场，就为你陷入那种错误而哭泣，让你的眼泪为你洗净这种新型的瘟疫。你不知道或者已经忘记或者不愿意知道，神圣者，独一者，大公教会也用"乐园"这个词来表示吗？③ 你既然想要把在肢体里与心里的律相争的那个律引入乐园——我们被主从乐园里赶出来，我们若不在这个乐园里征服那个律，就不可能回到那个乐园——那么你被赶出这个乐园又有什么可奇怪的呢？因为如果你所捍卫的淫欲没有真正地与心里的律相争，就不会有圣徒加入任何战争反对它。但是你已经承认圣徒"加入荣耀的战斗"，就是反对你所捍卫的淫欲的战斗。因此，这淫欲就是在这取死的身体里与心里的律相争的东西，使徒说上帝的恩典借着我们的主耶稣基督救他脱离这取死的身体④。你是否开始看到泪的泉源，这是为恩典的仇敌恸哭的泪泉，是否看见伟大的教牧关怀——使人们对这些人退避三舍，免得他们引诱别人与他们同归于尽？你炮制的新观点"使后世更加堕落"，那是一切异端

---

① 《撒母耳记上》十六章。(英译本注的《列王记上》为讹误。——中译者注)
② 《耶利米书》9：1。(参和合本"但愿我的头为水，我的眼为泪的泉源"。)
③ 含糊地指圣经的比喻意义，很可能基于"乐园"这个词的寓意解释。这种特定的解经法，深受安波罗斯喜爱，奥古斯丁也常常使用，但谁也没有特别强调，它似乎始终只是为了适应字面意义，没有超出这个范围。
④ 《罗马书》7：23—25。

分子的共性。正是你"毁灭了道德规范",因为你试图推翻道德所建立的信仰的根基。正是你"破坏了节制",因为你无耻地赞美节制本身所争战的事物。教会被称为童女,它当然应当听听这一点,好让她对你有所提防。众主妇,圣童女,所有节制的基督徒都该听听这一点。他们并没有如你所指控的那样,"与摩尼教徒一起声称一种向恶的冲动存在于自己的肉体里面"。摩尼教徒错误地主张肉体里有个恶,与上帝同为永恒,拥有实体的本性。基督徒则与使徒一起宣称:"我觉得肢体中另有个律和我心中的律交战"①,但这另一个律,由于上帝借着我们的主耶稣基督赐给的恩典,伏在心灵的权能之下,要在这取死的身体里受到惩戒,在身体的死里被解除,在身体的复活里得到医治。他们主张这神圣的认信,不只在服饰上,而且在心灵和身体两方面都抵制肉体的淫欲——这是在此世能够成就的事,而不是变得完全没有肉体的淫欲——这是不可能在今生取得的成就。那就让他们听听我们的话,好让他们对你有所警惕,直到他们完全没有了淫欲。设想有两个人受邀在圣堂上演讲,一个指责情欲,另一个赞美情欲,然后要求所有圣徒选择他们喜欢听哪个演讲。你认为不懈战斗的禁欲者、节制端庄的已婚者、贞洁守身的众人会说什么?他们难道会对情欲的指责闭耳不听,倒欣然聆听对它的赞歌?我们不可能相信礼仪丧失殆尽,使这种恶横行霸道,除非你在这个讲台上演讲的时候,恰好是凯勒斯提乌或者佩拉纠主持着会众。

第七章

25. 你引用我的话:"当第一对人感到自己肉体上的这种活动,因为不顺从所以是不体面的活动时,他们觉得羞耻,就用无花果树叶把那些肢体遮盖起来,既然这种活动他们无法随意控制,那他们至少可以在

---

① 《罗马书》7:23。

感到羞耻的时候随意遮盖；于是，这提供不体面享乐的东西，因为令人羞耻，就把它盖起来，他们就获得体面所需要的东西。"① 你无端地夸口，你第二卷和第三卷的第一部分，也就是我现在正在反驳的这部分论证已经摧毁了我这话的力量，但是现在，因为我说过"因为不顺从所以不体面的活动"，你希望别人以为我是说它既不顺从身体，也不顺从灵魂，"而是始终带着难以驯服的野兽的力量"。我从未说过它是一种力量；它是一种过错。如果它不是靠欲求活动，那说贞洁通过奉行自制与它对抗意味着什么？哪里有你说圣徒征战它的那些荣耀的战斗？关于节制，你复述了我说的话；当我们攻击情欲，压制它，克制它，不让它做任何非法之事，我们就是为节制效劳。然而是你，而不是我，认为必须攻击、压制、克制情欲，免得它引诱我们做它始终渴望的非法之事，这是好事。就让贞洁的人决定我们谁说了真理；让他们不要遵照你的话，而遵照自己的经验。让那说"我觉得肢体中另有个律和我心中的律交战"的使徒作出判断，究竟谁说出了真理。

26. 你说："帕特尼乌主义（Paternians）和维努斯提乌主义（Venustians）的异端分子类似于摩尼教徒，主张魔鬼造了人从腰到脚的部分，而上帝把上身各部位放在这部分上面，就像放在某种底座上。"② 人不需要什么努力，只需要保存灵魂的纯洁，他们说，灵魂住在胃和头里。他们说，如果阴部涂满污秽和各种不洁的东西，那不是他的事。"你总结说："这样他们就可以放弃对情欲的卑鄙侍奉，他们总是给予它属于它自己领域的一个头衔。"你发现这与我说过的话"第一对人不能随意控制的，在他们感到羞耻时可以随意将它遮盖；情欲不顺从意志，凭自身的能力点燃身体的欲火"类似。你援引谬论、诽谤我们，这就能逃避真理的力量吗？我在书里所写的——但愿你接受它，而不是阻挡

---

① *De nuptiis* 1.7.
② 奥古斯丁在 *De haeresibus* 85 里对这个不引人注目的学派有过描述。

它——与帕特尼乌主义者和维努斯提乌主义者风马牛不相及。根据大公教信仰，我认为整个人——也就是说，整个灵魂和整个身体——属于造主，至高的真上帝；魔鬼破坏了但并没有创造人性或者人性的任何部分。我们必须征战魔鬼造成的创伤，在上帝的帮助下，这伤必然得到护理和医治，直到我们完全脱离它；人如果应允肉体的淫欲犯罪，行不洁之事，那凭着他在今生所拥有的纯洁，他不可能保持灵魂——他的身体靠灵魂而活——全然纯洁。至于你的诽谤，请问，对我的话你有什么非说不可的呢？如果这对你来说毫无意义，那么看哪，我谴责并诅咒你说帕特尼乌主义者和维努斯提乌主义者所主张的观点；我再加上摩尼教徒；我痛恨、谴责、诅咒他们以及其他一切异端分子。你还有什么要问的？请你抛弃诽谤，用你自己的力量，而不要用诡计来争战。请回答：那若不抵制它就不会让人成为贞洁者的东西，它究竟是从哪里来的？它不可能是一种本性和实体，如维努斯提乌主义者和摩尼教徒所认为的；如果它不是本性的一种过失，那它是什么？它升起，我把它压下；它抵抗，我遏制它；它攻击，我反击它。我的整个灵魂和整个身体里都拥有我的造主，平安的上帝。是谁在我里面播种了这样的战争？使徒回答了我们的问题："罪是从一人入了世界，死又是从罪来的，于是死就临到众人，因为众人都犯了罪。"① 但是朱利安不愿意这样。圣使徒对我们说："若有人传福音给你们，与你们所领受的不同，他就应当被诅咒！"②

27. 你说，如果我希望确立情欲之恶不可战胜的观点，那我就使自己成了堕落的倡导者；但是如果我说我认为它是一种本性之恶，但可以征服，也就是可以提防的事物，你马上就从另一进路提出你的理论，说："既然人能克服淫欲之恶，那人就能避免所有罪。因为如果情欲作

---

① 《罗马书》5：12。
② 《加拉太书》1：9。

为本性之恶，尚且可以凭着对美德的爱加以克服，何况只是源于意志的其他众恶，岂不是更加能够战胜。"我们已经从多方面对这些论证做了驳斥。只要我们活在此世，就是肉体的情欲与圣灵相争，圣灵与情欲相争①的地方，不论我们在战斗中表现得如何英勇，不将我们的肢体献给罪作不义的器具，顺从身子的私欲②，然而可以肯定——不说在那些可以合法使用的事物上，身体怎样骚动，即时享乐怎样过度——在我们的意向和念头里，"我们若说自己无罪，便是自欺，真理不在我们心里了"③。你冲向你理论的另一面是徒劳的，除非你想要以渎神的假设拒绝使徒约翰的话。回到正题，我说情欲是合性的，因为每个人生来有之；你其实说得更加充分，你说第一人被造时就已有之。我说情欲必须加以克服，为克服它，就必须反对它。你也说这样的话，不然，你对我说的话："你若否认情欲必须加以克服，你就表明自己是堕落的倡导者"，我就可以作为反击你的武器；当然，若不是掀起对情欲的战斗，就不可能征服它。由于我们两人都说情欲是属于本性的，是可以征服的，所以我们争论的焦点是：我们必须征服的究竟是善还是恶。你想要驱赶情欲这个仇敌，但又不希望结束关于它的恶的讨论，你没有看到这有多么荒谬吗？因而，如果魔鬼没有在不幸的淫欲中胜过你，他必将在你悖逆的观点上挫败你。

28. 你还不能明白我们靠美德不能征战我们的本性，只能争战我们的过错？因为我们不是以善战善，而是以善战恶。情欲在谁的队伍里被战胜？情欲又在谁的队伍里得胜？当情欲得胜时，魔鬼也得胜；当情欲被挫败时，魔鬼也被击败。情欲征服的又使它挫败的，是它的仇敌；无论它得胜还是挫败都与之为伍的，是它的主子。我恳请你，睁开你的双眼，看看光天化日下的事情。没有恶就没有争斗，因为只要有争斗，不

---

① 参《加拉太书》5：17。
② 参《罗马书》6：13、12。
③ 《约翰一书》1：8。

是善斗恶，就是恶斗恶。如果两种善彼此相争，它们相争这本身就是一种大恶。如果构成身体的各元素虽然彼此相对，却不能保持彼此平安和睦，那就滋生疾病和痛苦。谁敢说这些部分有哪一个不是好的？因为上帝的每个造物都是好的；在三童之歌里，无论冷热，都是对主的称颂。① 它们是对立面，但为保存事物和谐共处；如果它们在身体里彼此分裂，相互反对，那我们的健康就受到干扰。所有这些，就如死本身一样，是从那罪的繁殖而来的，如果没有人犯罪，就不会有人说我们在幸福的乐园里该受苦。有形事物的性质受到以上与其相伴的相反性质的制约，使我们处于健康状态，它们在各自的类别上都是好的，但它们相互之间冲突就导致疾病。除了这些之外，还有灵魂的那些贪欲，被认为是"属血气的"，因为当灵魂如此欲求时，它是按照肉体欲求的，而灵，也就是高级、良善的部分，必然与它抗争。这些疾病不需要身体上的医生，它们受到基督治病的恩典看护：首先，免得它们使人犯罪；其次，免得它们在争斗中胜过人；最后，使它们得到彻底医治，不留下一点痕迹。因为爱恶就是恶，求善就是善，也因为只要我们活在此世——情欲与圣灵相争、圣灵与情欲相争的场所，这场争斗就不会停止，若不是上帝借着我们的主耶稣基督赐给我们恩典，谁来救我脱离这必死的身体呢？而你可恶的理论却对这恩典有害。

29. 你是一个大无畏的人，若非性行为活动的监管者，至少也是战争的传讲者和先令官，你说："认为在乐园里生殖肢体可能听从意志的命令，这种观点是柔弱的，带着女人气。"灵魂越是有能力克服情欲，在你这个贞洁的人看来，它却越显得柔弱！我们不会与你争论乐园里是有还是没有情欲，也不想得罪你对它情有独钟的爱，但至少在那个幸福的地方要把它置于意志的命令之下。从那里除去心灵抵制它的活动时产生的最明显的战斗，除去当心灵受制于它的淫威时所产生的最邪恶的和

---

① 参《但以理书》3：67。(参见和合本《但以理书》3：8—30。)

平,当然,因为你现在不明白这样的情欲可能早已存在那里,所以你迫于羞耻——如果不是被理性唤醒的话——承认原初的过错就如现在一样存在于情欲之中,侍奉它我们就灭亡;若不侍奉它,我们就必须战胜它。想一想你在称颂什么,不怕你本人可能受到控告,说你引诱人犯罪,以避免他们反对淫欲——就是你视为本性之善大加赞美的东西?你既然赞同它的活动,就算你指责它的过分,对你又有什么帮助呢?不论我们何时顺从它的活动,它都超出合法的界限。但是即使我们不屈从它,它也是一种恶,因为恶必然受到抵制。不然,如果不抵制这恶,贞洁之善就会毁灭。由于你说它是本性上的善,你就狡猾地规定人必须始终认同它,不然,不合理地抵制它就是反对本性之善了。事实上,只要坚持这一点,你的观点,即人如果愿意就可以无罪,就可以轻易得到证明,因为既然凡是令人喜悦的,就是合法的——你说,凡是本性使人喜悦的,就是善的——那就不可能做非法之事。让我们充分享受目前的快乐,让我们没有关于它们的念头而自娱自乐,如伊壁鸠鲁所倡导的,我们就会没有任何罪,就不会使自己丧失任何善。让我们不要因任何教理上的观点而抵制本性运动,而像荷坦修(Hortensius)所说的:"人必会服从本性,不论本性欲求什么,他都能无师自通地知道。"① 善的本性不可能欲求恶的东西,否则我们必然否认善之为善;因此,不论这善的情欲渴望什么,都要让它成全,否则就是抵制善,这样的人自己就成为恶的。

30. 你必会否认你主张这样的观点,说怀疑你思考某些你并没有说的事,是不公正的。那就不要做你不愿意别人认为你做了的事,不要说:"当我们向人们复述使徒的话:'我也知道在我里头,就是我肉体之中,没有良善'② 时,我们在引诱人追求不当享乐。"虽然他们没有

---

① 西塞罗,*Hortensius*。
② 《罗马书》7:18。

成全所希望的善，从而不再欲求，但他们在行善，从而不再追求自己的情欲①。如果你认为当你说"不要被善战胜，而要以善胜恶"时，你是在教导贞洁，那当我们说"不要为恶所胜，反要以善胜恶"② 时，岂不更是教导贞洁。看看这是多么不公正，你拒不相信我们、反对我们所指责的事物，而你不愿意别人认为你希望享有你所赞美的事物。如果情欲的朋友可以是贞洁的，那它的敌人怎么可能是贞洁的？在本作品里，我们只是要驳斥你的这一点：你否认原罪，拒不承认婴儿需要救主耶稣，想要把与心里的律争战的罪之律引入犯罪之前的乐园。我们不希望论断我们没有看到或听到的事。公开宣称赞美情欲的人在私下里会做什么，这不是我们所关心的问题。

第八章

31. 我对第一对夫妻的婚姻与淫欲做了区别："他们后来在繁殖中所成就的事是婚姻的善；他们早先在混乱中遮盖的是淫欲的恶。"③ 你引用了这种区分。你认为这种区分是错误的，因为如你所说："凡是善的，必然与那使之存在（没有它就不能存在）的东西共享褒奖。"根据这样的推论，你可以让婚姻与情欲共享同一种褒奖。简单地听听你所谓的确定论断会得到怎样的驳斥。首先，由上帝所造事物构成的宇宙不可能没有恶而存在，但这并不能推出恶必然与善享有同样的赞美。其次，如果"凡是善的，必然与那使之存的东西共享褒奖"，那么无论如何，恶也必然与使之存在的东西同受指责。因此，我们必须责骂上帝的作品，正如我们责骂没有这些作品就不能存在的恶一样。恶只能在上帝的作品里，此外不可能有恶，如果没有上帝的作品，恶就无处藏身。你身

---

① 参《便西拉智训》18：30。
② 《罗马书》12：21。
③ De nuptiis 1. 8.

边就有这样的事可做：辱骂人身上的肢体，就如你辱骂通奸，没有那些肢体，通奸行为不可能存在。如果你不想这样做，免得看起来完全像疯子一样，那么就承认婚姻的善并不必然与情欲同享褒奖，尽管没有情欲，现在的婚姻不可能存在；正如恶不能与上帝的作品同受指责，尽管没有后者，前者就永远不可能存在。正如你的界定是错的，徒劳的，你从中推导出的结论同样也都是错的。

32. 我从未说过"肉体的快乐是不可克服的"，但是你说这是我惯用的措辞。你和我都说它可以并且应当克服，只是你说这是一种善，得用另一种与它争斗的善来克服它，而我说它是一种恶，要用另一种与它争斗的善来克服它。你说它可以并且应当靠人自己的力量克服，而我说它必须靠救主的恩典克服，这样它就不是靠另一种贪欲，而是靠上帝的仁慈克服，这仁慈浇灌在我们心里，不是借着我们自己的能力，而是借着所赐给我们的圣灵①。

33. 你重复说，你用了——徒劳地——使徒的见证表明关于这两人的尴尬，把你称为"羞涩"，他称为不体面的肢体遮盖起来。我们已经非常彻底地考察了这个问题。你徒劳地以巴尔布和哲学家们的作品作为避难所，似乎在你找不到什么话谈论第一对夫妻的尴尬时，巴尔布能使你有话可说。但是如果你能顺从于真理性的判断——至少在某些哲学家的作品里可以看到这样的判断——你就不会听不到他们说快乐是诸恶的诱惑和诱因，情欲是灵魂不健全的部分。巴尔布注意到，我们身体的消化器官在我们的感觉能力之外，这是对的，因为我们消化的东西使我们的感官不愉快，它们不是诱惑我们。因此排泄器官自然由周围更突出的部位隐藏，正如当那两人赤身露体而不觉羞耻时，它们是隐蔽的，而犯罪之后他们立即把原本显露的部位，而不是隐蔽的部位遮盖起来。他们的视觉越是沉溺于快乐，不感到厌恶，那些肢体就越是激发你的被保护

---

① 《罗马书》5：5。

者，持守节制的就越觉得要遮盖它们。

34. 如果你不试图骗人，那你得承认你没有明白我所说的跛足和到达者（新生者）是什么意思。① 我说"到达者"，不是如你所认为或者假装认为的那样，指由婚姻而生的人；我是指婚姻就其职责来说最终所拥有的善，即使实际上并没有人出生。男人播种，女人接纳；严格地说，很大程度上夫妻靠自己的行为能够完成这件事。我说他们没有"跛足"，也就是说没有情欲，不能到达这个目的。怀胎生子这是神的作为，不是人的作为，但它带着这样的意图，希望婚姻甚至获得属于它自己作为的善。但是因为孩子本身若不重生，出生就是可指责的，所以基督徒的婚姻就其历程的目标而言，不只是它自己的作为所趋向的终点，而是意志指向的目标，甚至以这样的目标敦促它：生育人以便使人得重生，所以婚姻里面的节制是真正的节制，也就是使上帝喜悦的节制。因为没有信不可能得上帝的喜悦。②

第九章

35. 接下来你转向我们讨论了使徒见证的那段话："你们各人晓得怎样……守着自己的器皿"，也就是他的配偶，"不放纵私欲的邪情，像那不认识上帝的外邦人"。③ 在注释这段话时，我说："夫妻间的，也就是合法的、诚实的交合并不禁止。他说行此事的原因必须是求子，不是为了肉体的享乐，这样，没有情欲不能成就的事必须以这样的方式成全，即不是为了情欲本身的缘故成全。"④ 你惊呼："'深哉，上帝丰富

---

① *De nuptiis* 1. 8.
② 参《希伯来书》11：6。
③ 《帖撒罗尼迦前书》4：4—5。
④ *De nuptiis* 1.9。16

的智慧和知识！'① 他规定，我们的作为除了将来的回报之外，一大部分判断将由自由意志的行为构成。非常公正的是，善恶各由人自己选择，这样，善者可以自我喜乐，恶者也自我担当。"你的惊呼与这个问题没有关系，尽管你发现它在这里很有说服力。你既然坚持不敬的教条，说神圣判断也让人自己选择善，所以对能够自我引道的人来说，上帝的恩典并非必不可少，那么你的惊呼并不能解除压在你身上的重量。上帝禁止这样的情形，事实上，那些任由他们自己的人不是善的，因为他们不是上帝的儿子。"因为凡被上帝的灵引导的，都是上帝的儿子。"② 我想，这样的论断必能使你认识使徒的教导——他的教导胜过你的教导。

36. 在你的矛盾观点中有一个我不应略过不说。你还记得你洋洋洒洒地反驳使徒所说的一清二楚的真理吗？你说："任何事物绝不可能既是罪又是对罪的惩罚。"你怎么能忘记你的啰嗦，现在却赞美起上帝丰富的智慧和知识有多么深邃，因为他规定，除了对我们的作为有将来的回报之外，还有一大部分论断将取决于自由意志？你宣称："这是非常公正的，善恶各由人自由定夺，善者可以自我喜乐"，肯定是在善工中喜乐，"而恶者自我担当"，肯定是担当恶工。这恶工其实就是他的罪，因为他做了某种恶事；这恶工也是对他的罪的惩罚，因为他担当了自己的恶，所以一大部分审判，善得善报，恶得恶报，将取决于自由意志的行为；也就是说，善人因行事端正而自我喜乐，而恶人得忍受自己犯罪。你看你多么自负地挥舞着你无效而迟钝的兵器，恰恰暴露你易受攻击的地方；其实，你伤了你自己。你诽谤性地夸口，说我的话自相矛盾，但是我并没有说过："身体的结合是魔鬼制定的"，因为即使没有人犯罪，除非通过两性结合，否则孩子也不可能生育出来。我说过：

---

① 《罗马书》11：33。
② 《罗马书》8：14；《所罗门智训》1：13。

"肉体的情欲征战圣灵时，显现出肉体的不顺服，这是魔鬼引发的伤。"你自鸣得意，因为我还说过："与心里的律相争的罪之律是上帝出于报复而加给的，因此也是对罪的惩罚"，你发现这两句话是矛盾的，似乎同一种恶不可能既由魔鬼的不义降给罪人，又由上帝的公义降给罪人。然而，魔鬼本身以他自己的恶意围困人，按上帝的审判也允许魔鬼加害于罪人。你不能说圣经本身是自相矛盾的，尽管它既说："上帝不曾创造死"，又说："生和死出于主上帝。"① 因为死的原因是那欺骗人的魔鬼；上帝降下死，不是作为它的最初造主，而是作为罪的报复者。你自己已经充分回答了这个问题，因为你说，人可以由他自己定夺，他为自己受苦既出于神圣审判，也出于他自己的自由意志。他所受到的惩罚，他自己是始作俑者，上帝是报复者，这没有什么矛盾之处。

37. 你利用有些人天资迟钝。我不想说你自己也没有明白，不能区分这两者，反而出于恶意的考虑和彻底的盲目将自发的与纵欲的混淆在一起，于是，正如话语在迟钝的耳朵听来是一样的，你希望使心灵迟钝的人相信事物本身也是一样的。这就是你认为，或者希望别人认为我的话自相矛盾的原因，似乎我原先赞成的，后来不赞成了；或者原先拒斥的，后来又接受了。听听我的公开宣称，请理解它的意思，或者允许别人理解，不要再在纯粹真理的平静水面上制造模糊视线的迷雾了。正如正当使用恶是好的，同样，正当使用不体面的东西也是正直的。不是因为神圣作品的美，而是因为情欲的丑，使徒才说身上的这些肢体是不体面的②。贞洁者并非必然要堕落，因为他们抵制情欲，免得它强迫他们行不体面的事；但是即使是高贵的生殖，没有情欲也不能存在。因此，在贞洁的夫妻中，既有自愿的行为，生育孩子是自愿的，也有迫不得已的行为，就是出于情欲的行为。但是如果贞洁的夫妻只是接受情欲，而

---

① 《便西拉智训》11：14。
② 参《哥林多前书》12：23。

不是沉溺于情欲，那么不体面也可以产生正直。

38. 你习惯于愉快地报告你认为对你有帮助的世俗作者的任何结论，既如此，如果你能，就真诚地检查诗人论到加图（Cato）的话："他是城邦的父亲，国家的丈夫；投身于正义，侍奉于严格的诚实；在一切事上都是好的。没有任何即时的享乐能不知不觉地迷住他。"① 这就是对加图这类人的刻画。对他身上大加赞美的是否为真正的美德和诚实，这是另一个问题。不过，不论他行为所指向的目标是什么，他肯定不是毫无快乐地生育孩子。然而，即时的享乐不曾不知不觉地迷惑他，为自己挣得一席之地，因为他虽然不可能毫无快乐地做的事，他也不曾为了快乐本身而做。他不是放纵私欲的邪情，而是守住自己的器皿——尽管他并不认识上帝——如果他原来是这样一个人，如诗中所描述的。然而你不愿意明白使徒的话："你们各人晓得怎样……守着自己的器皿，不放纵私欲的邪情，像那不认识上帝的外邦人。"

39. 你区分了婚姻的小善与独身禁欲的大善，这一点很好，但你不愿意抛弃对恩典完全有害的教条。你说："我们的主以自由选择尊重独身的荣耀，说：'这话谁能领受，就可以领受。'"——似乎接受它不是靠上帝的恩赐，而是靠选择的自由。你对他前面说过的话只字不提："这话不是人都能领受的，惟独赐给谁，谁才能领受。"② 注意你说的话和你漏掉不说的话。我想你的良知必然困扰你，但是即使这使你产生不正当的羞耻，捍卫一个草率论断的需要也胜过了有益的畏惧。你只是指责情欲的过度，但从未停止赞美情欲本身；你也没有留意或者不知道、不明白，必须以自制予以对抗，免得它越过必要的界限——这东西就是恶。

40. 你认为使徒告诫不要在私欲的邪情中拥有自己的器皿，只是

---

① Lucan, *Pharsal.*
② 《马太福音》19：12、11。

指通奸，不是指婚姻，因而你取消夫妻结合中一切真诚的节制，从而谁也不可能在私欲的邪情中拥有自己的器皿，不论什么样的激情驱使人对自己的妻子做这样的事。因为如果你认为婚姻里有节制，那你可能同样指责婚姻本身中淫欲的过度，明白使徒的"私欲的邪情"就是指这种过度，而不是毫无根据地否认"自己的器皿"就是指人的妻子。使徒彼得在这个问题上也用了这个词，他告诉丈夫要敬重自己的妻子，视之为软弱的器皿，同为承受恩典的，又说："这样，便叫你们的祷告没有阻碍。"① 他的话与使徒保罗的差不多，保罗规定祷告时夫妻间要克制，并且退一步，允许为快乐而不为子孙与配偶同房。② 让基督徒的婚姻听这样的话，不要听你的话，你会让它不对淫欲作任何限制，只要它被激发，就满足它，从而保证它的统治地位。我说，信基督的已婚者要听使徒的话，叫他们同意确立祷告的节欲时段；当他们因为缺乏节制从祷告恢复原来的习惯时，也让他们知道怎样对上帝说："免我们的债。"③ 因为这么伟大的老师退一步说的，肯定是迁就的事，而不是命令的事。

第十章

41. 我称颂真正敬虔——因为是基督徒——夫妻的意图，他们在这个世界生育孩子，是为了让孩子因另一世界的缘故在基督里重生。④ 你引用了我的话。你认为你已经在你的第二卷书里摧毁了我论证的力量，若有人想要知道我对你如何驳斥，可以去读那卷书。谁也不应通奸，即使他打算生育将来要得重生的人；正如谁也不可偷盗，即使是为贫穷的

---

① 参《彼得前书》3：7。
② 参《哥林多前书》7：5—6。
③ 《马太福音》6：12。
④ De nuptiis 1. 9.

乞丐提供所需，因为这样的事可以不靠盗窃，而是靠正当使用恶人的财富来完成，这样，他们就可以接你到永存的帐幕里去①。因此，孩子不应通过通奸行为生育，而应抱着与他们一同在永恒里作王的目的，通过正当使用情欲这种恶生育。

42. 你说得对，人在交合时不可能再想别的事，你这样说对你的被保护者做了高雅的赞美。你这话完全正确。当人所思想的心灵完全沉溺于这种肉体享乐时，它还能思考什么呢？我在前一卷里引用过的西塞罗的话说得好："当肉体的活动异常猖獗时，它就完全敌视哲学。肉体的享乐与伟大的思想格格不入。人若处于这种狂乐势力的控制之下，他还怎么可能使用自己的心灵，或者从事某种推理，或者思考什么事物呢？"② 除了承认在情欲的攻击之下，谁也不可能思考神圣之事，即使是你，也不可能对它提出更加严厉的指控。但是，如果虔诚的人正当使用这种恶，他会先想到对它的正当使用，从而再想在交合中体验情欲，尽管他在体验情欲时不可能思考这一点。同样，当人思考自己的健康时可以决定去睡觉，但睡着之后不可能思考这个问题。不过，当睡眠充满肢体时，它并没有与意志作对，因为它取消了意志命令的能力，使灵魂转向梦境，而梦境里往往显示出将来的事。这样说来，如果乐园里有醒与睡这样的交替——我们知道，那里没有淫欲之恶——那么睡眠中的梦就与醒时的生活一样快乐。

43. 你自负而虚妄地说，我声称父母使自己的孩子生来就被定罪，这是把父母等同于谋杀自己孩子的人。你对自己的口才得意洋洋，为自己制造喧闹，以此拔高自己，但是你忘了上帝。为什么不对人类的造主提出这些指控，而要指责那些生育他们的人？上帝当然是一切善的主和造主，但他没有停止创造那些他预先就知道将点燃永火的人；他虽然造

---

① 参《路加福音》16：9。

② 西塞罗，*Hortensius*。

了这些人，但我们不能把他们的恶归咎于他，我们只能把善归于他。某些婴儿，甚至那些受了洗的，他并没有将他们从此世接入永恒的国，也没有给予他们大恩益，就如赐给以诺的，我们在经上读到："他被带走了，免得邪恶腐蚀他的思想。"① 然而，除了公义和良善，没有什么归于上帝，他凭着这两者，在诸善和诸恶中使万物合理而正当。不可否认，父母对孩子的将来一无所知，但是除了决定生育孩子之外，没有什么事可归咎于父母的，你看，这不是更加可以理解吗？

第十一章

44. 你引用福音书里的话："那人不生在世上倒好！"② 但是他的出生与其说是他父母的作为，不如说是上帝的作为，难道不是吗？上帝既预先知道要横亘在他面前而他父母不可能知道的恶，那他为何不把更好的部分赐给他自己的像？那些正当理解的人知道，除了专属于造主的圣善之外，没有什么可归于上帝的。同样，不需要艰难的考察就可知道，我们必须把想要孩子的愿意归于父母，尽管他们对孩子的未来一无所知。但是我没有说未受基督的洗礼而夭折的孩子要经受极其严重的惩罚，以至于不出生反倒更好，因为我们的主说这话不是针对任何罪人，而是只针对极其卑劣不敬的人。如果我们思考他对所多玛人说的话，那话他当然不只是指着他们说的——在审判的日子一者比另一者更可容忍③，谁会怀疑未受洗礼的婴儿——只有原罪，没有个人罪的负担——只可能承受最轻微的定罪？我虽不能界定他们所受惩罚的量和类型，但我不敢说他们从未出生过倒比存在于世更好。而你虽然主张他们——可以说——不受任何定罪，却使这么多上帝的像疏远上帝的生命，离开上

---

① 《所罗门智训》4：11。
② 《马太福音》26：24。
③ 参《马太福音》10：15；11：24。

帝的王国，你如此口若悬河地敦促敬虔的父母生育他们，却又使他们离开这样的父母；你这样惩罚他们，定他们的罪，却不愿意思考定罪的理由。如果他们完全无罪，那他们忍受这些分离是不公的；如果这些分离是公正的，那他们就有原罪。

45. 在你接下来引用的话里，我阐述了古代列祖怎样高贵地使用自己的妻子，你说："他们求孩子的目的不是生育他们，使他们作为罪人接受洗礼，因为我们现在采纳的洗礼那时还未规定。"① 你关于洗礼说的话是对的，但不能因此就认为，即使在有割礼之前，上帝的仆人不能通过中保的圣礼帮助自己的孩子，因为事实上，那将要成肉身到来的中保里的信心早已存在于他们中间，尽管出于某些必不可少的原因，圣经没有显示他们圣礼的本性。我们读过他们的祭献②，预示着那唯一能除去世人罪孽的血③；还有更加公开的，我们读到律法规定婴儿出生时要为罪献祭。你能回答他们献祭所赎的是什么罪吗？也想想那些祖先中哪位所生的婴儿若不在第八天受割礼，他的灵魂就要从他的民中剪除的言论④，请你回答：你既然否认他伏于原罪，那他何罪之有，落得被剪除的下场？

第十二章

46. 我根据福音书陈述"约瑟，妻子马利亚"⑤，你对我的这句话提出很多异议。你试图表明："因为没有交合，所以就没有婚姻。"根据你的推理，当已婚者不再交合，他们就不再是夫妻，停止同房就是离

---

① De nuptiis 1. 9.
② 参《利未记》十二章。
③ 参《约翰福音》1：29。
④ 参《创世记》17：14。
⑤ De nuptiis 1. 10.

婚。为了避免这样的事发生，年老体衰者必须按自己的能力像年轻人一样行动，不能限制因年龄而疲惫的身体做你大为高兴的事，尽管你本人宣称独身禁欲。为了保持夫妻关系，他们不可考虑年龄，只能关心情欲的刺激。如果这样使你高兴，那你就去考虑这样做吧。然而，健全的人都认为，不论人出于软弱怎样服从情欲，娶妻的目的就是生儿育女，所以我注意到，夫妻间除了彼此忠诚，避免通奸，以及夫妻结合，生育儿女这两大好处之外，婚姻中还存在第三个好处，在我看来那简直就是一种圣礼，尤其在那些属于上帝的人中间，从而妻子不能生育丈夫也不会休妻，丈夫不想再要孩子也不会将妻子送给别人生育，据说加图就是这样做的①。因此我说，在我借福音书宣告的婚姻里可以发现婚姻的所有善，即三重善："忠诚，因为没有通奸；子孙，因为我们的主基督；圣礼，因为没有离婚。"所以我说，婚姻的全部善，就是这三重善，在属基督的父母身上得以成全，我这话并没有如你所认为的那样，暗示我有这样的意思：凡是按别的方式的，就是恶。我说既然孩子只能通过交合的方式生育，那就（没）有另外的方式使婚姻成为好的。如果有另外的生育方式，而夫妻选择性交这种方式，那么他们显然服从了情欲，用恶的方式使用恶。但是由于两性是有目的地设定的，人只能从两性结合中得以生育，因此为这个目标结合的夫妻是正当使用了那种恶。然而，如果他们从情欲求快乐，那这种使用是恶的，只是可以谅解而已。

47. 你说："说约瑟是她丈夫，这只是公众的观点。"当圣经说童女马利亚是约瑟的妻子时，你是否要我们认为圣经只是提出了一种观点，而不是事实。我们认为，传福音者之一如果阐述他自己的话或者另一人的话，他可能会这样写，也就是按人的意见说话；但是天使对约瑟说，就如一人对另一人说话："不要怕，只管娶过你的妻子马利亚来"，难道他违背自己的知识，也不顾听者（约瑟）的知识，只是提出一种观点，

---

① 普鲁塔克（Plutarch）, *In vita Catonis*; Lucan 2。

而不是事实？如果不是因为男性在婚姻中具有高贵的地位，为什么要列出一直到约瑟的世代？① 你在反驳的这卷书里不敢回应这一论点。② 传福音的路加说到我们的主："依人看来，他是约瑟的儿子。"③ 因为人这样看就可能认为他真的是由约瑟通过婚姻结合生育的，路加想要剔除这种错误观点，而不是要与天使的见证相反，否认马利亚是约瑟的妻子。

48. 你自己也承认："他因对婚约的信心而得了丈夫的名称。"这种信当然始终未受损害。当他看到圣童女已经因神圣恩赐怀孕，他没有另找妻子，尽管如果童女不需要丈夫，他就永远不会找她。他没有想过夫妻的信约因为肉体交合的希望已经落空而应当解除。想想你会怎样看待那样的婚姻。我们没有如你所诽谤的那样说："第一对夫妻是这样确立的，他们不需要两性的肉体结合就可以成为夫妻。"我们之间的争论焦点是：犯罪之前在乐园里是否存在情欲与圣灵相争；或者既然夫妻间的节制本身必然克制这种情欲，不让它过度，那如今这种争战是否在夫妻间也不再发生；这种敌对力量——人不可放任它，免得它越过界限——是否不是恶；你否认有任何恶存在的人是否不是由这种情欲生出并与之同在；人除了重生是否可能脱离这种与生俱来的恶。在这些问题上，大公教真理的古老传统把你不敬的新观点驳得体无完肤。

第十三章

49. 你认为有必要从圣经收集证据证明我们之间没有疑问的某件事，即人是上帝创造的——就是最微不足道的虫子我们也不否认是上帝创造的。你为了达到自己的目的，在所有这样的问题上显得非同寻常的啰唆，难道不是吗？当你广泛引用圣约伯的证据时，你难道没有想到就

---

① 参《马太福音》1：20、16。
② De nuptiis 1. 12.
③ 《路加福音》3：23。

是那个属上帝的人，在谈到人的罪时，说地上没有哪个人，就是刚出生的婴儿，是没有罪的?① 除了不相信上帝存在或者关心地上事物的人，谁会否认上帝的慈爱同样地给予大的和小的，人和兽的救恩都从他而来，他叫日头照好人，也照歹人?② 好像我们对这个问题有什么分歧似的，你努力通过圣约伯的证据教导这一点，因为他说过："你用骨与筋把我全体联络，你将生命和慈爱赐给我。"③ 他可能并不是指所有人，而只是为他自己献上感谢，上帝没有抛弃他这个按肉体出生的人，创造他的上帝向他显慈爱，使他真实地活着，也就是公义地活着；或者可能因为他一出生就分派给他的生命是微不足道的事物，所以他加上"和慈爱"，免得他本性上始终是忿怒的儿子，甚至像所有其他人一样，滞留在忿怒的器皿中，没有成为慈爱的器皿之一。

50. 为什么一个信徒没有因始终在他身边并存在于他肢体里的恶有罪，而新生者一出生就从这恶沾染了罪，对这个问题我不知道我们已经回答了多少次。信徒之所以获得这样的恩益，不是因为出生，而是因为重生。因此，孩子唯有像他父母那样被赦免了罪，才可能脱离罪。

第十四章

51. 辩证法教给你一个印象深刻的真理："某个主体固有的事物离开它所内在的这个主体就不能存在。"你得出结论说："因此，恶内在于父母这个主体，它不可能将它的罪传给其他它并不延及的事物，也就是并不传给孩子。"如果淫欲之恶没有从父母延及孩子，那你说的话可能是对的；但是因为没有人是在无这种恶的前提下孕育形成的，没有人生来没有它，所以你怎么能说它没有传给它所延及的事物呢？你对亚里

---

① 参《约伯记》14:5（七十子希腊文本）。
② 参《马太福音》5:45。
③ 《约伯记》10:11、12。

士多德的范畴作出荒谬的理解,但不是亚里士多德,而是使徒说:"罪是从一人入了世界……它就临到众人。"① 辩证法没有错,但你不理解它的理论。你从辩证法得出的结论是对的,内在于主体的事物,比如性质,不可能离开它们所内在的主体而存在,比如颜色或形式内在于主体。但它们通过影响,而不是通过迁移传给别的事物,比如埃塞俄比亚人因为自己是黑色的,所以生育的孩子也是黑色的,尽管父母没有把他们身体的颜色像衣服一样转给自己的孩子。他们通过自己身体的性质,影响自己所生育的身体。更令人惊奇的是,形体的性质可以传给非形体的存在,当我们以某种方式获得形体的形式,我们看见它们,把它们储藏在记忆里,不论我们到哪里都带着它们。这些形式并没有与它们所在的物体分开,但当我们的感官受到它们的影响时,它们以一种令人惊奇的方式传给了我们。它们怎样从身体传给圣灵,也便怎样从圣灵传给身体。雅各的杖有多种颜色,它们影响了怀有羊羔的母羊,这种影响传给了母羊的灵魂;然后同样的影响把母羊灵魂里的那些颜色传给羊羔,它们就出现在羊羔的身上。② 众所周知的医学权威索拉努(Soranus)记载了一个历史上的例子,确认这样的事也可以发生在人类子孙中。他说暴君狄奥尼修(Dionysius)是个丑陋的人,他不希望自己的儿子也像他一样,于是在交合的时候就往往把一个极其俊美的男子画像放在妻子面前,好让她渴念着它的美,吸收它,使这种影响力传给她所怀孕的孩子。③ 因为当上帝创造拥有本性的事物时,他没有取消他赐给那本性之

---

① 《罗马书》5:12(参和合本"罪是从一人入了世界,死又是从罪来的,于是死就临到众人,因为众人都犯了罪")。
② 参《创世记》30:37—42。
③ 奥古斯丁在《订正录》(Retractationes 2.62)里想到这卷书,说:"在这部冗长而精致的作品的第五卷,我提到一个丑陋的丈夫在交合时往往把俊美的画像放在妻子面前,免得她怀上丑陋的孩子。我指明了这个男人的名字,似乎这是确定的知识,但它其实是不确定的,是我的记忆欺骗了我。医学权威索拉努写道,一个塞浦路斯王确实曾经这样做,但索拉努并没有说明那个王的名字。"索拉努是以弗所的医生,最初在亚历山大里亚行医,后来公元98—138年在罗马。

运动的律法。同样，虽然这些过犯存在于主体里，它们可能从父母传给孩子，不是离开它们自己的主体转到另一主体——你读过的那些范畴完全真实地表明这是不可能的，而是通过影响孩子和遗传的方式传递，这是你所不明白的。

第十五章

52. 你说："因为基督是马利亚生的，他的肉体就与所有那些借繁殖从亚当而来的人一样，所以基督的肉体不会与罪身有区别，我们不应从使徒的话，即他被差遣成为罪身的形状①，找出什么分别。"你为何努力以精致的论证达到你自己这些话所揭示的不敬之海呢？你胆敢强调："没有任何罪身，免得基督的肉体也变成罪身。"如果没有罪身，那罪身的形状是什么？你说我没有理解使徒的意思；但是我也没有如你所教导的那样解释他的话，以至于相信一物类似于某种不存在的东西。如果这是某个精神错乱者的话，那么不能怀疑，基督的肉身不是罪身，只是与罪身相像，这样，结论唯有一个：除了他的肉身，其他人的肉身都是罪身，此外还能有什么别的结论呢？而且我们还看到，虽然淫欲——基督不曾希望通过淫欲怀胎——使恶在人类中繁殖，马利亚的身体也是从那样的繁殖来的，但它并没有将淫欲传给那不是从淫欲怀胎而生的身体。另外，我们知道，之所以说基督的身体是罪身的形状，其原因在于所有其他人的肉身都是罪身，凡是否认这一点，从而将基督的肉身与其他人的相比，然后说它们是同样纯洁的，这样的人都是可恶的异端分子。

53. 你认为你找到了什么重要的事情，详尽地指出"即使新生儿从父母遗传了恶，也可以借着上帝的权能得以洁净，因为他亲自在他们母

---

① 参《罗马书》8：3。

亲的肚子里形成他们。"似乎我们否认这最后一点,于是你从圣经引出许多证据表明我们是由上帝形成的,你还引用了《便西拉智训》,说上帝的作为是隐秘的作为①。然后你立即加上你自己的声音:"这一论断驳斥了那些自负地相信可以通过考察领会本性之深邃的人。"这话正好用在你自己身上,不要草率地试图界定灵魂的起源,那不是靠任何绝对确定的推论或者任何明确的圣经段落所能领会的。倒应像马加比的母亲,那个极其聪明的妇人那样说话,你引用了她对儿子说的话:"我不知道你们是怎样在我腹中形成的。"② 我们当然不会认为她指的是他们的身体,她从男人的精液怀胎,这一点她毫无疑问。她真正不知道的是孩子们的灵魂究竟是从父亲的精液来的,还是从另外的源头形成存在于她的腹中;她也不羞于承认自己的无知,这样才可能避免鲁莽。那么当你问:"为什么孩子不能在作品本身中得洁净,这样造主的双手就净化属于父母的污秽"时,你是什么意思呢?你没有看到这话也可指着明显的身体上的毛病而说,不少婴儿生来都有这样那样的缺陷,但谁也不可怀疑是真实而良善的上帝形成一切身体。然而,如此伟大的造主却用双手造出大量不仅有缺陷,而且如此怪异的事物,有些人因为不能探求神圣权能,无法洞悉上帝的作为以及作为的原因,就把这些事物称为"本性的错误",这些人对于他们所不知道的东西,却羞于承认自己不知道。

54. 当我们思考传给众人的原罪时,我们明白,因为它是通过肉体的淫欲传递的,所以它不可能传给没有通过淫欲而由童女所怀的肉体。你引用我另一卷为已故的马塞利努(Marcellinus)写的书,你把以下这话归到我的名下:"凡是要从亚当这个祖先来的,都在他里面被传染了。"亚当在源头传染了众人,但基督不是在那里进入他母亲的肚腹

---

① 参《便西拉智训》3:22、23。
② 《马加比传下》7:22。

的。我将复述我论点中最重要的部分,因为你不愿意引用它们,至于原因不久将一清二楚。我说:"他通过这种隐匿的败坏,也就是他肉体的淫欲,在自身里面传染了凡是要从他的血脉出来的人。"① 所以,他没有传染由不存在这种败坏的怀孕而来的肉体。基督的肉体因他母亲必死的身体而接受了必死性,因为它感受到她的身体是必死的;但它没有传染原罪的痕迹,因为它没有感受到这个由肉体繁殖而来的身体有什么淫欲。但是,如果他只是从母亲接受了肉体的实质,而不是接受必死性,那他的肉体就不仅不可能是罪身,而且甚至不可能是罪身的形状。

55. 你将我以及我的教义等同于阿波利那留(Apollinaris)的错误,你说,他"否认基督身上存在身体感官";由此你就可能处处为不了解的人制造混乱,不让他们看见真道之光。② 没有身体的感官,就没有人在身体里存活,无论过去、现在还是将来,都不可能,但感官不等同于使肉体与圣灵相争的淫欲。犯罪之前,第一人就丝毫没有这种淫欲,他拥有的人性就如同我们在基督里所显示的人性,基督是从一个妇人生的,没有淫欲活动,就如第一人从泥土里被造一样。但基督也从这妇人接受了必死性的弱点,而犯罪之前这种弱点并不存在于第一人的肉身里。基督担当它,是为了使他的肉身成为第一人的肉身不曾有过的样子,成为罪身的形状。这样他就可以给我们树立受难的榜样,他虽然自己没有一点罪孽,却担当别人的罪孽;他忍受我们,不是有什么欲求,而是悲痛忧愁。

56. 因此,那些从亚当生的,必须重生,归向基督,免得上帝的形象从上帝的国毁灭。从那个可恶的源头出生的人必然与这种恶一同出生。然而,上帝禁止——尽管你诽谤我们这样做——我们"把重生的

---

① *De peccatorum meritis et remissione* 1. 10.
② 奥古斯丁在 *Opus imperfectum contra Julianum* 里否认这里朱利安所陈述的理论是真正的阿波利那留的。阿波利那留没有否认基督有身体的各种感官,他否认的是上帝的道在穿戴人性时也接受了人的灵魂。

人置于犯罪的必然性之下,因为上帝给予的是美德的恩赐"。虽然我们看到在我们的肢体里另有一个律,与我们心里的律相争,但我们并不因此就不得不犯罪;凡是借着属灵的恩赐让自己的灵与肉体的淫欲争战的,是值得称颂的。不论你转向哪里,不论你怎样夸口,不论你积蓄什么,不论你说得怎样滔滔不绝、唾沫横飞——善灵所争战的不可能是善的。

57. 你说:"一个不相同的本性不可能为我们提供榜样。"但其实它是可能的。当他劝告我们要仿效父,他使他的日头照好人,也照歹人,岂不就是用他的榜样让我们爱自己的仇敌吗?① 当然基督的人性不同于我们的本性;它也不同于我们的过犯。在所有人中,唯有他生来没有任何瑕疵。至于我们的生命仿效基督,他(除了是人)还是上帝,而我们只是人,这就产生巨大的差异,没有人能像同时是上帝的人一样公义。你引用使徒彼得的话时说了一些重要而正确的话:"他并没有犯罪"②;请注意,使徒认为,基督没有犯罪这话足以证明在他没有罪。"由此他教导",你总结说:"他既不曾犯罪,就不可能有任何罪。"完全正确;如果婴儿原本有罪,成人当然就可能犯了罪。之所以除了他之外没有人成人之后不曾犯罪,其原因在于,除他之外,没有人在出生时毫无罪过。

58. 你说:"除去了榜样的原因,你就取消了它对我们的价值。"毫不奇怪,你只能在基督里看到榜样,因为你攻击恩典的帮助,而他正是充满了这种恩助。你说:"我们指望成为没有恶的,于是寻找信心的支持;但我们并非没有任何能力,因为洗礼之后男子气本身仍在。"你说的男子气是指肉体的淫欲;此物确实仍在,圣灵必须与之争战,免得已经重生的人被自己的淫欲牵引、诱惑。但是可以肯定,这淫欲,为了引

---

① 参《马太福音》5:44、45。
② 《彼得前书》2:22。

诱人偏离正道与人争斗,即便它受到圣灵的打击和抵抗没有得逞,从而没有怀胎,生出罪来①,它也不是一种善。关于这种淫欲,使徒说:"我也知道在我里头,就是在我肉体之中,没有良善。"② 如果基督在他的本性中曾有这种不是善的东西,那他就不可能医治我们身上的这种恶。

第十六章

59. 你又引用我书里说的:"夫妻以生育孩子为目的进行交合这本身不是罪,因为灵魂的善意指引方向,并不跟从肉体随后的快乐。"③ 你对此反驳说:"罪不会从一个没有罪的事物中产生。"你以为这样就毁灭了原罪——除了救主谁也不能毁灭原罪,你却否认婴儿具有原罪;而救主毁灭它是使人脱离它,而不是否认它的存在。夫妻以生育孩子为目的进行交合不是罪,因为这是正当使用罪之律,也就是存在于身上肢体里并与心里的律相争的淫欲。如果这淫欲没有用罪捆绑父母,只是因为他们得到了重生,那么无疑它捆绑出生的人,因为他是从它得生的;因此,为了使他不停留在罪里,他也必须得到重生。如果你能明白你的话"罪不会从没有罪的事物产生"怎样有助于摩尼教徒,你就会希望将它从你的书上删除,从读过它的人心中剪除。如果罪不产生于无罪的事物,那么就如摩尼教徒所说,罪有它们自己的本性,它们就从这个本性产生。在本作品的第一卷里,我已经指出你的其他诸如此类的话怎样协助摩尼教徒,你这里说的话也有同样的效果。你难道没有看到,如果我们被摩尼教徒战胜,除了关注使你成为佩拉纠主义的特定错误之外,我们还必须克服你诸如此类的陈述?你说:"罪不会从没有罪的事物产

---

① 参《雅各书》1:14、15。
② 《罗马书》7:18。
③ De nuptiis 1.13.

生",但这与真理相抵触,在这个观点上你与摩尼教徒是同伙,但真理驳斥了你们。上帝创造的天使原本是无罪的;上帝创造的第一人原本是无罪的。因此,凡是否认罪产生于没有罪的事物的,要是他本人不是摩尼教徒,那就是不知不觉地为摩尼教徒作见证。

60. 你引用我的另外一些话,似乎我真的说过,当情欲服务于夫妻繁殖子孙时,它是可敬的。你要怎样想,随你的便,但我从未说过这样的话,也从未这样认为过。情欲作为仆人,它的主人灵魂必须压制它,免得它冲破界限变得毫无节制——它的自由就在于过度,既是这样,情欲怎能是可敬的呢?因此我们没有说过你归于我们的话:使用情欲始终意味着罪。你总结道,我们说——好像我们真的说过——通奸者的罪不如丈夫的大,因为情欲对夫妻犯罪是协助,而对通奸者是命令。我既然没有说过第一个命题,所以不在意你从它得出什么结论。我说使用情欲并非总是罪,因为正当使用恶不是罪,好人正当使用也不意味着事物本身必然是善的。经上写到两类人:"一个博学的孩子必将成为有智慧的,但他可能使用一个鲁莽的仆人。"① 难道因为智慧者正当使用鲁莽者,鲁莽就成了好的东西吗?因而使徒约翰不是叫我们不要使用世界,而是说:"不要爱世界",其中他还列举了肉身的淫欲。② 不论谁,使用某物但不爱它,就可以说用它就像不用一样,因为他用它不是为了它本身的缘故,而是为了另外的事物,他凝视那事物,深爱那事物,尽管不爱这事物,却为了那事物而情愿使用这事物。所以与约翰同为使徒的保罗说:"用世物的,要像不用世物。"③ 用它就好像不用一样,这是什么意思?不就是说他们不爱正在使用的事物,如果可能,他们宁愿不用这样事物?有些事物在世上是好的,但就算它们是好的,也不应爱它们,在这样的事物中,也可以看到这样的真理。谁能说钱本身是恶的?然

---

① 《箴言》十章(七十子希腊文本)。
② 《约翰一书》2:15、16。
③ 《哥林多前书》7:31。

而，没有哪个爱钱的人能正当用钱。对情欲来说岂不更是这样？一个恶灵欲求钱财，但钱财与情欲不同，它不会与善灵作对；因而，否认它是恶的人可能犯罪，而使用这种恶的人并不一定犯罪。你争辩说："如果情欲是恶的，那它使夫妻——它服从他们——捆绑在更大的罪里，而它所支配的通奸者，罪倒小一些。"如果我们确实说过夫妻为尽生育之职使用淫欲之恶是为邪恶目的使用它，就如杀人犯利用仆人去犯罪，那你的观点是对的。但是我们说，生育之职在婚姻中是善的，尽管出生者从最初的罪中传染了伤口，但当他重生之后，这伤可以得到医治。由此可见，良善夫妻为良善目的应当使用淫欲之恶，正如智慧人为良善作为使用鲁莽的仆人。

61. 但是你视力敏锐，不是指责这种享乐的风格、类型，只是指责它的过度，视之为可恶的，因为如你所说："可以将它控制在心灵的至高能力所允许的范围之内。"如果心灵的至高能力能做到，它就不该让情欲自我激发，超越心灵所设置的界限。如果心灵做不到这一点，那它就必须抵制，阻止这无信的仇敌不停地试图侵犯这些界限。你断言，我们见证在童女和独身禁欲者身上有对它的彻底鄙视。那么童女和独身者就不争战肉身的淫欲了吗？在那些你所宣称的荣耀的战斗中，他们反对什么，以便保持贞洁和独身生活？如果他们要战斗，他们就要努力驱逐恶，哪里的恶？不就是在他们自身里面的恶吗？因此，他们还真实地说："在我里头，就是在我肉身中，没有良善。"

62. 你说："婚姻不是别的，就是身体的结合。"接着你说得不错，"没有彼此的欲望，身体的结合以及合性的行为即繁殖不可能发生"。但是你难道不承认通奸者走到一起也是出于彼此实现合性行为和身体结合的欲望？因而，你没有提出婚姻的定义。婚姻本身不同于那即使在婚姻里，没有它也不可能繁殖后代的东西。没有婚姻人也可以出生，同样，夫妻之间也可以没有身体的结合；否则，不用说，当他们老了，或者没有能力交合，或者不指望有孩子，羞于也不希望再做那样的事，到那时他们就不是夫妻了。你看，你的婚姻定义：婚姻不是别的，就是身体的结合，显得多么考虑不周。如果你说没有身体的结合，婚姻就没有开始，那倒还可以接受，因为人娶妻是为了生育孩子，而通过其他方式是不可能实现这个目的的。但是如果不曾有罪，那为了生育孩子的身体结合就可能以另外的方式发生；上帝禁止我们认为乐园里最真诚的幸福始终服从一种被激起的情欲，在最初的人性中，灵魂和身体和睦相处，怎么可能有内在战争呢？如果既没有必要侍奉情欲，也没有必要争战它，那么或者情欲不曾存在那里，或者它当时不是今天的样子。因为在今天，凡是不想侍奉情欲的，就必须争战它；凡是没有争战它的，就必然侍奉它。两者中，一者虽然值得称颂，却是一种苦情；另一者则是卑劣而可恶的。因此，在这个世界，其中一者对贞洁者是必不可少的，但在乐园里，两者对有福者来说都是闻所未闻的。

63. 你以为找到了我书中另一处矛盾，引用我区分繁殖之职与渴望肉体享乐的那个段落，说我断言，只在打算生育孩子时交合——这里没有罪——不同于追求结合中的肉体享乐，但是只要这种结合是与配偶的结合，所涉及的罪是可宽恕的。① 所有看见真理的人都同意我这一论点，就此来说，你找不到证据表明这里有矛盾。请再次听听同样的话，应当使那些你想蒙骗的人的心灵认识到这一点。你诽谤我们，说我们"允许卑鄙的罪人犯下难以启齿的罪恶之后还自我推诿，说他们这样做违背自己的意愿，因而没有犯罪"，似乎我们没有苦口婆心地劝告他们争战情欲。然而，如果你——尽管你说情欲是好的——不希望我们认为你对那"善"的争战正在变得冷淡，或者至少不那么热情了，那我们岂不必然更加警觉地、热心地与恶作斗争？我们说我们的肉身争战我们的圣灵是违背我们的意愿的，而不是说我们

---

① *De nuptiis* 1. 7.

的圣灵争战我们的肉身违背我们的意愿；通过圣灵争战情欲这种善，夫妻除了为生育孩子的目的之外，克制不使用肉身的情欲，因此他们正当使用恶，这种正当使用导致真诚而真实的婚姻结合。为快乐使用，不是为繁衍使用，使这种结合成为可责备的，然而，只要交合是与配偶进行的，这种罪是可宽恕的。但是每个人出生，即使是从诚实的结合出生，都沾染唯有在重生中才能洗去的东西，究其原因在于，结合中存在恶，即使是可敬的结合，只不过婚姻的善正当使用了这恶。但是出生时反对他们的，重生之后不与他们作对；由此可知，他们所生的，如果不重生，它还是要与他作对。

64. 你歪曲我的话，反对我的论点，但你没有看到你这样做时再次帮助了摩尼教徒。你认为从夫妻结合生的人不沾染原罪，你说，因为"罪不可能从没有罪的作品产生"。那天使的罪和人的罪为何从那原本没有罪的上帝的作品中产生出来呢？看看，你怎样为那些你如此憎恶的人充分表明，你试图掩藏你所主张的与坚如磐石的大公教信仰相反的观点。按你的定义，如果"罪不可能从没有罪的作品中产生"，那想一想，既然上帝的作品没有一样是有罪的，罪从哪里来？这个摩尼，在你的帮助下，希望引入另一本性，按他愚拙的智慧，那是一个恶的本性，把它看作产生罪的源头，因为按你的话，"罪不可能从上帝的作品中产生"。若不是把你与这个摩尼一同战胜，我们怎么能战胜他呢？天使和人都是上帝的作品，然而，他们凭着赐给他们的没有罪的自由意志，偏离那没有罪的主，于是罪就从他们产生，他们就成了恶的，不是因为混合了恶，而是因为偏离了善。

65. 你说我赞美基督的独身生活不是要启发人追求贞洁，而是要谴责婚姻的善，尽管这种善是由上帝制定的。你恶意质疑我的灵魂，并不对此有什么不安，你说——似乎是试探我："如果你真的劝人追求自制，你就会承认贞洁的美德可以被那些希望拥有的人拥有，不论谁，凡是希望的，都可以在身体和灵魂上成为圣洁的。"我回答说，我承认这一点，但不是在你所说的意义上。你将这归于灵魂自身的力量；我将它归于由上帝恩典提供帮助的意志。但是为了防止犯罪，什么东西必须受灵魂的命令压制？为了不与摩尼教徒一起说这恶是从一种外来的、邪恶的本性混合到我们里面的，我们必须承认在我们的本性中有某种像伤口一样必须医治的东西；因它而来的罪如今已经通过重生得到医治了。

66. 你列出许多异端分子的诡计，拿我与他们相比，但这是徒劳无益的，我恳请你不要再增加他们的数量了。你说我必然感到使徒论到禁止婚嫁的异端分子的话①的分量，似乎我说过："基督到来之后，婚姻就是污秽的。"听听我实际上说的是什么，当你常常听到并以多种方式听到，你可能就不会再假装耳聋而掩盖真理了。我们没有说婚姻是污秽的，因为婚姻的正当性必然遏制不节制，免得它坠入可怕的卑污之中。但是基督教没有教导你所说的话，那是你自己的话："人完全有能力调整他出生时所拥有的活动。"我们没有这么说，我们说的是使徒说的话："各人领受上帝的恩赐。"② 我们说的是我们主说的话："因为离了我，你们就不能做什么"，"这话不是人都能领受的，惟独赐给谁，谁才能领受。"③ 但是如果你的观点是对的，即这话不是人都能领受，惟独愿意的人才能领受，那他就不可能说这样的话。我问你：你说的人能够调整的因出生而有的是哪类活动？是善的还是恶的？如果是善的，那圣灵就是争战善，两个善在人里面殊死相争，两善相争这本身就不可能是善的。如果这些活动是恶的，你得承认在人里面有他因出生而拥有的恶的活动，就是贞洁所争战的活动。不要被迫承认摩尼教徒的观点：我们里面混合了一种外来的恶之本性；你最好承认我们说的原病（罪）。这病就是夫妻间的节制正当使用的恶；不能自制者用婚姻的药剂来对付

---

① 参《提摩太前书》4：3。
② 《哥林多前书》7：7。
③ 《约翰福音》15：5；《马太福音》19：11。

这种恶,独身禁欲者在荣耀的战斗中与它争战。然而我想,如果我不超过你书卷的数目,我刚开始反驳你的包含真正难点的论证时所作出的许诺必会更加恰当地兑现。所以我的第五卷就此打住,对你的最后一卷可以从另外的立场加以反驳。

| 第 六 卷 |

第一章

1. 我们已经驳斥了你的第三卷，现在要反驳第四卷。在上帝的帮助下，我们将向你显示仁爱和真理，不论谁，只要拥有这两者，就永远不会犯愚昧和嫉妒之错①。你在本卷开头就讨论了这两种恶。错误必然服从真理，嫉妒必然服从仁爱。当你谈到愚昧时，说："它是众恶之母。"你引用圣经的话："上帝只爱与智慧同住的人。"② 认真地问问你自己，人在从婴儿走向成年的旅途中必然经历的幼稚和虚妄是否能与智慧同住。想一想从你所称颂的根里生出来的初果，想想为要得到上帝垂爱需要怎样的变化，上帝只爱与智慧同住的人。上帝将他所恨恶的从他所预定的婴儿身上除去，使他的爱为那些脱离了虚妄，从而与智慧同住的人留存。如果末日把他们从胸口带走，你敢说他们在上帝的国之外与智慧同住吗？在你看来，"拥有未受损害的、无罪之本性的善人"不允许他们进入上帝的国，除非真救主的恩典救赎他们，把他们从骗人的蠢话中解救出来。我对那些本性上弱智的人不会说什么，按圣经的说法他

---

① "愚拙"、"愚昧"、"智慧"和"虚妄"这些词在圣经里即使不是过时不通用了，也不是完全通用的，但这些英语词汇在本译本中加以保留，以便保存它们所暗示的圣经含义。

② 《所罗门智训》7：28。

们比死人更为可悲①。上帝的恩典确实能够借着中保的血,使他们从如此巨大的恶中脱离出来,但是如果不是神圣天命规定,被损害的源头应有相应的惩罚,他们又怎么可能陷入如此巨大的恶呢?

2. 诚然,对"那些不知道普遍认可的道理却毫不犹豫地反对未被人认识的事物的人",有理由加以指责,并且要严厉地指责。你难道不会说那些生来弱智的人就是这样的人吗?若不是孩子从父母传染了该受惩罚的东西,你实在找不出原因解释为何恶会降到他们身上。你说我们愚蠢地嫉妒你,在某种"普遍认可的真理的晌午,毫无未知物之阴影的地方"。但是你这毫无嫉妒的人,你为何没有在婴儿里面看见大恶?上帝是良善的,上帝是公义的;不存在摩尼教徒所主张的恶的本性,没有这样的事物与我们的本性混合。如果人的源头没有受损,没有可谴责的团块,那么人的大恶——我指的不是道德上的恶,而是他们生来就有的智力上的恶——从哪里来?你这个既不弱智也不嫉妒的人,岂不是使嫉妒既成为罪,又是对罪的惩罚?嫉妒岂不是魔鬼的罪?那"一旦在人身上产生就折磨他"的,岂不就是对罪的惩罚?这些都是你自己的话,你以为不断重复就能使论证变得深刻,说:"同一个毛病不可能既是罪又是对罪的惩罚。"但是你既然毫无嫉妒,你就绝不可能在你的另一卷书里看到你这里所说的嫉妒,也就是说,因为你不嫉妒我,所以你自相矛盾。

第二章

3. 你在前言里如通常那样力图证明我已经说过的观点,"上帝是人类的造主",然后你引用我的话:"从肉身淫欲所生的人是向世界生的,

---

① 参《便西拉智训》22:13。

不是向上帝生的。当他从水和圣灵得重生时是向上帝生的。"① 你误以为这些话的意思是指凡是属于世界的都与魔鬼相关，因为我在另外地方说过"那些由身体结合而生的人应当属于魔鬼"，又说："当他们在基督里重生之后就从黑暗的统治中被解救出来。"我会回答你的错误指控。你希望人们认为我说的意思是世界完全属于魔鬼的统治，以至于魔鬼或者造了天地和天地之间的万物，或者控制这一切。我从未说过这样的话；相反，如果有人这样说，我就憎恶他，驳斥他，指责他。我谈到世界就如我们的主所说的那样，他说："这世界的王将到。"② 他不是说魔鬼是天地万物的王——这天地万物是借着道，借着基督本身造的，论到这位基督，经上说："世界也是借着他造的"③——他的意思是说："全世界都卧在那恶者手下"；"凡世界上的事，就像肉体的情欲，眼目的情欲，并今生的骄傲，都不是从父来的，乃是从世界来的。"④ 天地是借着子从父来的，众天使、星宿、树林、动物、以及人——就其作为人的本体，都是借着子从父来的。这世界的王是魔鬼，卧在恶者手下的世界意指所有服于永恒定罪的人，除非脱离那里，并借着从罪的赦免流出来的宝血得赎，因而不再服在罪人的王手下。关于这个世界的王，那胜了世界的主说："这世界的王将到，他在我里面是毫无所有"⑤，我说人向这世界而生就是指向这样的世界而生，直到他在那胜了这世界的主里面得到重生，在他里面这世界的王毫无所有。

4. 拯救世界并胜了世界的主说："世界不能恨你们，却是恨我，因为我指证它所做的事是恶的"⑥，他说的这世界是指什么呢？难道大地、

---

① *De nuptiis et concupiscentia* 1. 21.
② 《约翰福音》14：30。
③ 《约翰福音》1：10。
④ 《约翰一书》5：19；2：16。
⑤ 《约翰福音》16：33，14：30。
⑥ 《约翰福音》7：7。（和合本将"世界"译为"世人"，这里考虑到上下文的关系，把它直译为"世界"。）

海洋、诸天、星宿这些作品是恶的吗？可以肯定，这世界是指人。若不是依靠上帝借着主耶稣基督赐下的恩典，没有人被拣选脱离这个世界，主为这世界的生命舍了自己的肉身；如果世界不是在死里，他就不可能做这样的事。论到这世界，他对犹太人说："你们是属这世界的，我不是属这世界的"①，那这世界是哪个世界呢？耶稣从这个世界拣选自己的门徒，使他们不再属于世界，从而世界恨他们这些不属于它的人，那这个世界又是哪个世界呢？世界的救主，世界的光，说："我这样吩咐你们，是要叫你们彼此相爱。世人若恨你们，你们知道恨你们以先，已经恨我了。你们若属世界，世界必爱属自己的；只因你们不属世界，乃是我从世界中拣选了你们，所以世界就恨你们。"② 如果他没有加上"我从世界拣选了你们"一句，我们可能会认为，他说"你们不属世界"的含义与他说自己"我不属这世界"是一样的。然而事实上，他并非原先属于世界，然后从世界被拣选，从而不再属于世界。基督徒会对此说什么呢？就上帝的儿子屈尊成为人而言，他是属世界的，这种说法也是不对的；而若不是因为在他里面毫无罪过，怎么能说以上这种说法是错误的呢？而每个人正因为有罪，出生时先是属于世界，而不属于上帝；而要属于上帝，就必须重生，不再属于这世界，这样的人必然被从世界拣选。因此，他把这世界的王赶出去，并见证说："现在这世界受审判，这世界的王要被赶出去。"③

5. 或许是你的鲁莽使你说，我认为婴儿即使受了基督的洗礼，也没有从这世界被拣选——论到这基督，经上说："上帝真的在基督里，叫世人与自己和好。"如果你否认婴儿是属世界的，否认他们属于这种和好，那我不知道你是靠怎样厚颜无耻的行为存在于这世界的。如果你承认当他们进入基督的身体之后，就从世界被拣选，那么他们必然是向

---

① 《约翰福音》8：23。
② 《约翰福音》15：18、19。
③ 《约翰福音》12：31。

这世界生的，然后从这世界被拣选出来重生，因为他们是通过肉身的淫欲生的，又通过圣灵的恩典重生。肉身的淫欲是属世界的；恩典进入世界，叫那些在世界之先被预定的人从世界被拣选。当使徒说了"上帝真的在基督里，叫世人与自己和好"之后，他接着立即说上帝是怎样成就这事的："不将他们的过犯归到他们身上。"① 因此，整个世界从亚当开始就是有罪的，上帝虽然没有从他自己的作品中收回他的创造权能，但是所定的种子早已被父母的推诿损坏。当世界（世人）借着基督与上帝和好，他就脱离这世界；当他借着进了世界的基督——基督不是被拣选，而是自己选择——得以解脱，不是靠拣选的功德，而是靠拣选的恩典，因为所留的余数是照着拣选的恩典得救的。②

第三章

6. 你接着引用我的话："唯有重生赦免淫欲之罪，因而生育一直传染这种罪。"我随即加上："因而，凡是出生的，必须重生，好叫传染了罪的，以同样的方式得赦免，因为它不可能以其他方式赦免。"③ 你怀疑洗礼在婴儿是多余的，但你再次徒劳地试图掩盖这一点，说："基督奥秘的恩典在许多恩赐上都是丰富的。"不论你愿意与否，我们主张，婴儿相信基督是借着生育他们的那些人的心灵和声音。因此，我们主的审判"不信的人都要被定罪"④ 也与他们有关。如果他们没有从源头传染罪，那是出于什么原因，由于怎样的公义？你说："这里毋宁说，他认可他们如己物，因为甚至在他们能使用自己的意志之前，他就

---

① 《哥林多后书》5：19。
② 参《罗马书》11：5。
③ De nuptiis 1. 21.
④ 《马可福音》16：1。（查和合本《马可福音》无对应经文，疑为讹错，另查《约翰福音》3：18 有"不信的人，罪已经定了"言语，与此处相近了。）

赞美他在他们里面所成就的。"如果他认可他们如己物，那对那些他没有赐给额外恩宠的人，他不会认可如己物。但是由于其他人也是属于他的，并且出于同样的原因，他创造了他们，那他为何不也认可他们如己物呢？这里你根本没有说要把命运和对人的尊敬排除在外。那么，与我们一同接受恩典吧。如果没有这些，还会有什么呢？在同一种境遇中，此人被抛弃，是照公义的行为，不是因为命运；彼人被接纳，是照恩典的赏赐，不是因为功德。

7. 你的观点，婴儿经重生也没有洁净原罪，是毫无根据的。那说"我们这受洗归入基督耶稣的人，是受洗归入他的死"① 的，肯定没有把婴儿排除在外。受洗归入基督的死是什么意思？不就是向罪死吗？他还在另一段话里说到基督的死："他死是向罪死了，只有一次。"② 之所以这么说是因为罪身的形状，因为它也有他十字架的伟大奥秘，在十字架上，"我们的旧人和他同钉十字架，使罪身灭绝"。如果婴儿受洗归入基督，他们就受洗归入他的死；既然他们受洗归入他的死，就是在他死的形状上与他联合，这样的人就是向罪死了。"他死是向罪死了，只有一次；他活是向上帝活着。"在他死的形状上与他联合是什么意思呢？不就是说："这样，你们向罪也当看自己是死的，向上帝在基督耶稣里，却当看自己是活的。"③ 我们是要说耶稣向他从未有过的罪死了吗？上帝禁止这样说。然而他向罪死了，他死了，只有一次；他的死表明我们那使死本身进入世界的罪。当他向死死了——也就是说他再也不会死了——就说他向罪死了。我们借着他的恩典在罪身里实现他以罪身的形状所表明的东西，这样，就如他通过向罪的形状死，可以说向罪是死的，照样，凡是受洗归入他的人向着同样的实体——他的肉身是这实体的一个形状——死了。正如在他真实的肉身里有真实的死，同样，在

---

① 《罗马书》6：3。
② 《罗马书》6：10。
③ 《罗马书》6：11。

真实的罪里有真实的赦免。

第四章

8. 如果使徒书信里的那整段话不能制伏你的任性，那你实在是顽梗不化了。虽然当他写给罗马人称赞上帝借着耶稣基督的恩典时所说的每一件事都与它相关，但我们这里不可能引用并讨论整篇书信，因为它很长。那就让我们思考我们已经讨论过的那一章，他说："惟有基督在我们还作罪人的时候为我们死，上帝的爱就在此向我们显明了。"① 你会让婴儿排除在这句话之外。我能否问你一下：如果他们不在罪人中间，那为罪人死的主怎么是为他们死的？你会回答说，虽然他也为罪人死，但他并非只是为罪人死。然而，你在圣作者笔下找不到有什么地方说过基督也为那些完全无罪的人死。那就看看有效的证据怎样使你困顿窘迫。你说他也为罪人死；我说他只为罪人死，不为别的人死。因而，如果我是对的，你必须回答：婴儿是否不受任何罪捆绑，所以主不曾为婴儿死。使徒对哥林多人说："一人既替众人死，众人就都死了，并且基督替众人死了。"② 所以你必须承认，耶稣不为别人只为死人死了。那么在这段话里谁是死人呢？那些离开了身体的人吗？谁会那么愚蠢，竟认为这是正确的回答？基督为众死人死了，这死人应当按照他在另外地方所说的意思来理解，他说："你们从前在过犯和未受割礼的肉体中死了，上帝……便叫你们与基督一同活过来。"③ 又说："一人既替众人死，众人就都死了"，表明他不可能是为别人死，而不是为死人死的，因为他从一人替众人死了这一事实证明众人都死了。我复述这一点，强调这一点，公然主张这一点。那就接受它，因为它带来健康，我不希望

---

① 《罗马书》5：8。（英译本注明为《罗马书》15：8、9，疑为讹误。）
② 《哥林多后书》5：14、15。
③ 《歌罗西书》2：13。

你去死。"一人既替众人死,众人就都死了。"看看他怎样坚持认为,如果他为众人死了,就可以推出众人都死了。由于这死不是在身体里面,所以可以推出,基督为之死的众人是在罪里死了。凡是基督徒,没有谁会否认或者怀疑这一点。因此,如果婴儿不传染罪,他们就不是死的。如果他们不是死的,那只为死人死的主就没有为他们死。如果你注意一下你的第一卷,你在里面曾说:"基督也为婴儿死了",你就不可能否认他们传染了原罪。如果不是为了这个原因,他们为何死了?那只为死人死的主为什么要为婴儿的死而死?你承认他为婴儿死了。那就与我一同回来讨论使徒给罗马人的书信。

9. 使徒说:"惟有基督在我们还作罪人的时候为我们死,上帝的爱就在此向我们显明了。"他说:"在我们还作罪人的时候",就是说,当我们还死的时候,"基督为我们死。现在我们既靠着他的血称义,就更要借着他免去上帝的忿怒。因为我们作仇敌的时候,且借着上帝儿子的死,得与上帝和好;既已和好,就要更因他的生得救了"①。这就是他在另外地方所说的:"上帝真的在基督里,叫世人与自己和好。"② 他接着说:"不但如此,我们既借着我主耶稣基督得与上帝和好,也就借着他以上帝为乐。"他说:"我们如今借着他与上帝和好了,不仅得救了,而且喜乐。"然后,似乎有人问为何和好借一人,借这位中保成全,他说:"这就如罪从一人入了世界,死又是从罪来的,于是死就临到众人,因为众人都犯了罪。"那么律法怎样呢?它能导致和好吗?不能,他说:"没有律法之先,罪已经在世上",也就是说,即使律法也不能带走罪。"但没有律法,罪也不算罪。"可以肯定,原本就有罪,但罪不是归咎的,因为它不是知道才有的。我们在另一段话里读到:"因为律法本是叫人知罪。"③ "然而从亚当到摩西,死就作了王",因为它的

---

① 《罗马书》5:8—10。——中译者注
② 《哥林多后书》5:19。
③ 《罗马书》3:20。

国甚至没有借着摩西,也就是借着律法消失。"连那些不与亚当犯一样罪过的,也在他的权下。"如果他们没有犯罪,死为何统治他们呢?所以他们"与亚当犯了一样的罪过,亚当乃是那后来要来之人的预象"①。亚当将这样式传给他的子孙,即使他们没有犯自己的罪,使那些通过他肉体的淫欲出生的人因传染父系的罪而成为必死的。② 使徒说:"只是过犯不如恩赐。若因一人的过犯,众人都死了,何况上帝的恩典,与那因耶稣基督一人恩典中的赏赐,岂不更加倍地临到众人吗?"它确实更加丰富,因为拥有这丰富恩赐的人在时间里死了,却将永恒地活着。"因一人犯罪就定罪,也不如恩赐;原来审判是由一人而定罪,恩赐乃是由许多过犯而称义。"一点没错,一罪就会导致定罪,但恩典不仅带走这一罪,而且带走在它之外所增加的许多过犯。"若因一人的过犯,死就因这一人作了王,何况那些受洪恩又蒙恩赐之义的,岂不更要因耶稣基督一人在生命中作王吗?"他重复前面的意思,因为那些永恒作王的,将在生命中拥有比死更大的权柄,死只是暂时掌控:"如此说来,因一次的过犯,众人都被定罪;照样,因一次的义行,众人也就被称义得生命了。"他说这是众人,在两种情形中都是这样,因为若不因着前者,没有人被治死,若不借着后者,也没有人得生命。"因一人的悖逆,众人成为罪人;照样,因一人的顺从,众人也成为义人。律法本是外添的,叫过犯显多;只是罪在哪里显多,恩典就更显多了。就如罪作王叫人死;照样,恩典也借着义作王,叫人因我们的主耶稣基督得永生。"③

10. "这样,怎么说呢?我们可以仍在罪中,叫恩典显多吗?断乎

---

① 参《罗马书》5:14。——中译者注
② 奥古斯丁也非常熟悉对圣经这段经文的普遍解释,他在第一卷里对屈梭多模(Chrysostom)关于这种解释的阐述作了评论,可以看出他全盘接受这种解释。参上面第一卷第六章27节。
③ 《罗马书》5:8—21。

不可!"如果我们仍在罪里,恩典有什么益处?他接着说:"我们在罪上死了的人岂可仍在罪中活着呢?"请注意接下来的话:"岂不知我们这受洗归入基督耶稣的人,是受洗归入他的死吗?"这包括不包括受了洗的婴儿呢?如果不包括,那么"我们这受洗归入基督耶稣的人,是受洗归入他的死"这话是错误的,因为你说,婴儿受了洗,但没有归入他的死。然而使徒说的话肯定是对的,所以不可能有例外。如果你认为他只是指能使用自由意志的成人,那当我们听到我们的主说"人若不是从水和圣灵生的,就不能进上帝的国"① 时所感到的恐惧是没有根据的。这里你有一个重要的总结,说基督也只是谈到成人,他的话并不包括婴儿在内。考察洗礼问题,追问上帝的国之外是否有永生,或者上帝这么多清白的像是否被剥夺了永生,从而被交给永死,这些对你来说有什么用呢?如果你因为主的话"人若不是从水和圣灵生的,就不能进上帝的国"适用所有人,不敢说这样的话,那你得正视使徒的话:"我们这受洗归入基督耶稣的人,是受洗归入他的死"也具有同样的普遍性。因而,受洗归入基督的婴儿也向罪死了,因为他们受洗归入他的死。我们从前述:"我们在罪上死了的人岂可仍在罪里活"可以得出同样的结论。然后似乎我们询问向罪死的是什么,他回答说:"岂不知我们这受洗归入基督耶稣的人,是受洗归入他的死吗?"他用前面说过的话来证明这一点:"我们在罪上死了的人岂可仍在罪里活?"因此,那些受洗归入基督时知道自己是受洗归入基督的死的人,可能也知道他们在罪上死了,因为受洗归入基督的死不是别的,就是向罪死。为更加清晰地解释这个问题,他说:"我们借着洗礼归入死,和他一同埋葬,原是叫我们一举一动有新生的样式,像基督借着父的荣耀从死里复活一样。我们若在他死的形状上与他联合,也要在他复活的形状上与他联合。因为知道我们的旧人和他同钉十字架,使罪身灭绝,叫我们不再作

---

① 《约翰福音》3:5。

罪的奴仆，因为已死的是脱离了罪。我们若是与基督同死，就信必与他同活，因为知道基督既从死里复活，就不再死，死也不再作他的主了。他死是向罪死了，只有一次；他活是向上帝活着。"① 因此，如果婴儿没有向罪死，他们受洗就不是归入基督的死。如果他们受洗不是归入基督的死，他们受洗就不是归入基督，因为"我们这受洗归入基督耶稣的人，是受洗归入他的死"。但是他们确实受洗归入基督，所以他们必是向罪死了。那么向什么罪呢？不就是原罪吗？那是他们所传染的罪。让人的论证终止吧，"耶和华知道人的意念是虚妄的"②。他将这些事向聪明通达人就藏起来，向婴孩就显明出来。③ 如果你不喜欢基督教信仰，那就直说吧；你不可能找到另外的基督教信仰。有一个是叫人生，有一个是叫人死；一个只是人，另一个既是人也是上帝。借着一个，这世界成为上帝的仇敌；借着另一个，从世界拣选的世人得以与上帝和好。因为"在亚当里众人都死了；照样，在基督里众人也都要复活"。"我们既有属土的形状，将来也必有属天的形状。"④ 无论谁，试图破坏基督教信仰的这些根基的，必然自我毁灭，而这些根基将永远固若金汤。

第五章

11. 我书里有一个正确的陈述你不愿接受："在父母身上已经得赦免的，以神奇的方式传染到子女身上；确实是这样，并且因为这种方式不容易理解，也不容易表述，所以不信的人不能接受。"⑤ 你为何不如实地转述我的话，似乎我说的是："理性不能理解它，语言也不能表述

---

① 《罗马书》6：1—10。
② 《诗篇》93：11。(参和合本《诗篇》94：11。)
③ 参《马太福音》11：25。
④ 《哥林多前书》15：22、48。
⑤ De nuptiis 1. 21.

它"？我说的其实是"不容易理解，也不容易表述"，你却把我的真话撇在一边。说一物根本不能做，与说它不容易做，岂是一回事！你的话简直就是诽谤。不论在思想和语言上存在多大的困难，这是整个教会所宣称的，也是从古代起被作为真正的大公教信仰信奉的。如果教会不能将信徒的孩子从黑暗的权势和死亡的王那里解救出来，她就不会为他们驱鬼，向他们吹气。我在书里也写下这一点，你却随意地驳斥它，但你害怕提到它，似乎如果你与这吹气——它甚至把这世界的王从婴儿身上赶出去——相矛盾，你自己就会被整个世界吹走。[1] 你毫无意义的论调不是反对我，而是反对我们共同的灵性母亲；她以前怎样生出你，你却不愿意她如今以同样的方式生育孩子。你拿你视为十分尖锐的兵器击向她的心，从公义的上帝召来证据反对公义的上帝，从上帝的恩典反对上帝的恩典。然而，如果亚当的子孙从离开母腹之日起就压在他们身上的重轭[2]不是不义的，那么这就是上帝真正的公义。如果婴儿身上没有恶，使压在他们身上的重轭成为公义的，那怎么能说重轭不是不义的呢？言行一致，这是真正的上帝恩典。如果恩典知道人没有任何东西需要驱逐，却为他吹气除邪，如果它知道人没有任何东西需要清洗，却为他洗涤，那怎么能说言行一致呢？

12. 如果你能以清洁的心灵认识到肉体的淫欲是多大的恶（因为凡从它所生的必须重生，凡没有重生的必然被定罪）；如果你能认识到恩典给予了什么——完全赦免人里面的罪，又宣布免除人从这种恶而来的罪，因为淫欲借这种恶使他因出生而成为有罪的；即使这恶本身还在，得重生者的灵也要争战它，或者在小战役中正当使用它，或者在大战役中完全禁止使用它；如果这样，你或你的同僚还会认为你在说什么有意义的话吗？因为我们在这种恶的对面，或者我们在克制这种恶，所以能

---

[1] De nuptiis, 1. 22.
[2] 参《便西拉智训》41：1。

意识到它。正如只因重生得赦免的罪当它存在时并没有被感知到，同样，它的去除要靠信心接受，不是靠肉体或心灵感觉的。于是你在这个问题上陷入了黑暗之中，反对一个对完全属肉的人来说不可能证明的真理。然而，你越是不信，你对战斗就越有热心。

13. 不过，"随你的意志转变自己，鼓起你强大的勇气或技能"①，"我们这受洗归入基督耶稣的人，是受洗归入他的死"。因此没错，我们在基督的死里向罪死了，基督的死是毫无罪过的。结果，成人和婴儿都死了，既不是前者死了而后者没死，也不是后者死了而前者没死，"我们这受洗归入基督耶稣的人，是受洗归入他的死。……叫我们一举一动有新生的样式，像基督借着父的荣耀从死里复活一样。我们若在他死的形状上与他联合，也要在他复活的形状上与他联合。"婴孩也在他死的形状上与他联合，因为这适用于所有受洗归入基督耶稣的人。"因为知道我们的旧人和他同钉十字架。"什么旧人，不就是"我们这受洗归入基督耶稣的人"吗？婴孩必然包括在内，因为他们受洗归入了基督。"我们的旧人和他同钉十字架"是什么意思？他说："使罪身灭绝，叫我们不再作罪的奴仆。"因为这罪身，"上帝就差遣自己的儿子成为罪身的形状"②。既然使徒的话是指所有受洗归入基督的人，那你出于什么样的轻率否认婴孩也有罪身？"因为已死的人是脱离了罪。我们若是与基督同死，就信必与他同活。因为知道基督既从死里复活，就不再死，死也不再作他的主了。他死是向罪死了，只有一次；他活是向上帝活着。"他说："这样，你们向罪也当看自己是死的；向上帝在基督耶稣里，却当看自己是活的。"他是在对谁说话？你是否足够专心？他肯定是在对那些人说话，他曾对他们说："我们若是与基督同死。"他们是谁呢，不就是那些听他说"我们的旧人和他同钉十字架，使罪身灭

---

① 维吉尔：《埃涅阿斯》12. 889—890。
② 《罗马书》8：3。

绝"的人吗？他们这些人不就是他所说的"我们在他死的形状上与他联合"的人吗？他们不就是他所说的"我们借着洗礼归入死，和他一同埋葬"的人吗？如果你读读与这些话相关的前面的话："岂不知我们这受洗归入基督耶稣的人，是受洗归入他的死吗？"你就会发现他是对谁说话的。当他说这话时，是指什么意思？再往回读读，你会发现："我们在罪上死了的人岂可仍在罪中活呢？"这样，或者承认婴孩在洗礼中向罪死了，并承认他们有原罪，他们是向原罪死了，或者坦白地承认他们虽然受洗归入基督，却没有受洗归入基督的死，然后指控使徒说谎，说什么"我们这受洗归入基督耶稣的人，是受洗归入他的死"。

14. 我坚握征服凯勒斯提乌的属天兵器，把我的信心和话语交托给它们。你的论证是属人的；而我的这些兵器是属神的。"谁能明白罪呢？"① 那么它们就不是罪吗？谁能明白原罪？它在得重生的父母身上赦免了，却传到子女身上，并一直留在身上，直到子女也得重生。那么它就不是罪吗？"一人既替众人死，众人就都死了。"既然你不否认基督为婴孩死了，那你以什么样的心，什么样的讲演，什么样的脸面否认婴孩也死了？如果基督没有为他们死了，那他们的洗礼有什么意义？"我们这受洗归入基督耶稣的人，是受洗归入他的死。"如果一人替众人死了，这一人也替婴孩死了，那么婴孩也与众人一齐死了。因为他们在罪里死了，当他们借着上帝的恩典重生之后，他们也向罪死了，向上帝活着。如果我不能解释为何活的能生出死的（向罪是死，向上帝是活的父母生出孩子在罪里，叫他借着重生向罪死，向上帝活），那又怎样？难道就因为无法用语言解释或者语言解释极其困难，就说它是错的？如果你敢，就否认他出生时是死的，尽管你不否认基督为他死了。"一人既替众人死，众人就都死了。"② 这些是使徒的话，但它们是我们

---

① 《诗篇》18：13。（参和合本《诗篇》19：12："谁能知道自己的错失呢？"。）
② 《哥林多后书》5：14。

的兵器。如果你不预备反对它们，那就记住要毫无疑惑地相信，即使不明白也要相信它们。一个在属灵意义上出生的人按着肉体生育，他有两种种子，一个是不朽的种子，他从它得生命，另一个是必朽的种子，他从它生育死人。如果孩子不是出生时就是死的，基督的死就不会是赐生命给孩子所必不可少的。"一人既替众人死，众人就都死了。"你大叫他们不是死的，并不能使他们从死里复活。相反，如果你设计出不敬神的论证攻击他们父母的信心——唯有通过信心他们才可能恢复生命——那你就使他们远离生命。

第六章

15. 现在我们已经触及你那废话连篇又自命不凡的讨论，你试图驳斥一个例子，而我认为它很可能对某个十分难以理解的问题有一定的说明作用，即"橄榄树的种子可以退化为野橄榄"①。你力图扫除它，说："例子如果用来说明某种本性上不可能得到辩护的事物，那是毫无价值的。"那么使徒为何提出问题，死者如何复活，以什么样的身体复活，接着马上用一件我们不知道也没有任何经验的事物作为例子来表明？他说："无知的人哪，你所种的，若不死，就不能生！"②他的例子与所讨论的问题并非完全不适合。麦子扬了壳，就如人洁净了罪，然后其他麦子从它发出来，带着壳。

16. 你说："阿尔比努（Albinus）论断，唯有动物的上颌是活动的。火对大多数事物意味着毁灭，但对火蜥蜴来说是运动。"不知道此时你心里对鳄鱼是怎么想的。这些例子难道不是反对你，而不是支持你吗？因为你找到了某些东西，证明被普遍认为不可能的事也是有可能

---

① 即使在今天的非洲，人们也通过嫁接野橄榄来繁殖橄榄树。奥古斯丁在 De nuptiis et concupiscentia 里详尽提出这个例子，并且不止一次用到它。参 1. 21、37、38。

② 《哥林多前书》15：36。

的。因此，当你在概念上否认那些生育孩子的人能将他们自己所没有的东西传给所生育的孩子，如果发现某物能够做到这一点，那你就被驳倒了；正如鳄鱼驳倒了说动物只能活动下颌的人①，而对认为没有动物能住在火里的人，也可以拿出火蜥蜴的例子把他驳得哑口无言。当你宣称"本性的东西不可能因意外事故而转变"，可以推出，只要能找到一个人，因意外事故残疾，但生育的孩子带有同样的毛病，就可证明在父母是意外的东西在孩子成了天生的东西，你的话就无效了。你又说："父母不可能将他自己所没有的东西传给孩子。"如果可以表明丧失某种肢体的父母可以生出肢体健全的孩子，你的话不也同样归于无效吗？我们的父辈报告，他们知道也看见迦太基演说家福达尼乌（Fundanius）一只眼睛意外失明，生了一个儿子也只有一只眼睛。这个例子驳倒了你的假设"本性的东西不可能因意外事故而转变"。在父亲是意外的事，在儿子就成了本性的事。你的另一假设，"父母不能将自己所没有的东西传给孩子"，也被福达尼乌的另一个儿子驳倒，因为那个儿子与常人无异，生来有两只眼睛，尽管父亲只有一只眼睛。有数不胜数的孩子，虽然父母双目失明，他们却视力正常，父母所没有的东西却传给了孩子。你的言论如此盲目，倒比这些父母自己所生的孩子更像他们。

第七章

17. 虽然你自己的许多话都与主题无关，你却敦促我要扣住主题，说："我们对能够完全领会的事物没有什么兴趣。针对人好奇心中的这种毛病，神圣计划规定地长出许多在众多特点上各不相同的事物。"这确实是上帝隐秘作为的有用之道，免得它们因为太普通而被人鄙视，因为知道而不再令人惊奇。我们在圣经里读到："正如你不知道孩子在母

---

① 原英文如此，但似乎自相矛盾。——中译者注

亲的肚腹里是怎样骨肉相连的,同样,你也不知道创造万物的上帝是怎样作为的。"[①] 你说得没有错,因为我们对完全领会了的事物没有什么兴趣,所以上帝的作为是不可领会的,以此来对抗人这种变得漠然的好奇心。那么你为何试图以人的猜测破坏你更不可能理解的神圣理性里的东西?我没有说(如你所诬告的)"任何推理也不能理解",而是说"不是简单的推理所能理解的"。如果上帝也愿意隐藏这个问题,就像他隐藏许多事物那样,从而使它成为靠人的推测所不能考察和领会的东西,那又怎样呢?如果这也是为了阻止人的好奇心认为它已充分领会的东西就是普遍无奇的,那你是否一定要用你微不足道的理由,就如拿起杀父杀母的小小匕首,指向你的教会母亲,寻求她圣礼的隐秘力量——她借此怀上那些虽然父母已经洁净,但仍必须洁净的婴孩?因而,你寻求怀胎母亲腹中的骨头,不是以温和的方式,而是以撕裂的方式。如果不是担心读者会疲劳,我可以举出一千种事例制伏你,这些事物不可思议地在荒芜的旷野上蔓延,活动方式与常规的自然方式相反;比如种子退化,不是变为某种完全不同的类别(甚至野橄榄也并非完全不同于种植的橄榄,就像野葡萄并非完全不同于种植的葡萄),而是变为某种可以称为既像又不像的东西。因而,野葡萄虽然不同于种植的葡萄,但野葡萄树可以从葡萄的种子中生长出来。我们为何不可以认为这是造主的旨意,这样我们就会相信人的种子可以把生育者所没有的毛病传染给被生育者,所以受洗者也要急急地将他们的婴孩交给上帝的恩典,这恩典救人脱离黑暗的权势,将他们送到他的王国——就如你父亲那样,毫无疑问他也曾这样急急地对你,却不知道你会对那恩典如此忘恩负义。

18. 作为一个对本性非常敏锐的观察者,你已经发现它的界限和它的律法,说:"根据事物的本性,不可能证明父母能将他们肯定没有的东西传递给孩子。如果他们传递这样的东西,那他们就没有失去它。"

[①]《便西拉智训》11:5。(据英文直译。——中译者注)

这是佩拉纠的理论,你现在应当驳斥,因为你已经读过并引用了我们纪念尊敬的马塞利努的作品。① 佩拉纠在他的第一阶段说到信主的父母:"他们不可能把自己绝对不拥有的东西传给后代。"这一命题的错误由以下这些例子清晰表明,有些例子已经举过,有些我现在要简洁提到。一个受了割礼的人还有哪一部分包皮留存?但他所生的孩子都是有包皮的。因此,人身上不再有的,却从他的种子里得到。我们相信第八天要受割礼的诫命是神给古代列祖的,为要表明在基督里成全的重生,基督在第七天也就是安息日,为我们的罪被交给人,躺在坟墓里,在第二日复活了,按周历的顺序也就是在第八日,为我们称义复活了。② 任何人,哪怕对圣经只有一丁点了解,也知道割礼是洗礼的预象,使徒非常清楚地论到基督说:"他是各样执政掌权者的元首,你们在他里面,也受了不是人手所行的割礼,乃是基督使你们脱去肉体情欲的割礼。你们既受洗与他一同埋葬,也就在此与他一同复活,都因信那叫他从死里复活上帝的功用。你们从前在过犯和未受割礼的肉体中死了,上帝赦免了你们一切过犯,便叫你们与基督一同活过来。"③ 赐给亚伯拉罕的人手所行的割礼,是非人手所行割礼的一个样式,如今已经成全在基督里面。

19④. 我们不能说这包皮就是身体,而那因出生而传染的就是过犯;同样也不能说,包皮被切除了,但它的势力不可能从种子中剔除,而过犯——它不是身体,而是一个事件——既然借着宽恕得以除去,就不可能还住在种子里面。任何狡诈的辩解也不能支持这样的观点,因为神圣权威驳斥了它,命令身体的这一特殊部分要切除,以便洁净这种过犯。这种过犯若不是在种子里面,那么割礼将它除去之后,它就不可能进入

---

① *De peccatorum meritis et remissione* 3. 3, 8, 9.
② 参《罗马书》4:25。
③ 《歌罗西书》2:10—13。
④ 在三个 Vatican 手稿和两个 Gallican 手稿中,19 节被删掉了。

婴儿的身体。如果它从未进入他们里面，那就永远不再需要通过对身体的割礼将它清除了。由于婴孩没有个人的罪，所以通过药方从他们身上去除的必然是原罪，没有这种药方，他们的灵魂就要从自己的民中剪除。若不是有罪，使这样的事可能发生，在公义的上帝手下不可能发生这样的事。由于这不是个人的罪，它只能是被败坏的源头的罪。

20. 受了割礼的人把自己所没有的东西传给他所生的人。那么你的命题"从事物的本性不可能证明人能传递自己肯定没有的东西"怎样解释呢？包皮是好的，不是恶的，因为上帝创造了它——因为你关于野橄榄做了详尽的讨论，我们要这样回答你的这一异议：野橄榄本性上是好的，但在奥秘的语言里表示恶，就如狐狸、狼、在污泥里打滚的猪，回来吃自己呕吐物的狗。它们本性上都是好的，正如绵羊是好的一样。上帝造这些东西都甚好。① 但是在圣经里，狐狸、狼代表恶人；绵羊代表善人。当我们讨论善人与恶人之间的差别时，我们就用这些比喻，不是按它们本性上的所是而言，而是根据文学上的比喻意义而言。因此，包皮是人体的一部分，整个身体是好的实体，本性上善的；但在比喻意义上它表示一种恶，所以命令婴孩因基督的缘故要在第八天受割礼；使徒说，我们在他里面，也受了不是人手所行的割礼，而人手所行的割礼无疑就是对它的预示。因此，包皮不是罪，只是表示罪，而且首先是原罪，因为那些出生的人是通过那个肢体出生的，并由于那个罪，我们被认为是本性上成为忿怒之子，因为那个肢体也专门称为本性。这样，肉身上的割礼完全可以驳倒你假定的普遍命题："从事物的本性看，父亲不可能把他自己所没有的东西传给孩子"。由于包皮代表罪，也由于某种父亲身上不再有的东西在孩子身上有，所以原罪虽然在重洗的父母身上已经赦免，但在婴孩身上仍然留存，除非他们也受洗礼，也就是说，通过属灵的割礼得洁净。因此，你所否认的观点是完全正确的，因为那些否认原罪的

————————

① 《创世记》1：31。

人找不到原因：为什么婴孩，就是经上说"除非生下来第八日受了割礼，不然他的灵魂必从民中剪除"① 的婴孩要在公义审判下灭亡。

21. 我们不妨离开野橄榄林，离开非洲、意大利的橄榄山。我们不必问农夫，做实验种下的一棵树是否会在将来某一天遮蔽我们孩子的孩子②，他很可能给你一个回答，给我另一个回答，不论对我们哪个来说，没有轻易就有的答案。我们有一棵橄榄树，不是非洲的，不是意大利的，而是希伯来的，而我们作为野橄榄，很高兴能被嫁接到这棵希伯来橄榄上。割礼赐给了那棵橄榄树，割礼毫无争议地解决了我们的问题。孩子有父亲不再拥有的包皮；父亲没有了包皮，但把它传给了孩子；虽然失去了它，但把它传递下来；这包皮表示罪。因此，罪也可以这样，父母身上没有了，但传给了孩子。即使婴孩也无声地见证这一点：如果我不在第八日受割礼，我的灵魂就会从民中剪除；你这否认原罪却承认公义上帝的人，请告诉我，我是怎样犯罪的。由于你的喋喋不休不能给无声恳求的婴孩提供合理的回答，所以你最好把你的声音加入我们中来，因为我们的声音是与使徒的声音联合的。我们可以随意探求从父母遗传的其他罪的种类和存在——不论探求是容易的，还是困难的，甚至是不可能的。但是"罪是从一人入了世界，死又是从罪来的，于是死就临到众人，因为众人都犯了罪"③，必须认为这话是指，众人，就是基督为之死的众人，在第一人的罪里死了；不论谁，凡是受洗归入基督的，就是向罪死了。

第八章

22. 你说在我一些你力图驳斥的话里，我试图激发人们反对你。我

---

① 参《创世记》17：14、12。
② 参维吉尔《家事诗》（Georgics）2.58。
③ 《罗马书》5：12。

说："近来异端分子开始抨击的基督教信仰从来不怀疑，那些在重生的洗礼中得救的人就是从魔鬼的权势下得赎；那些还没有凭借这种重生得赎的，即使是得赎之人所生的婴孩，仍在那个魔鬼的权势之下，除非他们也靠同样的恩典得赎。"① 在证明中，我说："使徒论到上帝说；'他救了我们脱离黑暗的权势，把我们迁到他爱子的国里'②，他的良善适用于所有年龄的人。"如果这话激起人们反对你，那你面对这样的事实：大公教信仰得到如此广泛的传播，如此深刻地根植于众人，甚至成了流行的知识，难道你不因此而感动吗？事实上，所有基督徒都必须知道不得不为他们的婴孩做的与基督教奥秘相关的一切事。但是你为何说我"忘掉了单独的战斗，到民众中去寻求躲避"？谁答应你单独与我战斗？在哪里？在何时？用什么证据？以什么规则？你说："令人高兴的是，提出条约，中止战争。"③ 因此，只要我们的战争中止了，众人的战争就停止了。上帝禁止我在大公教徒中自夸能担当你在佩拉纠主义者中不羞于担当的角色。我只不过是众多驳斥你渎神新观点的人中的一员，各人都按自己的能力，照着上帝所分给各人信心的大小。④ 在我还没有生到这个世界之前，在我还没有向上帝重生之前，许多大公教老师早已驳斥你后来的错误。在前两卷书里，我已经尽我能清楚地论到他们。如果你仍然乐于对着大公教信仰瞎说，那你可以上诉。

23. 当你把基督的肢体称为"畜栏的工匠"时，你不是在讥笑他们。请记住，上帝拣选了世上软弱的事物，使那强壮的羞愧。⑤ 你说只要你开始向他们提供证据，他们就会更加激动地反对我，你这话是什么意思？不要对他们说谎，这样的事不会发生。尽管你诽谤我，但是我没

---

① *De nuptiis* 1. 22.
② 《歌罗西书》1：13。
③ 维吉尔：《埃涅阿斯》12. 109。
④ 参《罗马书》12：3。
⑤ 参《哥林多前书》1：27。

有说过那些我知道已经借着基督的血得赎的人是"魔鬼的财产"。我没有"把婚姻归给魔鬼"——就它是婚姻而言。我不认为魔鬼是"身体上生育肢体的创造者"。我没有声称魔鬼"只会激发人行非法之事",或者"他使妇女怀孕",或者"他是婴孩的造主"。如果你向人们指控我这些事,那你是在说谎。如果他们中有人相信你,对我很生气,那他就是被骗了,而不是受到启发了。那些既认识我们两个,也了解大公教信仰的人,不会希望受到你的启发;相反,他们倒要避开你,免得你把他们已经知道的知识夺走。他们中许多人,甚至在我这个时代之前,就学过你的新错误所抨击的这些事。既然我只是发现他们与你所否认的真理的联系,而不是引发这种联系,那我怎么可能是这种联系——你认为这是他们的错误——的始作俑者呢?

第九章

24. 你问:"请解释,把罪归于那不曾立志犯罪也没有能力犯罪的人,怎么能说公正的呢?"犯个人的罪与遗传别人的罪,这不是一回事,要知道,一个人实际上过的是自己的生活。如果你不是有意歪曲正确的含义,为你悖逆的观念所用,你就会明白使徒怎样简洁地解释了这个问题,他说,有一人,众人在他里面犯了罪。在那一人里,众人都死了,所以另一人才可能替众人死。"一人既替众人死,众人就都犯了罪"①,基督为众人死了。但是你否认基督也为婴孩死了,从而你就把婴孩排除在死人之外,也就是否认他们遗传了罪。你问:"一个意志的问题怎能与种子的创造混合在一起呢?"如果这事不可能发生,那我们就没有任何理由说还没有离开躯体的婴孩是死的。如果基督也为他们死了,那他们也死了;"一人既替众人死,众人就都死了"。朱利安,难

---

① 《哥林多后书》5:15。

道你没有认识到这些话不是我说的,而是使徒说的吗?你既然看到这事确实以某种方式发生了,为何还要问我它是怎样发生的?除非你不相信使徒,但他关于基督,关于那些基督为之死的人,绝不可能说错误的话。

25. 我们注意到,你怎样不当、错误地谈论婴孩,也会同样不当、错误地谈论上帝;说上帝为了他自己仇敌的利益倒更加积极,因为他不停地创造、滋养、遮蔽那些他知道不仅要暂时伏在魔鬼的权势之下,而且将与魔鬼一同永恒燃烧的人,他还在他们继续顽梗犯罪的时候维持他们的生命和健康。上帝这样作为,因为他知道怎样正当使用善人和恶人;魔鬼不可能通过任何邪恶的计谋使自己脱离上帝的权能,更不要说受魔鬼压迫和蒙骗的人。因此,那些脱离魔鬼的权势得救的人,并不属于魔鬼;而那些真正属于魔鬼的,就如魔鬼自己,也在上帝的权能里面。

26. 那么你自以为是的聪明是多么虚妄,你断言:"魔鬼和上帝彼此缔结一个协约,大意是,凡是受洗的都属于上帝;凡是出生的属于魔鬼,根据协议",如你说的:"上帝通过他所抵押的权能,使魔鬼所创立的两性结合成为无效。"魔鬼没有创立两性的结合,因为即使没有人犯罪,这种结合也会存在;但如果是这样(即没有犯罪),你的被保护者就或者不可能存在,或者不会骚动不安。而且,上帝用来使妇女的肚腹生子多多的权能也不是按要求支付的权能,而是自由的、全能的,甚至当肚腹生育魔鬼的器皿时也是如此。正如上帝借着他不可战胜的大能和无可指责的真理,使恶人也脱离整个必然性,同样,他也以无私的圣善,把生长、样式、生命、健康以及福祉赐给从源头就被损坏的种子,这种子虽然败坏了,但它所在的实体是上帝创造的,是善的。因为受洗的和出生的在上帝的权能里是同等的,就如魔鬼本身那样,你将两者区分开来是出于什么目的?你是想说出生比受洗更好,或者受洗比出生更好,因为前者也包含出生在内?因为一个不曾出生的人是不可能受洗的。你认为它们具有同等的价值吗？如果你认为出生更好，那你就真正伤害了属灵的重生，因为那样你就由于渎神的错误把属肉的出生置于属灵的重生之上。看起来你不愿意说"重生的"，倒更喜欢说"受洗的"，用一个卑微的词，企图使上帝蒙羞，从而使人们以为我们主张魔鬼和上帝彼此分庭抗礼。你可以说"重生的"或者"再生的"或者最后你也可以说"受了洗的"，因为拉丁用法清楚表明，这个希腊派生词专指重生的圣礼。但你没有选择这些词中的任何一个来说，而是选择了可能会使你所说的事物变得可鄙的词。没有人宁愿选择出生，而不要重生或者再生或者受洗，但是你认为出生很可能比水洗更容易受人欢迎。但是如果接受水洗并因而具有属天形状的人比出生从而具有属地形状的人更好①，两者的差距就是天差地别，那么你诽谤性的划分就烟消云散了。我们也不应奇怪，上帝将为自己要回在他圣洗礼中领受的属天人的形状，同时让属地人的形状，被属地的不洁所玷污的形状，伏在魔鬼的权势之下，直到他在基督里重生，领受属天人的形状。

27. 或许你认为受洗与出生具有同等的价值，所以还没有重生的婴孩可以认为不伏在魔鬼之下，因为那时上帝与魔鬼表面上看起来分庭抗礼，上帝要求受洗的归上帝，魔鬼要求出生的归魔鬼。但是如果受洗与出生具有相同的价值，那你就会劝人不必去受洗，因为出生就足够了，它与受洗的意义是一样的。令我们感到欣慰的是，你不这么认为。你不允许出生者进入天上的国，除非他们受了洗；因此你论断受洗比出生要好得多。那就想一想，看一看，你是否并不认为以下这种说法完全不足取：那些没有被接纳进入上帝国的人，必然伏在从上帝国坠落者的权势之下，而那些没有生命的人必然伏在丧失了生命者的手下。婴孩若不拥有基督就没有生命，而他们若不披戴基督，就毫无疑问不可能拥有基

---

① 参《哥林多前书》15：49。

督，如经上所写："你们受洗归入基督的，都是披戴基督了。"① 传福音的约翰证实，他们若不披戴基督就没有生命，他说："人有了上帝的儿子就有生命；没有上帝的儿子就没有生命。"② 所以，他们这些没有生命的人，基督替他们死了，叫他们能够有生命，这些人可以认为是死的："一人既替众人死，众人就都死了。"他死了，如我们在《希伯来书》里读到的："特要籍着死，败坏那掌死权的，就是魔鬼。"③ 那么，就婴孩来说，只要他们是死的，在他们开始有那为死人死的基督之前，就伏在那掌死权的下面，对此还有什么可惊奇的呢？

第十章

28. 你列出基督信仰完全不可能怀疑的命题，包括我们也以这种形式教导的话，甚至提到我们承认"没有自由意志的作为就不可能有人的罪"这话的真理性。因为即使是这遗传的原罪，如果不是使第一人犯罪的自由意志的作为，也不可能存在，罪因他一人入了世界，并临到众人。④ 但是对你所说的"不能认为一人该对另一人的罪负责"，有一些显著的例子可以提供反证。我现在不想表明，大卫犯了罪，而因他的罪一千人倒在战场上⑤；一人违背禁令犯了罪，复仇之神的诅咒就临到那些既没有犯罪也不知道所犯罪行的人身上。⑥ 这些罪或惩罚的本性是另一个问题，这里不应阻碍我们的讨论。某种意义上，我们父母的罪可以说是别人的罪，但在一定意义上，它们也是我们自己的罪。从行为的所有者来说，它们是别人的罪，就后代的遗传来说，它们是我们自己的

---

① 《加拉太书》3：27。
② 《约翰一书》5：12。
③ 《希伯来书》2：14。
④ 参《罗马书》5：12。
⑤ 参《列王记下》二十四章。
⑥ 参《约书亚记》七章。

罪。如果这话不对，那亚当子孙从离开母亲肚腹那一天起降临在他们头上的重轭就绝不可能是公正的。①

29. 你引用使徒的话："我们众人必要在基督台前显露出来，叫各人按着本身所行的，或善或恶受报。"② 关于婴孩你怎么理解这话？他们是否也必然在基督的台前显露出来？如果他们不显露，那这段话怎么能对你有帮助？因为它不适用于那些我们正在思考的这类人的情形。如果他们要显露，那他们这些没有做任何事的人怎样按各人所行的受报？除非我们把他们借着那些养育他们的人的心口表明的信或不信归于他们。他说："按着本身所行的"，这是指人此时在过他自己的生活。如果各人因各自所行的受报，那一个婴孩怎能得到好报，使他进入上帝的国？除非婴孩所做的，也就是通过另一个人所相信的，属于他的行为。这样，如果他信，这就是他的所行，他就可领受上帝的国；同样，如果他不信，这也是他的所行，那他就要受到定罪的审判。因为福音书也说："不信的，必被定罪。"③ 使徒的话说："我们众人必要在基督台前显露出来，叫各人按着本身所行的，或善或恶受报"，没有留下任何中间途径。所以，你看你的立场是多么不当。你不愿意让婴孩接受源于别人之罪的恶，但你希望让他接受别人的善工，不只是善，而是上帝的国。既然他是借着别人相信的，这信就是别人的工，正如他在别人里面犯罪，这罪也是别人的工一样。此外，我们不怀疑每个罪都因洗礼得洁净；但人是靠重生得洁净的，因而，唯有重生才能灭绝的东西，生育不能终止其传染。

30. 你说："淫欲并不总是与灵魂相争。"当你这样说时，其实你至少承认它确实是与灵魂相争的；你不承认你打这内战是一种惩罚吗？你说："上帝应当只是那些与他的权能相匹配的婴孩的造主"，你又说："也就是说，是清白婴孩的造主。"那么如果有人说，只有美的和好的

---

① 参《便西拉智训》40：1。
② 《哥林多后书》5：10。
③ 《马可福音》16：16。

作品才与上帝的权能相适合，这样的人在敬虔和对上帝的赞美上是不是就胜过了你呢？许多人生来残疾，许多人天生有病，许多人长相怪异，然而我们认为，唯有良善而真实的上帝能够创造整个实体，连同它的所有部分，以及任何以实体的方式存在并活着的事物。

31. 你要求我解释"魔鬼为何胆敢要求得到在基督里被造，即在他权能里被造的婴孩"。如果你能，你必须回答，魔鬼为何公开地，而不是隐晦地要求得到被不洁之灵骚扰的婴孩。如果你说他们是被交给他的，那我们双方都看见其中的痛苦，所以你必须说出为何是痛苦的。我们都认识到这是惩罚；但你说该受惩罚的事没有一样是从父母遗传的，而我们又都承认上帝是公义的，所以，如果你能，就必须证明婴孩身上有与这样的惩罚相当的罪。你难道没有认识到重轭的这一部分吗？就是亚当的子孙从离开母腹之日起一直到他们葬入共同的母亲之日止一直压在他们头上的重轭。人类在这样的轭下遭受各种各样的苦难，精疲力竭，看起来，人要从忿怒之子变为怜悯之子这样的应许似乎是为将来的世界预备的，而在这个世界，即使是怜悯之子也从生到死都在这重轭下备受折磨。是的，即使受了洗的婴孩也时时受到魔鬼的打击，还有此生中其他诸恶，尽管他们已经得救，脱离了黑暗的权势，不会再让它把他们引向永罚。

32. 你重复我已经驳斥的一些陈述，但即使现在我也不应漠视它们。"婴孩没有任何自己的作为可得善报或恶报，但上帝将重生的荣耀赐给他们"，你说，"他教导我们，他们就在他的神意、他的公义、他的统治之下，他在不可估量的丰富恩施里预见他们的意志。"那些数不胜数的婴孩，同样的清白和纯洁，是上帝按自己的形象造的，他们怎样冒犯了上帝，他要从他们收回这样的恩赐，而没有通过他那不可估量的丰富恩施预见他们的意志？他为何要把那么一大群他自己的形象挡在他自己的国之外？如果不是因为他们有恶，那么可以推出，这大群上帝的清白形象必然不爱上帝的国。但是如果他们爱上帝的国，并且清白者对上帝的国该爱多少，他们就爱它多少，因为他们是上帝按自己的形象造的，那么他们难道不会因与上帝国的这种分离忍受任何痛苦吗？最后，不论他们在哪里，怎样顺服上帝——他是不受不可改变之命运摆布，不徇私情的法官——他们都不能与那些同样没有自己的作为可得善报或恶报的人一起进入上帝的国，得享幸福。但是，如果他们不该遭受恶报，那在同样的情形中，他们就永远不会被剥夺得享如此大善的权利。如我们常说的，上帝在使徒的话里，在忿怒的器皿里，显明对怜悯器皿的丰富荣耀，好叫怜悯的器皿认识到，他们看到上帝给予那些在死里与他们完全同等的人的东西，上帝也可以十分公正地给予他们，这样他们就不会在自己生命的功德上自夸。

33. 如果你聪明，就把使徒告诉我们上帝父所成就的也用于婴孩："他救了我们脱离黑暗的权势，将我们迁到他爱子的国里"；又说："我们本为可怒之子，和别人一样。"① 因为众人都得救，脱离黑暗的权势。虽然当他们向罪死的时候，原是忿怒之子，但是当他们受洗归入基督的死之后，他们向罪死是为了向上帝活。事实上，凡是受洗归入基督的，就是受洗归入他的死。由于婴孩也受洗归入基督，所以他们也向罪死，原本为忿怒之子的，如今从黑暗的权势得救。你说使徒的话"本为可怒之子"可以解释为"完全的可怒之子"。这里请注意，古代的大公教信仰与你的观点相反，因为几乎没有哪个拉丁法典——如果你不对它们作篡改——找不到"本性上"这个词。它若不是古代的信仰，就是你的新理论刚刚开始反驳的信仰，古代的译者肯定会避免使用它。

第十一章

34. 你是个锋芒毕露的人，不在乎被列在普通人中。这么多的论

---

① 《歌罗西书》1：13；《以弗所书》2：3。

证——你用这些论证是想激起那些曾经反对你的人更加猛烈地反对我——之后,你再次拒斥了民众的论断。然而,你已经看到,你的论证对根植于真理和古老的大公教信仰的人没有任何果效,于是你转而责骂人,描述并嘲笑由那群理所当然与你作对的基督徒组成的特殊团体。然后你提到学究式的学派(auditoriales),你说他们会对我大声叫喊:"时世啊,风尚啊。"① 但是你必然对民众的论断心生敬畏,因为你在他们中间发现了一个惹人注目的证据,你认为这个证据再加上塔利的话就能吓倒我;你还说我主张生殖肢体源于另外的源头,而不是源于整个身体,以为这样就能煽动他们的情绪。假使我回答说:这是一个谎言,那不是我所想的,那会怎样?我指责的是情欲,不是肢体;我关注的是过犯,不是本性。向你诽谤我的人胆敢在基督的教会里,在天上的主面前颂唱情欲。如果你们是同学,没有老师会把这样的问题交给他去演讲,不然他就可能冒犯每个守节的人。他们岂不更愿意用西塞罗另外真正适合的话来反驳你:"节制站在这边争战;轻率从你而来。这边是自制,那边是情欲。"②

35. 你说那些人已经抛弃你的教训,转向或者回到大公教信仰,你说你可以揭露他们犯有我所不知道的不当行为之罪。你似乎对他们甚为害怕,以至于不敢说出他们的名字,可能担心他们听到你对他们的诬蔑之后,会指控你犯有更可信——如果不是更真实——的罪行。不论他们是谁,如果他们真的有智慧,就不会报复你,相反,倒要宽恕你,根据使徒的话:"不以恶报恶、以辱骂还辱骂。"③ 至少你不会拒绝听听西塞罗的告诫,你原本就喜欢用他的话叫喊:"时世啊,风尚啊!"至少听听他的话,"这样你就可能使自己远离语言上的放纵,就如你远离行为上的败坏一样"——如果你真的远离败坏——也会知道"己所不欲,勿施与人",你自己羞于听到别人对你的诽谤,你也不可对别人说诽谤

---

① 西塞罗,*Orat. 1 in Catil. And act 6 in Verrem*。
② 西塞罗,*Orat. 2 in Catil*。
③ 《彼得前书》3:9。

的话。我必须告知读者，从外表上看，我知道谁宣誓独身，抛弃了佩拉纠的异端，但是我不知道你所指控的这些事针对谁。不过，我并不关心你究竟要蒙骗哪些男女，以至于说我主张："即使在一个随年龄衰老的身体里也不可能克制情欲。"因为我知道情欲是可以克制而且必须克制的，我知道它是恶。请否认情欲是恶的人留意自己怎样拥有那种受到情欲攻击的善，而这情欲，不论他愿不愿意，他都承认必须加以克制。我宣称情欲是可以克制的，不只是在老年人，在年轻人也可以。但是情欲竟然能得到独身禁欲者的称颂，这真令我大为惊异。

36. 我们谁曾说过"婴孩传染的恶可以没有它所依赖的实体而存在，或者在某个时间已经这样存在"？似乎我们主张这种观点，你诉求辩证法专家做法官；你嘲笑民众，似乎我唤你到面前，叫他们论断他们完全无能为力的问题。说真的，如果你不曾学过这些事，那佩拉纠体系就缺少它所需要的设计师了。如果你愿意活着，不要爱使基督的十字架落空的智慧的言语①。我们已经讨论过善的性质和恶的性质怎样从一个实体传到另一实体，不是通过迁移，而是通过影响实体。如果你嘲笑大众的论断，那就思考我在前两卷里提到的法官，在基督教会里享有盛名和权威的那些法官。

第十二章

37. 你为何指控归天蒙福的罗马教会主教佐西姆推诿搪塞，以维护你自己的卑鄙无耻？他与他的前任英诺肯特一致，而对后者你根本不敢提及。你选择佐西姆攻击是因为他最初对凯勒斯提乌比较宽容，因为凯勒斯提乌答应改正他的任何让人无法接受的陈述，并同意遵守英诺肯特书信里的论断。

---

① 参《哥林多前书》1：17。

38. 回想一下你多么傲慢无礼地想要就罗马人选举教皇的分歧损害我们。① 你是否会说人们这样做是出于他们自己的意志？如果你否认，那你将如何为自由选择辩护？如果你承认，那你又怎能称之为"上帝的报复"，且放弃你自己的教训，假装已经得到神圣证据的证实？或者你会时不时地认同你早已顽固地叫嚷着否认的观点，即借着上帝隐秘的审判，人的意志里有某种东西既是罪又是对罪的惩罚？如果你不曾想过这一点，你就永远不会说人的某个行为是上帝的报复。但是当某种类似的事发生在蒙福的达马苏士（Damasus）和乌尔西西努（Ursicinus）身上时，罗马教会并没有谴责佩拉纠主义者。

39. 你说我还改变了自己的观点，又说我在刚开始皈依的时候与你观点一致。你蒙人，或者因误解、没有理解我现在所说的话，或者更糟糕的是因没读过我当时所说的话而被蒙了。我从我刚开始皈依时就主张，现在还主张，罪从一人入了世界，死又是从罪而来，于是死就临到众人，因为众人在他里面都犯了罪。② 我皈依之初，作为一个平信徒写了几本书，现在还留存。当时我对圣经没有像后来那么了解，但当时我也主张并且说过，如果必须在这个问题上说什么，那么除了整个教会从最初时代所学所教的之外，没有什么可说的；也就是，人类作为原罪的一个结果，理所当然地陷入这些巨大而明显的苦难之中，人在这样的悲境中如同幻影：他的年日如同影儿快快过去，一切皆为虚空，各人只是活着。③ 唯有那说"真理必叫你们得自由"，"我就是真理"，"天父的儿子若叫你们自由，你们就真自由了"④ 的，才能赐给你们救赎。唯有真理使你们脱离虚空，但这是出于恩典，不是出于义务；是着仁爱，不

---

① 佐西姆死（418）后，兴起了一个分裂派别，一些人反对合法选举产生的波尼法士（Boniface），争取优拉利乌（Eulalius）。

② 参《罗马书》5：12。

③ 参《诗篇》143：4；38：6。（参和合本《诗篇》144：4；39：6。）

④ 《约翰福音》8：32；14：6；8：36。

是借着功德。正如我们原本因审判顺服于虚空,照样,仁爱使我们借着真理得自由,我们认信我们的善工本身不过是上帝的恩赐而已。

第十三章

40. 现在我们来讨论你对我的诽谤性指控:"受洗者只是部分得洁净。"你说在我的布道里这一点尤显得清楚。然后你开始引用一些你说显明这一点的布道书。感谢你;我的话是这样的①:"肉体的淫欲不应归咎于婚姻,但是可容忍的。它不是源于合性婚姻结合的一种善,而是从古代的罪额外添加的一种恶。因此,即使上帝子孙之间的正当而合法的婚姻,所生育的也不是上帝的孩子,而是这世界的孩子。虽然那些生育者已经得以重生,但他们生育不是源于使他们成为上帝之子的事物,而是源于那使他们成为这世界之子的事物。我们的主有话说:'这世界的人有生育和被生育。'②那使我们仍然是这世界之子的,也使我们外面的人败坏;这世界之子就是从这事物生育的。而那使我们成为上帝之子的,使我们里面的人一天新似一天③。尽管外面的人也借洗礼成为圣的,领受将来可得不朽的盼望,并因而可以说是上帝的殿④——这样说,不只是因为我们目前的圣洁,还因为我们读到经上写的盼望:'不但如此,就是我们这有圣灵初结果子的,也是自己心里叹息,等候得着儿子的名分,乃是我们的身体得赎。'⑤倘若我们身体得赎是可等候的,如使徒所说,那么可以肯定,可等候的仍然是可盼望的,是还没有拥有的。"我这段话描述的都是受了洗的人在与使徒一同说以下这些话时的

---

① *De nuptiis* 1. 19、20。
② 《路加福音》20:34。(参和合本译文"这世界的人有娶有嫁"。)
③ 参《哥林多后书》4:16。
④ 参《哥林多前书》3:16。
⑤ 《罗马书》8:23。

切身感受："我们自己心里叹息"，另外地方说的："我们在这帐棚里叹息劳苦。"①《所罗门智训》里相关的话有："可朽的身体是加在灵魂上的负荷，属地的居所压在必然要承担许多事的心灵上。"② 你似乎已经住在天使之中，嘲笑关于软弱和必死性的话语。你不是按照我的原意解释它们，而是按你的谎言解释，完全歪曲我的话，说："恩典并非完全更新人。"请注意我实际上说的是："恩典完全更新人，因为它甚至使他获得身体的不朽和充分的福祉。"它现在也完全更新人，意指脱离一切罪，但不是说脱离一切恶，不是脱离必死性的各种恶，身体如今还是必死的，因而是加在灵魂上的一个负荷。这就是使徒承认的，也是他自己的叹息，他说："我们自己心里叹息。"但这里正是借着同样的洗礼，人获得所盼望的完全。并非这世界之子全是魔鬼之子，但魔鬼之子全是这世界之子。因为有些上帝之子仍然是这世界之子，因此他们仍然加入婚姻。但他们不是靠肉体生育上帝之子，因为他们自己为了能成为上帝之子，他们不是从血气生的，不是从人意生的，也不是从情欲生的，而是从上帝生的。③ 即使现在借着洗礼也使身体有了圣洁，但身体的败坏，也就是加在灵魂上的负荷，还不能废除。虽然只要肢体不顺服于罪的欲，身体就是贞洁的，因而开始成为上帝的殿，但在这整个结构中，只要还有情欲和圣灵相争，激起恶的运动——这是必须克制的——圣灵与情欲相争④，就还有某些东西需要恩典使之完全，叫圣洁能够永存。

第十四章

41. 谁不知道你这个杰出老师所论断的："可以说肉体有欲求，因

---

① 《哥林多后书》5：4。
② 《所罗门智训》9：15。
③ 参《约翰福音》1：13。
④ 参《加拉太书》5：17。

为灵魂欲求肉体。"离开了灵魂不可能有肉体的淫欲。淫欲是一个活的、有感知觉的本性特有的，即使守节的阉人对它加以克制，它也不会终止；只是对他来说不那么棘手，因为越是刺激因素少的地方，欲望就越少。然而，它总是存在，并且必须通过节制加以遏制，免得阉人尽管不能交合，却想尝试那种恶，我们听说小瓦伦提尼安（younger Valentinian）的阉人卡利哥努（Calligonus）被宣判犯嫖娼罪，处以死刑。便西拉说："他用眼睛看，发出呻吟，就如阉人抱着童女叹息"①，若不是阉人也会受肉体淫欲激动，尽管不产生任何肉体上的结果，这话就不适用。因此，在按圣灵的运动中，灵魂时而反对它自身中按肉体的运动。反之亦然，在按肉体的运动中，它反对它按圣灵的运动，所以我们说肉体争战圣灵，圣灵争战肉体。但这也是"它一天新似一天"②的原因，因为灵魂不是没有在美德上取得进步，随着它渐渐减少肉体的欲望，不再认同它们，在一点点进步。正是对那些受了洗的人，使徒说："要治死你们在地上的肢体。"在同一段经文里他还提到淫乱、恶欲、贪婪。③那么，一个已经受洗的人，怎样治死他不再犯的奸淫，并且在你看来没有要治死的东西，那他治死什么？我要问，他若不是在争斗中把他不认同的欲望驱逐出去，他怎么可能遵守使徒的话，"治死淫乱"？即使这些欲望并没有停止存在，但在那些日益进步，不犯奸淫——不论在意念上还是在行为上——的人身上，欲望在日益减少。当我们在上帝的帮助下，遵行上帝的诫命，这一点就实现在上帝的殿里。圣灵的作为发扬广大，肉体的作为被治死："你们若顺从肉体活着，必要死；若靠着圣灵治死身体的恶行，必要活着。"为让他们知道他们唯有靠上帝的恩典才能做到这一点，他说："因为凡被上帝的灵引导的，都是上帝的儿

---

① 《便西拉智训》30：21。
② 《哥林多后书》4：16。
③ 参《歌罗西书》3：5。

子。"① 因此，凡是被上帝的灵引导的，要借着灵治死肉体的行为。

42. 受洗的人在自身里，即在上帝的殿里有所作为，这殿先是建立起来，然后到了末了要献给上帝。它建立是在囚禁之后，就如诗篇的题头所表明的：当掳了他们的仇敌被驱逐出去时。诗篇的顺序中有某种值得注意的东西。按编排的数字顺序，献房的诗篇先于建房的诗篇。先出现献房的诗篇，因为他是在歌唱房子，它的建筑师论到它说："你们拆毁这殿，我三日内要再建立起来。"② 后面的诗篇，房子在囚掳之后建立起来，这预告了教会。此外，它的开篇说："你们要向耶和华唱新歌，全地都要向耶和华歌唱。"③ 因此，不要只是因为经上说的一些话，就愚蠢地认为受了洗的人就已经是完人，比如经上说："因为上帝的殿是圣的，这殿就是你们"，"岂不知你们是上帝的殿，上帝的灵住在你们里头吗？"④ 在另一段里他说："因为你们是永生上帝的殿"⑤，以及诸如此类的。即便是现在，它也被称为殿，当它得以建立起来的时候，我们在地上的肢体就被治死。我们虽然如今向罪死，向上帝活着，我们里面还是有某种东西要治死，免得罪在我们必死的身上作王，使我们顺从它的私欲。⑥ 罪的充分而完全的赦免使我们不再顺从它们，然而必须抗击它们，甚至要通过贞洁者征战它们。其中之一也是淫欲，节制的夫妻正当使用它，但即使在正当使用它的时候，从恶生出的善也并非完全是无恶的，因而必须重生，以便脱离恶。上帝创造的，人生育的，就它是人而言，确实是善的；但是它并非毫无恶，因为唯有重生能使人脱离生育从最初的、巨大的罪中传染而来的恶。

43. 在你看来，以下这样的事似乎是不可思议的："受过洗的妇

---

① 《罗马书》8：13、14。
② 《约翰福音》2：19。
③ 《诗篇》95：1、2 节。(和合本见九十六篇。)
④ 《哥林多前书》3：17、16。
⑤ 《哥林多后书》6：16。(和合本里为"我们"。)
⑥ 参〈罗马书〉6：11、12。

女，她的身体是上帝的殿，在她的腹中形成一个人，这人若不从上帝得到重生，就必然伏在魔鬼的权势之下。"然而，上帝甚至在他没有居住的地方运行，这难道不是更加不可思议吗？他没有住在顺服罪的身体里，但他在娼妓的肚腹中形成一个人。他无处不在，因为他纯洁无瑕，没有任何污秽之物进入他里面。① 更为引人注目的是，他有时把一个他在不洁女子腹中形成的人收为儿子；有时却不接受他在自己儿女腹中形成的人为儿子。一个受了洗，出于我所不知道的神意，另一个突然死去，并未受洗。上帝的权能在一切事物中，他接受他在魔鬼的居所里形成的人进入基督的团契，但他不愿意让他在自己的殿中形成的人进入他的国。或者，如果他愿意，他为何不能随己意而行呢？你关于成人常说的话不适用于这里，即上帝有意愿，但婴孩没有意愿。这里，没有什么不可改变的命运，没有轻率的偶然，没有个人的尊荣，留下的除了深邃的仁爱和真理之外，还有什么？想想这两个人，一个罪借着他入了世界，另一个带走世界的罪，让我们由此在一个难以理解的问题上试着理解，这肉体淫欲所生的所有孩子，不论他们由谁出生，都该担当亚当子孙的重轭，而所有出于属灵恩典的孩子，不论他们由谁出生，不需要他们自己的功德，就获得上帝之子轻省之轭。因此，无论谁，都有他自己的条件，他在另一个人的身体——这身体是上帝的殿——里形成之后，他本人并不仅仅因为是在上帝的殿里形成的，就也成了上帝的殿。他母亲的身体是上帝的殿，这是出于恩典的礼物，不是出于本性，这份恩典不是因怀胎给予的，而是因重生才有的。因为如果在母亲肚腹里怀孕的就属于她的身体，甚至必须认为是它的一部分，那么假设临产母亲在濒危之际受了洗，仍在她腹中的婴孩出生后就不会再去受洗。但事实上，当婴孩再受洗后，没有人认为他洗了两次。当他还在母亲腹中时，他并不属于母亲

---

① 参《所罗门智训》1∶4；7∶24、25。

的身体；他在上帝的殿里被造，但他不是上帝的殿。因此，信主的母亲可能孕育不信的孩子，当他从父母出生，父母把他们自己所没有的不信传给了他，但是当他们自己刚出生时，也同样带着不信。他们传递给孩子的，虽然因为属灵的种子使他们得以重生，在他们自己身上已经不存在，但存在于属肉的种子里，他们就是通过这样的种子生育了他。

44. 虽然人的身体也在圣洗礼中得圣洁，它得圣洁是为了借着罪之赦免使他不再受制于过去的罪，也不受制于存在于他里面的淫欲。每个出生的人必然因这淫欲的罪要负责任，并且如果他没有重生，就要一直负责到死。你哪里听到过或读到过我说："人并没有借洗礼得更新，只是似乎更新了；也没有得自由，只是似乎自由了；没有得救，只是似乎得救了？"上帝禁止我把那使我在水和圣灵里得重生的洗礼之恩典称为虚空；这恩典是使我脱离一切罪的恩典，不论罪是与生俱来的，还是在邪恶生活中沾染的；这恩典是使我知道怎样避开引诱，不让我被自己的淫欲诱惑，陷入迷途，使我与信徒一同说的话得到垂听："免我们的债"①；这恩典是我盼望的恩典，将使我在永恒中得自由，我的肢体里不再有另一律与我心里的律相争②。我不会让上帝的恩典落空。你是它的敌人，似乎要寻找一种空洞的夸口，引入伊壁鸠鲁，"他说诸神的身体和血气不是真的身体和血气，只是似乎是身体和血气"③。在这个例子中，你似乎显得很博学，但其实恰恰暴露了你的愚蠢，因为从哲学家作品中引出的这个问题与我们讨论的问题毫不相干。谁说过"现世所发生的一切事都是可责备的"？——因为基督本人在地上行了这么多的善事，但只是为了救我们脱离这现存的邪恶世代。

---

① 《马太福音》6：12。
② 参《罗马书》7：23。
③ 西塞罗，*De natura deorum* 3.

第十五章

45. 我注意到你在引用使徒的证言时是多么小心，多么适合："我们得救是在乎盼望"，如此等等，一直到"我们的身体得赎"①。你说："复活不会带走任何罪，只是对个人功过的报应。"你接着说："上帝要按各人自己的作为报应各人"，但你没有说他对婴孩会凭什么样自己的作为把他的国赐给他们。事实上，在上帝的国里没有任何罪要赦免，但是如果在那最后的审判中，没有任何东西要赦免，那我想我们的主就不会说到某种罪："今世、来世总不得赦免"②；那盗贼说："你得国降临的时候，求你记念我"③，可以肯定，他盼望自己的罪能得赦免。我们不会在这个问题上作出草率的判断，因为它深奥无比。但是我们可以问，上帝为何不赦免他国里他孩子的罪——除非因为他发现没有任何要赦免的东西？如果圣灵不再征战肉体，因为肉体也不征战圣灵，更不要说没有对肉体淫欲的认同，那就不可能再有罪。肉体将成为完全的，有无以言表的健康，即使是洗礼，虽然确实能赦免一切罪，此时却也没有什么果效了。因为肉欲的恶在洗礼后仍然留存，已婚者在与这些恶相争的荣耀战斗中一点点进步，自制者参与的战斗更加荣耀，如你本人所承认的④。我不知道是什么样的不幸使你在为真理辩护的时候却不听从自己的话。

46. 你在描述复活的极乐时，说："再也没有义人损害自己的身体，使它受奴役；再也不会有人以他卑污的肢体在硬床上降卑他的灵魂。"那么，在洗礼中洗去了所有恶的人为何还要做这样的事？他为何敢损害

---

① 《罗马书》8：24、23。
② 《马太福音》12：32。
③ 《路加福音》23：42。
④ 见上文第三卷第二十一章42节。

上帝的殿？他求上帝临在，求他怜悯，求他平息怒气时，为何不是用甜美的香气，而是用他殿里的卑污？他是否根本没有鞭挞、驯服、征服并压制上帝殿里的恶，甚至对上帝殿里的伤痕和卑污也没有这样做？你难道不明白，难道没有认识到，当他如此猛烈地逼迫自己的身体时，如果他不是在逼迫某种使上帝不悦的东西，他就是徒劳无益地逼迫上帝的殿，大大伤害上帝？你为何犹豫不决，为何不果断地公开承认这一点？他提到人的伤痕和污秽，他在自己肉体里逼迫的东西就是使徒所说的："我也知道在我里头，就是我肉体之中，没有良善。"① 你为何否认这是一个受了洗的人的声音，其实你已经在身体的伤痕和肢体的污秽中认出这种声音所表明的事。这些不是圣徒在上帝或者仇敌的鞭打下耐心忍受的事；他们是出于自制为自己甘愿忍受这些事。这不就是源于与肉体相争的圣灵，不就是你所意识到的事物吗？当你讨论将来生活的幸福时，你说："没有人面对指责还镇定自若，没有人会把自己的脸转给人打，没有人愿把后背给人抽鞭子。没有人力争从软弱得力量，或者将节俭与贫困结合，将宽厚与悲悯结合。"为何你不愿意说："或者将贞洁与肉体的淫欲结合"，而是急忙地总结："忍耐不会与忧愁同悲？"你只提到源于外面，必然与勇气一同产生的东西，不是从里面骚扰我们，必然以贞洁加以克服的东西。你或者认为我们反应迟钝，因为我们没有明白你谈到身体的伤痕和肢体的努力和卑污时所提到的某物？当这种折磨不是来自仇敌，而是勇敢者自我折磨，那么他里面就有一个仇敌是他必须战胜的。

47. 你肯定想起你没有解释为什么使徒已经在重生的水里收为嗣子了，还"等候得着儿子的名分"②？你又说："没有人恨恶自己的肉体。"谁否认这一点？你又断言肉体必须受制于严厉的戒律。你又说对

---

① 《罗马书》7：18。

② 《罗马书》8：23。

285

了，但对自己的教训充耳不闻。如果信徒经洗礼后就没有任何东西与圣灵争战了，那他为何要治死肉体？我要问，如果上帝的殿里没有任何抵抗上帝圣灵的东西，那这上帝的殿为何要治死自己？另一方面，这样的东西不会只存在于那里，还会以极其有害的方式存在，如果它借以捆绑他的罪不曾借着罪之赦免而得以解除的话。既然它以有害的方式捆绑，那么通过宽恕它就得以解除。要借自制将它治死，免得它在战争中得胜；必须阻止它害人，直到它完全被剔除，不再存在。因此，所有罪，包括那些因出生而遗传的罪和那些后来有意或无意添加的罪，都在洗礼中得赦免。使徒雅各说："各人被试探，乃是被自己的私欲牵引、诱惑的。私欲既怀了胎，就生出罪来。"① 这话将被生的事物与生育的事物区分开来。生育的事物是淫欲，被生的事物是罪。但淫欲若不怀胎，就不会生育；它若不引诱就不会怀胎，也就是它必然要获得认同作恶的意愿。因此，人对淫欲的战斗在于阻止它怀胎，生出罪来。如果当一切罪，也就是整窝淫欲在洗礼中赦免了，淫欲就消灭了，那按你的话，圣徒为何还要"在身体的伤痕和肢体的卑污中，为治死肉体"，为阻止它怀胎而战斗？我说，如果淫欲本身被洗礼带走了，那圣徒们为何还要与上帝之殿的伤痕、卑污、羞辱作斗争？所以淫欲本身仍然留存，我们并没有在重生的洗礼中失去它，只要我们没有在洗礼中丧失感知觉，感知觉使我们知道它还存在。

48. 一个人怎么会如此无耻、鲁莽，如此顽固、执拗，如此说不通，最后还如此愚蠢、疯狂，以至于承认罪是恶，却否认对罪的欲望是恶，甚至当争战它的圣灵不允许它怀胎、生出罪来时，仍否认它是恶？若不是因洗礼使一切罪得赦免，从而也解开这种恶的捆绑，这样的一种恶，难道不必然存在于这样盲目的人中，并仅仅因为它存在于他里面，必然将他带到最终的死？因此，从第一亚当延伸出来的锁链只能在第二

---

① 《雅各书》1：14、15。

亚当里面剪断。我说，由于这些死之锁链，婴孩是死的，不是大家熟知的将灵魂与身体分离的死，而是将众人捆绑的死——基督就为这样的众人死的。正如使徒所说，我们也常常复述的："一人既替众人死，众人就都死了；并且他替众人死，是叫那些活着的人不再为自己活，乃为替他们死而复活的主活。"① 活着的人是那些永活的主替他们死了，好叫他们存活的人；说得更清楚一点，他们脱离了死的锁链，因为在死人中唯一自由的那位替他们死了。② 或者再清楚一点：他们已经脱离了罪，因为从未有罪的那位为他们死了。他虽然死了一次，但他为当时的每个人死了，只要各人，不论年龄大小，受洗归入他的死；也就是说，他这毫无罪的，他的死使当时凡是受洗归入他的死的人得益，叫在罪里死了的人也将向罪而死。

第十六章

49. 你坚持引用使徒的证言，从"不要犯错，无论是淫乱的、拜偶像的"，如此等等，到结论"都不能承受上帝的国"。③ 但行这些事的人是那些认同你所赞美的淫欲之行为，犯各种恶和败坏行为的人。当他说："你们中间也有人从前是这样，但如今……已经洗净、成圣了"④，他还说他们已经变好了；不是没有了淫欲——这种情形在此生不可能实现，而是不再顺服淫欲，这在良善生活中是可以看到的。因此他们会知道他们已经脱离了它的捆绑，这只能借着重生才能实现。你非常错误地认为："如果淫欲是一种恶，那受了洗的人就会失去它。"受了洗的人失去的是各种罪，但不是各种恶，更清楚一点说，他失去的是一切恶的

---

① 《哥林多后书》5：14、15。
② 参《诗篇》87：6。（和合本找不到相应经文。）
③ 《哥林多前书》6：9、10。（参和合本"不要自欺"。）
④ 《哥林多前书》，6：11。

罪责，但不是一切恶。他有否失去身体上的淫欲？这不是压在灵魂上的一种恶吗？所以犯了错的人才说："必朽的身体是灵魂的负荷。"[1] 他有否失去使人愚蠢地作出数不胜数恶事的无知之恶？不领会属于上帝圣灵的事物，这难道是一个小恶吗？使徒论到受了洗的人[2]："属血气的人不领会上帝圣灵的事，反倒以为愚拙，并且不能知道，因为这些事惟有属灵的人才能看透。"稍后，他说："弟兄们，我从前对你们说话，不能把你们当作属灵的，只得把你们当作属肉体的，在基督里为婴孩的。我是用奶喂你们，没有用饭喂你们。那时你们不能吃，就是如今还是不能。你们仍是属肉体的，因为在你们中间有嫉妒、纷争，这岂不是属乎肉体，照着世人的样子行吗？"看看，他列了哪些从无知这个恶生发出来的恶；而且我想他不是在对初信者说话。如果他的听众不是早已得了重生，他们怎么会是基督里的婴孩呢？如果你仍然不相信，那请注意他稍后对他们所说的话："岂不知你们是上帝的殿，上帝的灵住在你们里头吗？"你还怀疑或者否认唯有受洗者因为有上帝的灵住在他们里头，所以才可能成为上帝的殿？至少想一想他对他们所说的："你们是奉保罗的名受了洗吗？"因此他们没有在重生的水洗中失去无知这种大恶，尽管毫无疑问甩掉了所有的罪。由于这无知之恶，上帝圣灵的事在上帝的殿是愚拙的，尽管上帝的灵住在这殿里。然而，如果他们日益取得进步，并且继续行在他们已经到达的路上，那么在正当教理的帮助下，恶将会越来越少。那么，我们是否应相信在此生它不只是减少，甚至可以消除？然而洗礼之后——或者我们该说在洗礼之中——是否有人怀疑淫欲可以在此生减少，但不能彻底消除？

50. 这些恶以前的一切罪责，都在圣泉里洗净了；它们在重生中赦免了，在那些日益进步的人中减少了。无知在日益增加光亮的真理中减

---

[1] 《所罗门智训》9：15。
[2] 《哥林多前书》2：14、15；3：1、2、16；1：13。

少,淫欲在不断炽烈的仁爱中减少。这两者的良善都不出于我们,因为"我们所领受的,并不是世上的灵,乃是从上帝来的灵,叫我们能知道上帝开恩赐给我们的事"①。淫欲比无知更坏,因为无知而没有淫欲的犯罪是小罪,而并非无知的淫欲则使罪更加严重。此外,对恶无知并不总是恶,但欲求恶始终是恶的。对某种善无知有时是有益的,可以在适当的时机学习它,但肉体的淫欲永不可能欲求人的良善,因为即使是孩子本身也不是身体情欲所欲求的,而是灵魂的意图所欲求的,尽管没有身体的情欲不能种下孩子。事实上,我们关心使肉体争战圣灵的淫欲,不是关心使圣灵争战肉体的善欲②,这种善欲是自制所渴求的,借着它才能战胜淫欲。没有人靠这种肉体的淫欲追求属人的善,除非肉体的享乐就是人的善。狄诺马库学派③将道德的正当与感觉的快乐结合起来,如果你喜欢这个学派,如你在某处所表明的,那么善就是人性和兽性的混合体,公认较为合理的世俗哲学家也称之为"锡拉一样的"(Scylla-like)④东西;如果你喜欢这种怪物,承认一种快乐是合法的,另一种是不合法的,那我们将对此表示满意。对两者不加区分地追求的淫欲是恶,除非合法的快乐限制它追求非法的快乐。这恶在洗礼中并没有被抛弃,但是受了洗的,已经脱离它的束缚,借着重生的恩典,能有益健康地克制它,免得它把他们引向不法行为。到了复活的时候,它完全不存在于永生而不忧愁的身体里,这是对那些一心一意地征战它的人的回报,他们的疾病得到治愈,穿上了有福的不朽。它不会存在于那些没有复活的人里面,倒不是为了他们的幸福,而是作为刑罚不存在。这不是因为各人都将洁净它,而是因为到了那时,它的活动转了方向,不再趋向快乐,只是面对痛苦。

---

① 《哥林多前书》2:12。
② 参《加拉太书》5:17。
③ 参见本书第四卷十四章76节。
④ 锡拉是希腊神话中用美妙歌声引诱并吞吃水手的女海妖。——中译者注

第十七章

51. 我们来考察你反驳我的话时有怎样非同寻常的敏锐："肉体的淫欲在洗礼中被抛弃了，结果不是不存在，而是罪不归咎于它。但是尽管它的罪责已经除去，淫欲却仍然留存。"① 最机敏的人，你驳斥我的话时，似乎我是说洗礼使淫欲本身脱离罪责，因为我说过："当它的罪已经除去"，似乎"它的"意指一种罪责，使淫欲成为有罪的；我还说当这样的罪责除去之后，淫欲也会被宽恕。② 如果那真是我的想法，我肯定不会说它是恶的，而会说它原本是恶的。因此，根据你非凡的理解能力，当你听到某人被免除了杀人的罪责，你必定认为不是宣布这人没有罪，而是宣布杀人本身不是罪。除了那不齿于赞美自己被迫去征战的对象的人，谁还会这样理解？而且，你怎么能夸口并炫耀驳倒了一个显然是你的，而不是我的话？你指出应该怎样反驳那些认为肉体的淫欲借着洗礼得以圣化的人，相信人在重生之后淫欲仍然留他们里面。然而，你宣称淫欲是善的，对你来说，用你论到婴孩的话来论说它更为恰当："成圣的善是添加在它本性之善上的，肉体的淫欲是上帝的圣洁女儿。"但我们声称它是恶的；然而，它仍然留存于受了洗的人里面，尽管它的罪责——这罪责不是使它本身成为有罪的，因为它不是人，没有人格，而是它借这罪责使人通过出生的方式成为有罪的——得了赦免，落了空。上帝禁止我们断言那样的东西成了圣洁的，那些已经重生并且不会徒劳地领受上帝恩典的人必然与它争战，就像在内战中与仇敌争战一样，他们必然渴望脱离这种瘟疫，盼望得到医治。

52. 如果你之所以说没有任何恶残留在那些受了洗的人里面，是

---

① *De nuptiis* 1. 28.
② 这一章更加清楚地表明朱利安所说的真实困难究竟是什么，奥古斯丁在第二卷匆匆提及这一点，参 p. 66。

为了避免得出这样的结论——恶也受了洗，成了圣——那请想想这样的推论是何等荒谬。如果我们必须认为，只要人受了洗，他里面的任何东西就都受了洗，成了圣的，那么你必须得说，通过肠胃和膀胱的消化而排泄出去的污物也受了洗，成了圣。如果情势所迫，一个孕妇接受了洗礼，那么你必须得说，人还在母腹时就受了洗，成了圣；因而他出生之后不再需要受洗了。最后，你必须得说，如果病人受了洗，那么甚至发烧也受了洗，这样魔鬼的作为也受了洗，成了圣，就如同——比如——说，被撒旦捆绑在疾病里十八年的那个妇人①在她治愈之前早就受了洗。关于灵魂本身的恶我要怎样说？想一想，把上帝圣灵的事视为愚拙，这是多大的恶；然而，对这样的人，使徒用奶喂，不是用饭喂。你是否要说那种愚拙里的大恶受了洗，成了圣，因为它没有被洗礼消除？同样，淫欲作为某种必须争斗和医治的东西留存下来，即使洗礼里所有罪都完全赦免了，这淫欲不仅没有成圣，而且必然落空，免得它使成圣者走向永死。如果那些以奶喂不是用饭喂的人——因为是属血气的，他们固守自己的愚蠢，不明白上帝圣灵的事——在那个时候，就是作为新人被称为基督里的小孩子的时候，就已经在心灵上死了，不是肉体上死了，那么他们就不会因这愚蠢受任何罪的捆绑。因为他们在重生后，就如重生前一样，借着死或者灵性上的进步必然脱去所有的恶，重生所赐予的恩惠毫不犹豫地赦免了罪，除去了这些恶的罪责，但并非如同治愈所有疾病一样。这罪责必然捆绑那些按肉体出生的人，它只赦免那按圣灵重生的人。借着上帝与人之间的那位中保，人类脱离了死，它被定死罪原本是最公正不过的；这死不只是身体的死，也是一人（基督）替其死了的那些人的死。因为他既替众人死了，众人也就都死了。

---

① 参《路加福音》13：11。

第十八章

53. 因为我提到性质，说："淫欲不是以一个实体，一类形体或灵的方式存在；它是一种属性，一个恶的性质，就像疾病一样。"① 于是你兴高采烈地谈到性质的区分，但你没有看到你的叙述与主题无关。首先你说我改变了主意，忘掉了我论断过情欲是一实体的整卷书。如果你真诚而仔细地分析我的书，就会发现我甚至一次也没有说过情欲是实体。有些哲学家确实论断它是灵魂里有过犯的一部分——可以肯定，既然灵魂本身是一实体，那它的一部分也是实体——但我说情欲是过犯本身，使灵魂或者灵魂的某一部分以这种特定的方式成为有过犯的，所以，当每一种过犯都治好了，整个实体就是健康正常的。我想当那些哲学家把灵魂里有过犯的部分称为情欲——被称为情欲的过犯本身存在于灵魂中——他们是在使用一种比喻说法，就如用房子这个词来表示一个家。

54. 你胡乱使用过于尖锐的辩证法武器，傲慢地想要惊吓我们，却拿这矛给了自己人致命的一击。你在划分、界定并描述性质的不同时说，除了其他事物："第三类性质包括情感（affection）和情感方面的性质。"你接着说："情感归入性质的范畴，因为它是性质的一个原则。灵魂或身体短暂、转瞬即逝的情欲和反应也归于这里。另一方面"，你说："情感方面的性质源于更加强有力的原因，牢固地存在于事物之中，可以看到，唯有借强大的反力才能将它剥离，或者根本无法使它分离。"你的解释对那些有能力的人来说是适合的，但是由于我们读者中有些人并不熟悉这个问题，我们不能忽视他们，所以我将用例子说明我认为缺乏的东西。对灵魂来说，惊恐是一种情感，胆怯是情感上的性

---

① *De nuptiis* 1. 28.

质。一阵忿怒不同于粗鲁；迷醉不同于慢性酒精中毒。后者是情感上的属性，前者是情感。就身体来说，我们可以说苍白、暗淡、通红、红润，以及其他我们没有熟悉的名称对应的东西。既然你说"情感上的性质产生于更加强有力的原因，牢固地存在，甚至唯有借强大的反力才能将它与事物分离，或者根本无法使它分离"，那么当我们说一个人按情感的性质来说是恶的，难道你不怕善可能根本不能存在于那里，或者不可能有任何果效？你难道不承认那个不幸的人，不论他是谁，或者曾是谁，或者将是谁，肯定会叫喊着反对这样的性质，说"立志为善由得我，只是行出来由不得我"？这里，至少你要承认以下话里的哀叹是必然的："谁能救我脱离这取死的身体呢？感谢上帝，靠着我们的主耶稣基督就能脱离了。"①

55. 不论你的辩证法工具在对付无经验的读者时显得多么伟大，你都会在明显的真理下原形毕露。我说使肉体征战圣灵的过犯是人与生俱来的，源于他那被损坏的源头，是一种坏的健康状况。我说节制的夫妻为了生育的目的使用这种恶，那是正当使用它；然而，在对恶的正当使用中，我们不是赞美恶本身，而是赞美使用它的人。这恶不是清白，但使用者是清白的，虽然他引来了恶，但他对自己的恶正当使用，这恶没有伤害他，正如死是对罪人的折磨，但正当使用恶可能成为殉道者的功德。因此，基督教洗礼从那些原本使我们有罪的恶赐给我们完全的新生和完全的健康，但不是从我们仍然必须征战的恶，免得我们成为有罪的。这些恶也在我们里面，它们不是别人的，就是我们自己的。洗礼后，我们看到人们抵制醉酒的习惯，这肯定是他们自己养成的恶习，不是从出生传染来的。他们抵制它，免得它引诱他们走上恶习之道，当他们通过自制拒绝将习惯上欲求的东西变成淫欲，他们就抵制了恶。同样，生殖肢体的淫欲是借着原罪天生就在我们里面的，为反对这种淫

---

① 《罗马书》7：18、24、25。

欲，寡妇要比童女斗争得更加激烈，娼妓若想成为贞洁的，就要比一直守节的女子更激烈地争战。习性给予淫欲的力量越大，意志想要克服它需付出的努力也越大。人从人的这种恶出生，并与之一同出生；这恶本身极大，又有强大的职责定人的罪，使人脱离上帝的国，即便它是从得了重生的父母遗传来的，也只能靠重生把它消灭，就如在他们里面那样，死之王也只有靠那一种药方才能赶出去，就是把这恶从父母身上赶出去所依靠的药方。恶的性质从这个实体到那个实体，并不是从一个处所到另一处所的位移，离开原来的处所，原本在这里的性质现在到了那里；而是通过某种传染，产生出同一类别的另一性质，就如父母有病的身体常常会影响孩子的身体。

56. 你说："关闭亚里士多德的体育馆，转向圣经"，又说："淫欲是一种感觉，不是一种恶的性质，因此当淫欲减少之后，感知觉也减少了。"你这些话是什么意思？肉体的淫欲难道不是因欲求贞洁和自制而日益减少？人若觉得通奸越来越不具有诱惑力，你难道不承认他已治好了通奸之病？即使他只下了一个决心就与它的作为绝交了，自从他领受重生的洗礼之日起就再也不犯此病。同样，一个原本有醉酒习性的人受了洗，此后再也不过分饮酒，难道你不同意这样的人在日益治愈那种疾病，因为他比以前更少地想念喝酒？感觉不是淫欲，感觉只是使我们知道我们有或大或小的淫欲。这就如身体的病痛，痛不是感觉，感觉是使我们感受到痛。感觉也不是疾病，而是使我们感受到我们有病。如果断然拒绝通奸、醉酒，克制这些行为的人立即成为良善的，并且借某种好的性质成为好的，那他不应聆听"你已经痊愈了，不要再犯罪"① 的话吗？不配被称为贞洁和清醒的吗？如果后来他在好的欲望刺激之下——他借此争战对通奸和醉酒的邪恶欲望——成了这样的人，不再是刚皈依时的样子，也就是说更少地感到

---

① 《约翰福音》5：14。

对罪的欲求，于是他不再像先前那样发动对那些恶的争战——不是因为美德减少了，而是因为仇敌变少了；不是缺乏战斗，而是胜利越来越多——那你会不愿意宣称他变得更良善了吗？我问你，若不是善的性质增加了，恶的性质减少了，那又是什么原因？这是他洗礼之后成就的；在洗礼中他并没有完全成就。完全赦免罪是在洗礼中成就的，但洗礼后仍有为改善而战的仗要打，为反对我们自身里面诸多扰人的欲望，需要始终警戒，随时预备争战。因为这个原因，对受了洗了的人也要说："要治死你们在地上的肢体"，"你们……若靠着圣灵治死身体的恶行，必要活着"，"脱去旧人"。① 这些事是与真理完全相符的，丝毫没有责备洗礼的意思。

57. 如果你不希望争吵，我想你现在能明白，我们对你试图用另外方式解释的东西理解得多么正确。当先知说："他赦免你的一切罪孽"——这是通过赦免所有罪而成就的事——他随即又说："他医治你的一切疾病"②，他的意思是叫我们明白恶是什么，圣徒们永远不会停止对它们的内战，直到这些恶得到医治，或者尽可能在今生日益减少。即使当贞洁这种美德毫不动摇地确立，也不会没有任何疾病使肉体与圣灵相争。如果没有任何疾病，圣灵就不会与它相争，因为他既然不可能不经过斗争就能获得健康，那他为了获得健康，至少要努力不认同它。我们在谈论的是我们感受到在我们里面抵制我们的东西；如果它是一种外来的本性，我们必须摆脱它；如果是我们自己的东西，就必须医治它。如果我们说它是外来的本性，必须摆脱它，那我们就与摩尼教徒无异。所以我们要承认它是我们自己的本性，必须医治的本性，由此我们就同时排除了摩尼教徒和佩拉纠主义者的嫌疑。

---

① 《歌罗西书》3：5；《罗马书》8：13；《歌罗西书》3：9。
② 《诗篇》102：3。（参和合本一百零三篇3节。）

第十九章

58. "魔鬼加在人类身上的伤迫使凡是通过它出生的,都要伏在魔鬼的权势之下,就好比他任意从自己的枝子上采摘果子。"① 你从我书上引了这段话来驳斥;你强词夺理地主张我的意思是说:"魔鬼是人性的创造者,是构成人的实体的制造者",似乎你可以把身体里的一个伤称为实体。你之所以认为我说魔鬼是实体的创造者,原因可能是我在比喻里使用了"枝子"这个词,枝子无疑是一个实体。你为何假装如此无知,甚至不知道实体性的事物可以用来比喻非实体的事物?你或许想用你的辩证法诽谤我们主的话:"凡好树都结好果子,惟独坏树结坏果子。"② 除了那不知道自己在说什么的人,谁会说坏就是好,或者好的作为和坏的作为——就是我们的主通过好树坏树所结果子的比喻希望我们明白的——是实体?如果知道自己在说什么,谁会否认树林和它们的果子是实体?因此我们知道是实体的事物可以用来比喻不是实体的事物。如果我们认为好树坏树,不是指人的好坏,而是指拥有这些性质——即好人里面的好,坏人里面的坏——的主体,也就是人自己,这样,实体本身、人本身被认为是树,那么必然可以推出,唯有毫无经验的人才会说他们的果子(不是别的,就是他们的作为)是实体,但是除了没有经验的人,谁也不会否认所有树的果子——就是比喻所用的喻体——是实体。因此,用实体比喻非实体的事物是恰当的。这样,我用实体来比喻魔鬼加给人的过犯,就像加给人类的一个伤口,也是恰当的,尽管过犯绝不是实体,我用这样的比喻就可以称之为枝子,也可以谈论它的果子,也就是那些过犯,人生而有这些过犯——尽管你否认,但真理表明

---

① *De nuptiis* 1. 28.
② 《马太福音》7:17。

如此；他们若不借着使人得自由的真理获得重生，就会因此而永远地从上帝的国剪除。

59. 我说过魔鬼是实体的败坏者，不是创造者。他通过强加的东西，使那不是他所造的事物受制于他，公义的上帝赋予他这种权柄。他不可能使自己或者受制于他的事物脱离上帝的大能，因为之所以设立第二次出生，原因在于第一次出生被定了罪。然而，即使在这被定罪的出生里，上帝的圣善也明明白白显示出来，所以从受了诅咒的种子形成了理性的本性，并且非常显然，通过这种最慷慨的圣善，一大群恶人得到滋养，上帝隐秘的作为还使他们成长。如果没有上帝的这种圣善作为形成生命、关爱种子、促进生命生长，那么不仅不会有生育发生，就是已经被生的事物也会完全归于虚无。唯有愚蠢的不敬者才会因以下的事实指责上帝，即因败坏的意志而该死的人仍然活着，因为赋予万物生命的上帝赐给他们生命。既然如此，我们为何认为这是与他的作为格格不入的呢？他是万物的造主，因败坏的源头而该死的人靠他的创造权能出生，当他们借着中保得以重生之后，就被举起，脱离这应得的定罪，这也是出于那不是他们应得的，而是白白给予的仁爱——这是他在这世界建立之前因着拣选的恩典，不是因着过去、现在或将来的事工给予那些被拣选者的。若不这样，恩典就不是恩典了。① 这在婴孩的例子中最为明显，因为我们不可能谈论过去的作为，那时他们还未存在；我们也不能谈论现在的作为，因为婴孩还无所作为；如果他们在婴孩时期就夭折了，那也没有将来的作为。

60. 我肯定说过："正如过犯在它们的行为中已经终止，但仍留在它们的罪中；反之亦然，淫欲可能仍留在它的行为中，但在它罪中已经终止。"② 你说这是错的，但真理证明它是对的。由于你不能驳倒它，

---

① 参《罗马书》11：6。
② *De nuptiis* 1. 28. 30.

你就试图通过辩证法为没有经验的人制造混乱，说你不知道我能在什么样的逻辑体系中找到一切相反者都可转换的逻辑。如果我力图解释你的话，尤其是为那些对辩证法一无所知的人，那我可能需要整卷书的篇幅。但是目前只要引用你说的"任何逻辑体系里都找不到一切相反者都可转化的逻辑"就足够了，因为这里你表明，虽然并非所有相反者都可转化，但有些可以转化，因此，就在这有些当中我找到这些。如果你说任何相反者都不可能转化，从而表明我所说的相反者也不可能转化，因为没有相反者是可转化的，那我就得证明有些相反者是可以转化的，而我所说的那些相反者就属于这个范围；也就是说，是否正如过犯仍然留在它们的罪中，尽管在它们的行为中已经终止；同样，淫欲可以仍然留在它的行为中，尽管在它的罪中已经终止。你想要否认这一点，但你说了某种我并没有说过的东西。我谈到淫欲存在于肢体中，与心里的律相争①，即使它的罪因对所有过犯的赦免已经终止；正如献给偶像的祭如果以后不再重复，那在行为中终止了，但仍留在它的罪中，除非得到宽恕赦免。祭偶像具有这样的性质，行为结束之后，它本身终止了；但尽管该行为终止了，它的罪却一直留存，必须得到宽恕赦免。然而，肉体的淫欲是这样的，它留在人里面，人凭着自制与它争战，尽管它的罪，即从生育传染的罪，已经因重生而完全终止了。它留存在它的行为中，不是通过牵引、诱惑心灵，取得心灵的认同，怀胎并生出罪，而是通过激发心灵必须加以抵制的恶欲。因为这种欲望的激发本身就是淫欲的行为，即使因为没有心灵的认同，因而没有产生结果。除了这种行为，即除了这种刺激，人里面还有另一种恶，从那里产生这种我们称为欲望的刺激。并非总是有欲望出现才需要我们争战；如果没有什么事物成为无声的心灵或者身体的感官所欲求的，那就没有欲望。但一种恶的性质，虽然没有被任何诱惑物激起，可能仍然存在于我们里面，就如

---

① 参《罗马书》7∶23。

一个胆怯的人即使没有受到惊吓,胆怯也存在于他里面。纵然欲求的时机出现,但没有恶欲被激起,甚至没有反对我们意愿的东西,那我们就拥有完全的健康。所以,即使人是由贞洁的夫妻通过善意使用淫欲之恶而出生的,这过犯不能有别的结果,只能使他陷入罪里;虽然这恶留存,但借着上帝的恩典,即使我们脱离一切恶的恩典,罪被剔除了。因为主不仅赦免了我们所有的罪孽,而且医治了我们所有的疾病。回想我们的救主本身是怎样回答那些叫他离开耶路撒冷的人的:"看哪,今天、明天我赶鬼治病,第三天我的事就成全的。"① 读读福音书,看看他后来受了怎样的苦,然后复活了。那么他会说谎吗?断然不会。他表明了与我们的问题相关的某些事。赶鬼表示赦免罪;治好病表明洗礼后取得进步;第三天就是成全,他在自己不死的肉体里也向我们表明了这一点,也就是不朽喜乐的福祉。

61. 你提到渎神的祭作为一个例子说明你的意思,说:"凡是归入这个条目的,都可以仅用一个例子就解释清楚。如果人曾经向偶像献祭,就可以指控他的行为是不敬的,直到他得到宽恕,行为终止之后这罪仍然留存。"你接着说:"不可能发生这种行为还在而罪离开的情形,不然他可以继续献祭,却没有不敬的罪。"关于祭献偶像你说得完全正确。这是一种行为,在做的时候充分完成了,如果它再次出现,那是另一件事。但是使这些事做出来的不敬则始终存在,直到他弃绝偶像,相信上帝为止。祭献偶像是过去的事实,不是一种持续的过犯;但使人作出献偶像行为的不敬类似于使人犯通奸的淫欲。然而,要消除把不敬当作敬虔的错误,谁会觉得祭献偶像很快乐,或者感到要这样做的欲望?你的例子并非真的具有可比性;做完就终止的祭献绝不类似于持续存在的淫欲,后者通过不停刺激贞洁必须加以抵制的非法欲望,仍然力图干扰那个曾经因认同而习惯性地犯了罪,但已经不再犯的人;他现在不再

---

① 参《路加福音》13:32。

犯了，而是牢固地坚守信念，知道这些事不可成全。知识不能终止淫欲，使它不再存在；必须用自制克制它，使它不能实现自己的目标。祭献不再出现在它的行为中，因为行为已经终止；它不出现在意志中，因为使它这样做的错误已经除去；但是它的罪仍然留存，直到在重生的水里借着众罪的赦免被解除了。反过来，虽然恶欲的罪已经在洗礼中被解除了，但淫欲本身始终存在，直到用药物治好它，恢复健康，这药就是那赶走鬼魔、完全恢复健康的主。

62. 你自己也承认，过去所犯的罪若不是在圣泉里洗净了，其罪责（guilt）就要留存至今。这罪责是什么，它留在人的哪里？此人如今已经革新，行为端正，但还没有被赦免众罪，未得释放。这罪责是一个主体，也就是像灵魂和身体一样的实体吗？或者它是在主体里面，如发烧和伤口在身体里，贪婪和错误在灵魂里那样？你会说它是在实体里，因为你不会把罪责称为实体。那在怎样的主体里呢？为何不引用你自己的回答呢？你说："当它的行为终止了，它的罪责留存在对过犯的意识中，直到得了赦免。"那么它是在这样一个主体中——他记得自己的过犯，被一丝良知折磨，直到罪赦免了才能释然——罪责就在他的灵魂里。如果他忘掉自己的过犯，不受良心折磨，那这罪责会在哪里呢？因为你承认当罪行终止之后，这罪责仍然存在，直到被赦免为止。它不在身体里，因为它不是身体特有的偶性之一；它不在灵魂里，因为它已经被遗忘了。然而它存在着，那么它在哪里呢？这个人现在过着良善生活，不犯任何罪；你不能说留存至今的罪责是对被记住的罪行的自责，而不是对那些被遗忘的罪行的自责；无论如何它总是存在，直到得了赦免。那么它除了在上帝以某种方式写在天使心里的隐秘律法里，还能在哪里？这样，除了中保的血赎回的，没有哪种恶能不受惩罚。借着他十字架的记号，洗礼的水是圣洁的，叫他们洗去写在天使的知识里，如同写在一个合同上的罪责，根据这种罪责，罪应受惩罚。凡是按着肉身出生，从肉中之肉来的，都受制于这个合同，唯有借着主的血才能脱离合同中的债务，他诚然也是在肉身里并从肉身出生的，但不是属肉的，而是属灵的，因为他是由圣灵和童女马利亚生育的。他出于圣灵，所以他里面没有罪身；他出于童女马利亚，所以他里面有罪身的形状。因此他不受制于那个合同，并且他使受制于它的臣民脱离了它。如果在一人里面，他的高级权能事奉低级权能，或者他的低级权能叛逆地抵制高级权能，甚至高级权能无法占据主导，那就不会没有罪孽。如果人是从某个外在的仇敌，从另一个人遭受这种罪孽，那它不会存在于他里面，它也在他外面受到惩罚。但是由于它就在他里面，所以或者他将与它一同受罚，或者，如果他已经脱离了它的罪责，但它仍然争战圣灵——那么其结果并不是：它要把他这不再有罪责的人死后送去地狱受折磨，或者使他远离上帝的国，或者让他遭受什么诅咒；另一方面，其结果也不是像剥离一个外在本性一样将它分离，使我们完全失去它；其结果是：它既然是我们本性中的一种疾病，那就在我们里面将它治愈。

第二十章

63. 因为这种过犯，如我在你要抨击的书里所写的："人性是可咒诅的，又因为这个使人被定罪的原因，人性也服从可恶的魔鬼，魔鬼本身也是一个不洁的灵。因为他是灵，所以他是善的，但因为他不洁，所以是恶的。他本性上是个灵，但由于过犯，成了不洁的；这两者中，一者源于上帝，一者源于他自己。因此，人，包括成人和婴孩，都受他捆绑，不是因为他们是人，而是因为他们不洁。"① 你反对从我书上引来的这段话，说："关于魔鬼的惯用表述也适用于恶人，这样，除了由于自愿所犯的罪，没有人被定罪，因而不可能有出生而来的任何罪。否则"，你说："我们不可能赞同上帝的作为，他甚至造魔鬼为善。"你没

---

① *De nuptiis* 1. 25. 16.

有注意到上帝不是从另一个魔鬼创造魔鬼,也不是从另一个天使创造的,天使虽然是善的,但他肢体里有那与他心里的律相争的律。如果魔鬼像人一样生儿育女,而我们却否认他们顺服于父母的罪,那么这个论证可能对你有帮助。然而,事实上,这不同于谈论从起初就是个杀人者的魔鬼,他在人被造之初就通过诱导女人杀死了男人,因为这人出于自由选择没有立在真道上①,他跌倒,就推人与他一同倒下;换言之,这不同于经上说的"罪从一人入了世界,死又是从罪来的,于是死就临到众人,因为众人都犯了罪"②。这段话清楚地教导了众人共有的原罪,那是在各人自己的罪之外的。

64. "无论谁,如果惊奇于上帝的造物怎么会受制于魔鬼,那他不必惊奇,因为这是上帝的造物受制于上帝的造物,是小的顺服于大的。"③ 当你引用我的这段话时,你为何不加上我下面的话,表明我说的"小的顺服于大的"意思是指人服从天使——除非你在误解中看到有机会引入亚里士多德的某些范畴,使无经验的人混乱,这些人由于无知,会把你的含糊当成是明白。你的异端邪说已经虚弱到了这一步,你的跟随者悲叹在教会里找不到逍遥学派和斯多亚学派的辩证法官,他们会宣告你无罪,如你所说的。你说"大的和小的属于有限数量这一类",你这话是什么意思,有什么目的?你说:"不仅相反的谓项在数量上是不相容的——这是它与质量以及其他范畴共同的一种属性;而且它没有相反者——根据定义,这是数量和实体共有的一种属性。但善恶是对立面。"你如果认为你的读者或听者能明白这一点,那你绝不会引入它。这是否可以推出,不洁的人不应顺服于不洁的天使,只是因为数量——天使比人大——不仅不能同时有相反的谓项,而且根本没有相反者,似乎如果发现人是魔鬼的对立面,他就必然顺服于魔鬼;恶不应顺

---

① 《约翰福音》18:44。(和合本无对应章节。)
② 《罗马书》5:12。
③ *De nuptiis* 1. 26.

服于恶,只是因为看起来似乎只有善与恶是相对的,而恶与恶不是相对的?多么缺乏创造力的想法,多么缺乏判断力的结论。仆人难道不顺服于自己的主人?好的仆人顺服于好的主人,恶的仆人顺服于恶的主人,恶的仆人顺服于好的主人,好的仆人顺服于恶的主人。妻子难道不顺服于自己的丈夫?好的妻子顺服于好的丈夫,恶的妻子顺服于恶的丈夫,恶的顺服于好的,以及好的顺服于恶的。那么相反的谓项在此事或彼事上相容或不相容与使一者顺服于另一者的能力或理由有什么关系,不论它们是什么?如果你培养的是智慧,而不是愚蠢,就不会说出这些未经考虑的话,你说出这些话岂不是表明你的愚蠢。

65. 我们该怎样描述你的话?你说:"如果适当安排的事物源于上帝,而源于上帝的事物都是好的,那么顺服于魔鬼是好的,因为这是遵循上帝制定的顺序。"你接着说:"可见,反抗魔鬼必然是恶的,因为这扰乱了上帝设定的秩序。"那你可以说农夫反抗上帝,扰乱他的秩序,因为他们除去田地里的荆棘和蒺藜,那是上帝命令向罪人长出来的①。如果凡是恰当安排的,都出于上帝,都是好的,那你可以按你的推论说,待在地狱对恶人来说是一种善,因为这样就遵循了上帝设定的秩序。你为何要加上:"可见,反抗魔鬼必然是恶的,因为这扰乱了上帝设定的秩序?"你为何说这话?谁反抗魔鬼?不就是借着中保的血已经脱离了魔鬼权势的人吗?如果可能,没有仇敌比战胜仇敌要好,但是因为人性注定要受制于一个仇敌,作为对罪的公正报应,所以人必须首先从魔鬼的权势中解救出来,使他能够与魔鬼作战;然后,如果他在肉体里的生命得到延长,那他在战斗中就得到协助,使他战胜仇敌;最后,得胜者必将享福,使他可以作王,到了末了之时他必要问:"死啊,你的毁灭在哪里?"② 或者用使徒的话说:"死啊,你得胜的权势在

---

① 参《创世记》3:18。
② 《何西阿书》13:14。

哪里？你的毒钩在哪里？"①

第二十一章

66. 你费力地从某个摩尼教徒的作品里引出一些话与我的观点相比较②，尽管我不仅厌恶，在信心和言语上谴责两种本性——一种善，一种恶——的混合，他们整个虚幻的、胡言乱语的体系就是从这里引发出来的，而且我通过反对、驳斥你——他们的支持者——来反对它。当真理大声对他们叫喊说，恶只能源于善时，你支持他们并与他们一起对着真理回喊："魔鬼的作品是不允许经过上帝的作品的"；"恶的根不可能位于上帝的恩赐里"；"事物里的理性不会允许恶从善而来，不义从义而出"；"罪不会从没有罪的事物中产生"；"罪责不可能从没有罪责的事物中产生"。③ 从所有这些命题我们必须得出结论，就如摩尼教徒说的那样，恶不可能出于善，因此，我们必须说恶只能出于恶。那么你指控某人犯罪时怎么能说他是个摩尼教徒呢？既然你如此依赖于他们，简直与他们同荣辱共患难，那你怎么装作是他们的对手呢？我们在本书第一卷对这个问题做了较为详尽的讨论，在第五卷讲得较为简略，现在只要再补充几句就行了。

67. 我常常指出你的异端邪说在一般意义上对摩尼教徒有多大的帮助，这一点再次不能忽略而过。摩尼教徒叫我们注意婴孩身上恶的数目，西塞罗也在我上面从他的《共和国》中引用的话里提到这一点，他列出了那些恶中的一些，说："人被自然抛入这些困境，自然倒像是后母，不是亲生母亲。"此外他们又加上我们看到婴孩忍受的许多各种

---

① 《哥林多前书》15：55。
② 朱利安为了这里所说的目的，从一位摩尼教徒的书信里引用了很长一段话，奥古斯丁在 Opus imperfectumcontra Julianum 3. 172–187 复述了这段话。
③ 参见上文，第一卷 8 至 9 章 37—45 页。

各样的恶,诚然不是所有婴孩,但也是很多婴孩所忍受的——甚至被鬼附体。摩尼教徒总结说:"由于上帝是公义的,全能的,他在婴孩身上的形象为何遭受这样的恶?除非真的如我们所主张的,有两种本性的混合,一种是善的,一种是恶的。"大公教真理通过承认原罪来驳斥他们,人类因原罪成了鬼魔的玩物,必死者的后代注定要在劳苦和悲惨之中。如果人性借着自由选择一直保留在它最初被造时的状态,那它就不会成为现在这个样子。你是否认原罪的,那就随即要论断上帝或者是无能的,或者是不义的,因为在他的大能下,他在婴孩里面的形象,没有任何个人的或者出生的罪该受惩罚,却遭受这样的恶;因为他们不可能像成人那样使用理性——你关于成人所说的话完全正确——通过自己培养美德。由于你不可能说上帝是无能的或者不义,所以摩尼教徒就会反对你,确认他们那可恶的错误,即彼此敌对的两种本性混合论。因此,你所说的话,没有哪个漂洗工的药草能洗净我从摩尼教徒那里传染来病菌,是不对的。古代大龙的毒汁已经如此不可分地成了你的一部分,你不仅用声名狼藉的摩尼教徒的名称给大公教徒贴上标签,而且还用你邪恶的教义帮助摩尼教徒本身。

第二十二章

68. 我在题给马塞利乌的另一本书里说:"信了蛇且被情欲败坏了的女人所生的孩子,若不是借着童女——她相信天使,又毫无情欲地生育——的儿子,就不能得自由。"① 你引用了这段话,似乎我说的意思是说蛇与夏娃交合,正如摩尼教徒出于疯狂所说的,他们的"黑暗之王",他们说,就是女人自己的父亲,与她同房。我对蛇没有说过任何这样的话。你是否要与使徒作对,否认女人的心被蛇败坏了?你难道不

---

① *Depeccatorum meritis et remissione* 1. 28.

知道使徒的话:"我只怕你们的心或偏于邪,失去那向基督所存纯一清洁的心,就像蛇用诡诈诱惑了夏娃一样。"① 从蛇的这种败坏中也可以看到,如果恶的同伴关系败坏了好的道德规范,罪的邪欲就入了女人的心里,于是,当男人的推诿也把他自己败坏之后,他们对此感到羞愧,把肉体上可耻的部位遮盖起来,不是在身体结合中魔鬼快要靠近的时候,而是在上帝属灵的恩典即将离开的时候。

69. 你的整个论证并没有如你所夸口的那样,使我关于肉体淫欲之恶和原罪存在的论述落空;然而婚姻仍然是可称颂的,因为它善意使用一种不是由它产生,而是它发现已经存在的恶。事实上,你甚至没有战胜摩尼教徒,你与其说是阻止了他们,不如说是帮助了他们;首先是你,然后是所有跟随佩拉纠主义共同的新发明和错误的人。我在本书第一卷引用凯撒里亚的圣巴西尔和君士坦丁堡的圣约翰的大公教论著,作了充足而更加确定的回答,尽管你说这些回答与你的观点相一致。我指出你因为没有明白他们的一些话,以非同寻常的盲目无知攻击他们的教义,也就是大公教教义。在第二卷里我充分地表明,抵制你那些异端发明,捍卫古代大公教真理的,不是"堕落之人的阴谋",而是大公教会里圣洁而博学的教父们敬虔而信实的统一观点。你说我们"单单提出了人们的咕哝"来反驳你;但这不是单单的,因为它依赖于大师们的权威;它也是公正的,因为它不是希望你——你对此也知道得非常清楚——破坏婴孩在基督里的得救。

第二十三章

70. 你说,我对使徒的整段经文解释得不正确,他说:"我也知道在我里头,就是我肉体之中,没有良善",一直到:"我真是苦啊,

---

① 《哥林多后书》11:3。

谁能救我脱离这取死的身体呢?"你夸大其词,因为我既不是第一个,也不是唯一一个按真理应该理解的要求理解这段话,摧毁你的异端;事实上,刚开始时,我是从另外角度理解它的,或者更确切一点说,并没有理解它,如我早期的一些作品所证明的①。我并没有明白使徒怎么能说:"我是属乎肉体的",因为他原是属于灵的,他怎么会被他肢体里的罪之律掳去②。我原以为只有那些完全受操纵淫欲的人才会总是按它的命令行事。其实把使徒想象成这样是不合情理的,因为数不胜数的圣徒都以圣灵征战肉体。后来,我屈从于更良善更有知识的心灵,或者毋宁说,屈从于真理本身,我在使徒的话里听到圣徒们在争战肉体淫欲中发出叹息。虽然圣徒具有属灵的心,但他们在可朽的身体里仍然是属肉的,这身体是压在灵魂上的负荷③。然而,当种下的血气的身体复活为灵性的身体④,他们在身体里也将成为属灵的。他们仍然是服在罪之律下的囚徒,因为他们虽然不认同欲望,但仍然受它们刺激。因此我渐渐像希拉利、格列高利、安波罗斯以及其他圣洁而著名的教会教师那样明白这个问题,他们看到,使徒以他自己的话奋力与他不愿意有但实际上确实有的肉体淫欲作斗争。⑤你本人也承认,圣徒参与反对这些诱惑的荣耀之战,对这样的诱惑,首先必须与之争战,免得它们作王;然后要将它们治愈,使它们完全消灭。⑥当我们一开始战斗,我们立即就认识到战斗者说的话是一种共识。这样,只要我们为征战淫欲,为彻底打败我们的仇敌,信靠基督,而不

---

① 早期不准确的观点表述在 *Ad Simplicianum* 1. q. 1; *Expositio epistolae ad Romanos*, prop. 41,42; *Expositio epistolae ad Galatas* 5。后来更准确的观点充分表述在 *De gratia Christi* 45; *Contra duas epistolas Pelagianorum* 1. 17–25; *Retractationes* 1. 23,24; 2. 1; *Contra Julianum* 2. 3。
② 参《罗马书》7:14、18、24。
③ 参《所罗门智训》9:15。
④ 参《哥林多前书》15:44。
⑤ 参见上文第二卷 3 章 5—9 节。
⑥ 参见上文第三卷 21 章 46 节。

是信靠我们自己，那就不是我们活着，而是在我们里面的基督活着。因为"上帝使他成为我们的智慧、公义、圣洁、救赎"；因而，就如经上所记："夸口的，当指着主夸口。"①

71. 那说"现在活着的不再是我，乃是基督在我里面活着"的，也说："我也知道在我里头，就是我肉体之中，没有良善"②。这并不如你所认为的那样是自相矛盾的。只要基督在他里面活着，他就反击并征服住在他肉体里的恶，而不是善。若不是基督的灵住在他里面，没有人的灵能真正地与他自己的肉体相争。所以，尽管你指控我们说过："使徒说话就如同假装抗拒，却在极乐的支配下被引向娼妓"，但上帝禁止我们说这样的话。他实际上说的是："不是我做的"③，表明只要情欲引诱，不需要犯罪的意思，就能真的产生肉体的淫欲。

72. 你为何徒劳地试图"将这些话转指犹太人的骄傲，似乎使徒把自己看成与那些鄙视基督的恩赐，以为他们不需要的人一样"？你自己也怀疑这是不是真的；但愿你能真正理解基督的那些恩赐，从而相信它们至少对克服淫欲有一定用处。你说犹太人鄙视它们，"因为他宽恕律法告诫他们要避免的罪"，似乎赦免罪的结果就是人的肉体不再与他的灵相争④。而我们接受这样的话："我也知道在我里头，就是我肉体之中，没有良善"，以及诸如此类的话。你不打算抛弃你的教训，即上帝的恩典借着我们的主耶稣基督只赦免罪，甚至不会赐给我们圣灵将圣爱浇灌在我们心里⑤，帮助我们避开罪，克服肉欲。你忘了那说"我觉得肢体中另有个律和我心中的律交战"的，唯有通过借我们的主耶稣基督赐给的上帝恩典才能使他脱离这种恶的，不是犹太人，也不是因为犯

---

① 《哥林多前书》1：30、31。
② 《加拉太书》2：20；《罗马书》7：18。
③ 《罗马书》7：17。
④ 参《加拉太书》5：17。
⑤ 《罗马书》5：5。

了罪而要争斗，而是为了防止犯罪。

73. 你声称"使徒有意夸大习惯的力量"。受了洗的人哪个不与那种力量斗争？如果你否认它，就与所有基督徒的经验相矛盾。如果你也在战斗，那为何没有在使徒的话里认出战士的声音？你说："恶人借着良法和圣命行野蛮之事，因为如果没有意愿，多大的知识也不能激发美德。"多么敏锐的思想家！多么杰出的圣言诠释家！但是使徒说的那些话怎么理解："我所愿意的，我并不做"；"立志为善由得我"；"我所不愿意的，我倒去做"；"按着我里面的意思，我是喜欢上帝的律"。① 你听到这些话，说那里没有美德，因为没有意愿。那里不仅有意愿，也有美德，免得认同肉体的淫欲，就是在这些邪恶刺激中侍奉罪之律的。他没有屈从于诱惑，也没有将他的肢体作不义的器具②；然而，他感受到他所不愿意的，在他的肉体里与圣灵相争，所以他以真正简朴的话说："我以内心顺服上帝的律，我肉体却顺服罪的律了。"③ 你引用使徒的话："这样看来，律法是圣洁的，诫命也是圣洁、公义、良善的。既然如此，那良善的是叫我死吗？断乎不是！叫我死的乃是罪。但罪藉着那良善的叫我死，就显出真是罪，叫罪因着诫命更显出是恶极了。"④ 这完全可以理解为他过去的生活，那时他还在律法之下，还没有在恩典之下。他用过去时态说："非因律法，我就不知何为罪"；"不知何为贪心"；"罪……叫诸般贪心在我里头发动"；"我以前没有律法，是活的"——就是当他还不能使用理性的时候。又说："但是诫命来到，罪又活了，我就死了"；"罪趁着机会，就藉着诫命引诱我，并且杀了我"；"那良善是叫我死"。在所有这些话里，他指向当他还活在律法之下，还没有得到恩典的帮助，还被肉体的贪欲支配的时候。当他说

---

① 参《罗马书》7：15、18、19、22。
② 《罗马书》6：13。
③ 《罗马书》7：25。
④ 《罗马书》7：12—13。

"律法是属乎灵的，但我是属乎肉体的"时，他表明在冲突中所遭受的是什么。他没有说他原本是属肉的，或者他曾是属肉的，而是说"我是属乎肉体的"。他更加清楚地区分了时间，说："这不再是我做的，乃是住在我里头的罪做的。"产生犯罪之恶欲的不再是他，他没有认同恶欲。他用住在他里头的罪来表示淫欲本身，因为它是由罪产生的，如果它牵引、诱惑人认同它，它就得逞了，就生出罪来。使徒接下来的话一直到"这样看来，我以内心顺服上帝的律，我肉体却顺服罪的律了"①，是一个如今已在恩典之下的人说的话，但他仍然与自己的淫欲争斗，不是因为他认同淫欲，仍然犯罪，而是体验到他所抵制的欲望。

74. 我们谁也不指控身体的实质，谁也不指责肉体的本性。我们没有说它是恶的，于是你就表明它是清白的，这岂不是徒劳无益的。我们不否认淫欲的恶念还在我们里头，但是只要我们行为正当，我们就不会认同它们。它们必须受到鞭挞，它们必须受到遏制；它们必须受到击打；他们必须被克服——然而，它们与我们同在，它们不是别人的。它们也不是我们的好，而是恶。摩尼教徒愚蠢地说它们是与我们不同的，在我们之外的。大公教真理说它们还没有被治愈。

第二十四章

75. 你以非同寻常的放任——毋宁说疯狂——攻击使徒最基本的教义："罪是从一人入了世界，死又是从罪来的，于是死就临到众人，因为众人都犯了罪。"② 你徒劳地提出一种新的、歪曲的、相反的解释，声称"他用这些话是要我们明白那一者，'在他里面'（或者'在它里面'）众人都犯了罪，就好比他说：'因此众人都犯了罪，如经上所说，

---

① 《罗马书》7：7—25。
② 《罗马书》5：12。

"少年人用什么修正他的行为呢?"①'"根据你的推理,我们不可主张众人因在一人里的出身犯了罪,可以说共同的、大众一体的罪,而要说,众人因第一人的罪行而犯了各自的罪,也就是说,因为他们仿效他,而不是从他出生,所以犯了罪。"在他里面"(或"在它里面")、"因此"并不总是包含同样的解释。一个人因他给自己定为目标的某物而犯罪,结果是他犯了罪,原因是导致他犯罪的那个事物。以下这样的说法是完全不合理的:这个人犯了杀人罪是因为亚当吃了乐园里的禁果——事实上,他抢劫杀人时根本没有想到亚当,而是因为他想要从受害者手中夺走金子。每个人的罪都有原因,因为这个原因才犯这种罪,即使没有人想到第一人做了什么,不论是就其本身来说,还是就其作为一个范例来说。该隐犯罪的原因不是亚当的罪行,尽管该隐知道他的祖先亚当。该隐杀了自己兄弟的原因是众所周知的,那不是因为亚当所行的事,而是因为他嫉妒兄弟的好处。

76. 你引用的证据不能支持你的理论。"少年人用什么修正他的行为"完全可以理解为"因为什么"他完成这种修正——如后面的话所表明的:"是要遵行你的话。"使他修正自己行为的原因是他想着上帝的话,按应该想它们的方式,在想它们的时候,就遵行它们,在遵行时就行为正当。因此,他遵行上帝的话正是他修正自己行为的原因。最有福的司提反说:"摩西听见这话就逃走了。"② 这话可以恰当地理解为"因为这话"。他听到这话,感到害怕,他想着这话,于是就逃走了;这话正是他逃走的原因。无论如何这些话都不是指某种仿效,即一个人仿效另一人而完全没有想到那人。因此,不能说某人犯罪的原因是另一人的罪行,因为罪人既没有以出身的方式存在于另一人里面,他也没有在自己犯罪时对另一人有任何想法。

---

① 《诗篇》118:9。(参和合本《诗篇》119:9:"少年人用什么洁净他的行为呢?"。)
② 《使徒行传》7:29。

77. 你说："如果保罗是在谈论罪的传染，那么更恰当的说法应该是，罪传给了众人，因为众人都是由夫妻的快乐生育出来的；他还应该补充说，它传给众人，因为他们都出于第一人败坏的肉体。"我们可以这样回答你，同样，如果使徒谈论的是罪的仿效，那更恰当的说法是，罪传给了众人，因为最先已经有了亚当的例子；他还应补充说，它传给众人，因为众人都因仿效那一人而犯了罪。这样说来，如果使徒是为得到你或我的赞同而谈论，那他应当以这两种方法之一说话。然而，他没有按任何一种方式说话，那你是否要我们相信他的话既不是指大公教徒所教导的原罪，也不是说佩拉纠主义所教导的经仿效的罪？我不这么认为。有些说法，无论从正面还是反面，都可以提出同样具有说服力的证据，要抛弃这样的说法，不要争辩，想一想使徒说的话，注意他说这话时心里所想的，你会发现，从一人，上帝的忿怒临到人类，也一人，那些白白地脱离整个人类的定罪的人与上帝和好。前者是第一亚当，用土造的；后者是第二亚当，从一个妇人生的。然而，在前者，肉身是借着道造的；而后者，道亲自成了肉身，好叫我们借他的死得永生；然而我们抛弃他，所以我们死了。使徒说："惟有基督在我们还作罪人的时候为我们死，上帝的爱就在此向我们显明了。现在我们既靠着他的血称义，就更要借着他免去上帝的忿怒。"①

78. 关于这忿怒，他说：我们"本为可怒之子，和别人一样"②。关于这忿怒，耶利米说："愿我生的那日受咒诅！"③ 关于这忿怒，圣约伯说："愿我的那日……灭没。"④ 关于这忿怒，该约伯还说："人为妇人所生，日子短少，多有患难。出来如花，又被割下，飞去如影，不能存留。这样的人你岂睁眼看他吗？又带他来与你一同受审吗？谁能使那

---

① 《罗马书》5：8、9。
② 《以弗所书》2：3。
③ 《耶利米书》20：14。
④ 《约伯记》3：3。

从不洁的种子出生的人成为洁净的呢？一个也不能，就算他在地上只活了一天。"① 关于这忿怒，《便西拉智训》说："整个肉身渐渐变老，就像衣服渐渐变旧；因为这世界的约总将失效"；又说，"罪的源头在于妇人，我们众人因她都死了"；还有，"劳苦是为众人设立的，重轭压在亚当子孙身上，从他们脱离母腹之日，一直到他们葬入众人之母的日子为止"②。关于这忿怒，《传道书》说："虚空的虚空，凡事都是虚空。人一切的劳碌，就是他在日光之下的劳碌，有什么益处呢？"③ 关于这忿怒，使徒说："被造之物服在虚空之下。"④ 关于这忿怒，有诗篇叹道："看哪，你使我的日子屈指可数，我的实体在你面前如同无有。各人纵然活着，万物全然虚空。"⑤ 关于这忿怒，另一诗篇也叹道："他们的年岁不算什么。早晨他们如生长的草发芽，晚上割下枯干。我们因你的怒气而消失，因你的忿怒而惊惶。你将我们的罪孽摁在你面前，将我们的生命摆在你面光之中。我们所有的日子都过去了，在你的忿怒中我们已经消失；我们的年岁可视为蜘蛛无异。"⑥

79. 若不是借着中保与上帝和好，没有人能脱离上帝的忿怒，因此中保自己说："不信子的人不得见永生，上帝的震怒常在他身上。"⑦ 他没有说上帝的震怒将到来，而是说"常在他身上"。因此，不论成人，通过他们自己的心灵和声音，还是婴孩，通过别人的心和声，都认信，以便借着上帝儿子的死得以与上帝和好，免得上帝的震怒常在他们身上，因为他们被损坏的源头使他们成为有罪的。使徒说："惟有基督在我们还作罪人的时候为我们死，……现在我们既靠着他的血称义，就更

---

① 《约伯记》14：1—5（七十士希腊文本）。
② 《便西拉智训》01：18、12；25：33；40：1。（这些章节皆由中译者根据英文直译。）
③ 《传道书》1：2、3。
④ 《罗马书》8：20。
⑤ 《诗篇》38：6。
⑥ 《诗篇》89：5—9。（参和合本《诗篇》90：5—9。）
⑦ 《约翰福音》3：36。

要借着他免去上帝的忿怒。因为我们作仇敌的时候,且借着上帝儿子的死,得与上帝和好;既已和好,就更要因他的生得救了。不但如此,我们既借着我主耶稣基督得与上帝和好,也就借着他以上帝为乐。这就如同罪是从一人入了世界,死又是从罪来的,于是死就临到众人,因为众人都犯了罪。"使徒的目的非常明显。通过各种方式不让婴儿与上帝和好——这和好是借着上帝儿子的死成就的,上帝儿子自己没有罪,但亲自入了世界——从而让上帝的震怒因那使罪入了世界的人常在他们身上。当你读到"原来审判是由一人而定罪,恩赐乃是由许多过犯而称义"① 这样的经文,你的仿效论在哪里?为什么恩典由许多过犯而称义?不就是因为除了源头的罪之外,还有许多其他罪,恩典一次性把它们全都毁灭?否则,由于许多人因仿效一人而犯的罪,就会有定罪审判,正如由许多罪而来的称义,这些罪得到赦免之后,他们又开始呼吸恩典之气。但是那一罪凭其自身就足以受到审判,而恩典不满足于只毁灭那一罪,还要毁灭所有其他罪,赦免众罪,以便成就称义。因此经上说:"审判是由一人而定罪,恩赐乃是由许多过犯而称义。"因为正如婴孩没有效仿基督,因为他们不可能效仿,但仍然可以领受他属灵的恩典,同样,他们完全没有效仿第一人,但仍然从他属肉的出生传染了罪。如果你认为他们对第一人的罪来说是外人,因为他们没有按自己的意志效仿他,那么同样的推理你也使他们远离基督的公义,因为他们也没有出于自己的意志效仿基督。

80. 由于你不愿意把他后来说的"许多"理解为他开始说的"众人",所以你声称他说"许多"是为了不让我们认为他的意思是指"众人"。你也可以这样对待亚伯拉罕的后裔,尽管上帝把万国应许给他②,但你可以说并非万国都应许给了他,因为我们在另

---

① 《罗马书》5:8—12、16。
② 参《创世记》22:18。

一段经文里读到："我已立你作多国的父。"① 健全的思考表明，圣经这样说是因为有时"众、全、万"可能并不是指"多"，比如我们说全部福音书，其实它们只有四篇；有时"多"也可以并不指"众、全"的意思，比如我们说许多人相信基督，但并非指众人或所有人都相信。使徒说："人不都是有信心。"② 在"万国都必因你的后裔得福"和"我已立你作多国的父"这些话里，非常清楚，万国就是指多国，多国也就是指万国。同样，当经上说罪因一人临到众人，后面又说，因一人不顺服，许多人被定为罪人，这里的许多人也就是众人。同样，当经上说："因一次的义行，众人也就被称义得生命，"又说，"因一人的顺从，众人也成为义了"③。没有人被排除在外。我们必须明白，那些被称为许多的人就是众人——不是因为所有人都在基督里称义了，而是因为凡是称义的除了在基督里称义，没有别的方式可以称义。我们也可以说，众人从一扇门进入某幢房子，不是因为所有人进了那个房子，而是因为除了从那扇门进入之外，没有别的地方可进。那么，众人都因亚当致死，众人都借基督得生，也是同样的意思。"在亚当里众人都死了，照样，在基督里众人也都要复活。"④ 也就是说，从人类的最初源头，若不是通过亚当，没有人会死，凡是通过亚当的，谁也不可能有别的，只能死；若不是通过基督，谁也不能得生，而凡是通过基督的，不可能得别的，必然得生。

81. 你以可怕的刚愎任性攻击基督宗教，让我们认为因亚当被定罪，或者因基督得救赎的，不是众人，而是多人。如果有些人不需要基督就得救了，那么有些人也可以不需要基督得以称义；这样，基督死就

① 《创世记》17：5。
② 《帖撒罗尼迦后书》3：2。
③ 《罗马书》5：12、18、19。
④ 《哥林多前书》15：22。

是徒劳的。因为必然还有另外的通道,如你所希望的,在本性中,在自由选择中,在律法中,自然的或成文的,心怀这样希望的人通过这些途径得救,成为义的。除了不义者,谁会阻碍上帝义的形象进入上帝的国?或许你会说这比通过基督更容易实现。你不也可以这样说律法吗——可以通过律法得义,而且比通过基督得义更容易?然而使徒说:"义若是藉着律法得的,基督就是徒然死了。"① 因此,除了上帝与人之间的一位中保,就是降世为人的基督耶稣②,天下人间,没有别的名,我们可以靠着得救的。③ 因此经上说"在基督里众人都要复活",因为上帝为给万人作可信的凭据,叫他从死里复活。④ 你宣称本性是无罪的,自由意志和律法,不论是自然法还是从摩西而来的成文法,是有大能的,你的教条想要使人相信,对基督诚然有一定的需要,但并非必须进入基督才能得永恒拯救,只是因为,它说,通过他死和复活的圣礼得救的道路比较宽敞(如果你承认),不是因为不可能有另外的道路。因而,想想基督徒该多么憎恨你,即使我们沉默不语,也断然拒斥你的观点。

第二十五章

82. 作为对你的案子最后且自以为最有力的论证,你提到以西结预言式的证言,就是我们读到的:以色列有这样的俗语,说父亲吃了酸葡萄,儿子的牙就酸倒了,但以后再也不会有这样俗语;儿子不会因父亲的罪死,父亲也不会因儿子的罪死,谁犯罪,谁必死亡。⑤ 你不明白这

---

① 《加拉太书》2:21。
② 参《加拉太书》2:5。
③ 参《使徒行传》4:12。
④ 参《使徒行传》17:31。
⑤ 参《以西结书》18:2—4。

是关于新约和另一世界的应许。因为救主出于恩典撤去了祖先传下的规定①，各人都要为自己作出说明。另一方面，谁能数清圣经里有多少段落论到孩子被父母的罪捆绑？含犯了罪，为何要向他的儿子迦南报复？② 所罗门的儿子为何要为所罗门的罪受罚，使王国分裂？③ 以色列王亚哈（Achab）的罪为何要临到他的后代？④ 我们怎么会在圣书上读到"将父亲的罪孽报应在他后世子孙的怀中"，"追讨他的罪，自父及子，直到三四代"⑤ 这样的话？这里的三四代可以理解为所有子孙后代。这些话说错了吗？除了公然亵视圣言的仇敌，谁会这么说？属肉的生育，即使是旧约里上帝的民，就是生子为奴的⑥，也使孩子为父亲的罪受捆绑；但是正如属灵的生育改变了产业，照样，它也改变了威胁和所应许的赏罚。先知在灵里预见到了这些事，所以就谈到它们；耶利米甚至说得更加清楚，他说："在那些日子，他们不再说父亲吃了酸葡萄，儿子的牙要酸掉；每个人都要为自己的罪孽死，各人都要吃同样的葡萄，他自己的牙要酸掉。"显然，这是作为预言说的，正如新约本身，最初是隐蔽的，后来借着基督显明出来。最后，我们不必为我所引用的那些话以及其他许多同样重要的话，就是关于父母的罪报应在孩子身上的话所困扰——这些话是真实的，但可以认为与耶利米的预言背道而驰——他补充说了以下的话就解决了这个十分棘手的问题："主说，看哪，日子将临，我要与以色列家的，与犹大家的订一个新约，不是按照我与他们祖先所定的约。"⑦ 在这借着中保的血所定的新约里，父辈的规定被取消了，人借着重生开始不再受制于他出生时捆绑他的父辈的

---

① 参《歌罗西书》2∶14。
② 参《创世记》9∶22—25。
③ 参《列王纪上》十二章。
④ 参《列王纪上》二十一章。
⑤ 《耶利米书》32∶18；《出埃及记》20∶5。
⑥ 参《加拉太书》4∶24。
⑦ 《耶利米书》21∶24—32。（和合本无对应章节，故按英文直译。）

债，就如中保自己所说："也不要称呼地上的人为父。"① 因为我们找到了另一次出生，借此我们将不再继承自己的父亲，而要与这位父一同永生。

第二十六章

83. 朱利安，如果你不是那么顽固，我相信你会看到，我已经回答并驳斥了你在你四卷书里提出的全部论证，你的论证是为了表明我们不应相信原罪，我们不可能对婚姻毫无指责却认为肉体的淫欲为恶。我们已经表明，唯有那改变了产业和父亲的，才不受古代父传债务的捆绑；那借着恩典得称为嗣子的，发现唯一同为嗣子的就是因本性而来的嗣子；唯有那在基督的死里发现了死，借此向罪死了，逃脱了那使他原本在罪里出生的死，唯有这样的人，肉体的淫欲不会在他死后再让他遭受死。因为一人既替众人死了，众人就都死了②；他为众人死了。他不曾为之死的，永远不可能得活，他本身是活的，但为死人死了。你否认这些事，抨击这些事，试图摧毁大公教信仰的这些防卫，撕碎基督宗教和真正敬虔的肌腱，你还敢说你是在与不敬者争战吗？事实上，你是用不敬的武器来反对在灵性上生育了你的母亲。你胆敢加入圣族长、先知、使徒、殉道者、牧师的行列，即使族长对你说：就是新生婴孩，也要为他们献上赎罪祭③；还说：即使是在地上只有一天的婴孩也不是没有罪的④；当先知对你说：我们是在罪孽中生的⑤；使徒对你说："我们这受洗归入基督耶稣的人，是受洗归入他的死。所以我们向罪当看自己是死

---

① 《马太福音》23：9。
② 参《哥林多后书》5：14。
③ 参《利未记》十二章。
④ 参《约伯记》14：5（七十子希腊文本）。
⑤ 参《诗篇》50：7。

的，向上帝在基督耶稣里，却当看自己是活的"①；殉道者对你说："那些按着亚当在肉体上出生的人，在他们第一次出生时传染了古老的死，所以，婴孩在洗礼中所赦免的，不是他们自己的罪，而是别人的罪"②；牧师对你说："那些在肉体享乐中形成的，甚至在他们体验这生命的恩赐之前，就伏在罪的传染之下。"③ 你力图毁灭这些人的信仰，却胆敢与他们联盟。你说与摩尼教徒的任何联系都可能战胜你，但是你如此全力支持他们，你与他们简直就是荣辱与共，生死相连。我的孩子，你犯了错，可鄙的错误，如果不说是可恶的错误。当你克服支配你的那种雠恨，你就会拥有已经战胜你的真理。

---

① 参《罗马书》6：3、11。
② 西普里安，*Ep. 64 ad Fidum*。
③ 安波罗斯，*De sacramento regenerationis*。

译名对照表

A

Achab，亚哈
Aeneas，埃涅阿斯
Albinus，阿尔比努
Ambrose，安波罗斯
Ammonianus，亚摩尼阿努
Anaxagoras，阿那克萨戈拉
Anaximander，阿那克西曼德
Anaximenes，阿那克西美尼
Apollinaris，阿波利那留

B

Balbus，巴尔布
Boniface，波尼法士

C

Caecilianus，凯西利阿努
Calligonus，卡利哥努
Catiline，卡提林
Cato，加图
Celestius，凯勒斯提乌
Chromatius，克罗马提乌
Chrysostom，屈梭多模
Clematius，克勒马提乌
Cotta，科塔
Cyprian，西普里安

D

Damasus，达马苏士
Democritus，德谟克利特
Dinomachus，狄诺马库
Dionysius，狄奥尼修
Donatus，多那图

E

Eleutherius，厄娄塞里乌
Empedocles，恩培多克勒

Etruscan，伊特鲁里亚
Eulalius，优拉利乌
Eulogius，优罗基乌
Eutonius，优托尼乌
Evander，厄瓦德尔

F

Fabricuis，法布里西乌
Fidus，费都
Fundanius，福达尼乌

H

Heraclitus，赫拉克利特
Hilary，希拉利

I

Innocent，英诺斯特
Irenaeus，伊里那乌

J

Jesus Nave，《约书亚记》
John of Constantinople，君士坦丁堡的约翰
Jovinian，朱维尼安
Jovinus，朱维努
Julian，朱利安

L

Leucippus，留基伯
Lyons，里昂

M

Marcellinus，马塞利努
Maximian，马克西米安
Maximianists，马克西米乌主义者
Melchiades，梅尔奇阿德
Melissus，梅利苏
Memor，梅摩尔

N

Novatians，诺瓦替安派
Nymphidius，尼菲底乌

O

Olympia，奥林庇亚
Olympius，奥林庇乌

P

Parmenides，巴门尼德
Paternians，帕特尼乌主义
Pelagianism, Pelagius，佩拉纠主义，佩拉纠
Pinianus，皮尼亚努

Polemo，波勒摩

Porphyry，波菲利

Primian，普里米安

Publius Africanus，普布利乌·阿夫里卡努

Pythagoreans，毕达戈拉斯学派

R

Regeneration，重生

Regulus，莱古鲁斯

Reticius of Autun，奥吞的莱提西乌

Roboam，罗波安

S

Sallust，撒鲁斯特

Scipio，斯西庇奥

Soranus，索拉努

T

Thales of Miletus，米利都的泰勒士

the First-born，第一出生者，即基督

the first-formed，第一被造者，即亚当

Tully，塔利

Turbanus，图尔巴努

U

Ursicinus，乌尔西西努

Venustians，维努斯提乌主义

X

Xenocrates，色诺克拉底

Xenophanes，色诺芬

Y

younger Valentinian，小瓦伦提尼安

Z

Zoboennus，佐波恩努

Zoninus，佐尼努

Zosimus，佐西姆

译后记

《驳朱利安》是奥古斯丁为反驳朱利安的控诉、澄清自己的立场、捍卫大公教教义而著的晚期重要著作。感谢李锦纶博士为本译著写了导言，对奥古斯丁与朱利安之间的争辩背景和问题实质做了清晰的介绍。感谢李登贵先生的编校，他对译稿提出了许多修改意见，对文字做了不少润色，其中有些意见我又请教了李锦纶博士，在他的指点下做了修改。感谢陈彪先生对推进本书出版所做出的努力。我的同事杜利平（浙江工商大学）参与了本书的一部分翻译工作（第五卷），全书由本人统稿。译作中存在的许多不完善之处，皆由本人负责，也敬请专家和读者指正。

本书的翻译依据 Saint Augustine, *Against Julian*, English translated by Matthew A. Schumacher, The Catholic University of America Press, 1957。本书承蒙 Seekers Foundation 提供翻译资助，谨致谢意！本书也是教育部人文社会科学研究项目"希腊化和古代晚期西方哲学研究"的中期成果。

石敏敏
浙江工商大学
2010 年 3 月